임동석중국사상100

# 잠부론

## 潛夫論

王符 著 / 林東錫 譯註

象犀珠玉怪珍之物，有悅於人之耳目，而不適於用。金石草木絲麻五穀六材，有適於用，而用之則弊，取之則竭。悅於人之耳目而適於用，用之而不弊，取之而不竭，賢不肖之所得，各因其才；仁智之所見，各隨其分。才分不同，而求無不獲者，惟書乎。

丁亥菊秋錄東坡李氏山房藏書記 丘堂呂元九

　　"상아, 물소 뿔, 진주, 옥. 진괴한 이런 물건들은 사람의 이목은 즐겁게 하지만 쓰임에는 적절하지 않다. 그런가 하면 금석이나 초목, 실, 삼베, 오곡, 육재는 쓰임에는 적절하나 이를 사용하면 닳아지고 취하면 고갈된다. 그렇다면 사람의 이목을 즐겁게 하면서 이를 사용하기에도 적절하며, 써도 닳지 아니하고 취하여도 고갈되지 않고, 똑똑한 자나 불초한 자라도 그를 통해 얻는 바가 각기 그 자신의 재능에 따라주고, 어진 사람이나 지혜로운 사람이나 그를 통해 보는 바가 각기 그 자신의 분수에 따라주되 무엇이든지 구하여 얻지 못할 것이 없는 것은 오직 책뿐이로다!"

《소동파전집》(34) 〈이씨산방장서기〉에서 구당(丘堂) 여원구(呂元九) 선생의 글씨

# 책머리에


"어린아이에게 병이 잦듯이 귀인에게는 화(禍)가 잦다. 부모에게 자식 교육에 실수가 잦듯이 지도자에게는 구설수가 잦다.

부모의 실수는 자식 사랑이 지나치기 때문이요, 지도자의 구설수는 교만한 행동을 고치지 못하기 때문이다."


이렇게 갈파한 《잠부론潛夫論》은 천하의 이치 밝힌 '정치평론 에세이'로서 동한 왕부王符(85~162? 163?)의 저술이다.


"국가는 개인과 백성의 행복추구권을 보장해줄 무한책임을 지고 있는가?"


2세기 경 중국 동한東漢 왕조시대에 이러한 생각을 표출하기란 그리 쉽지 않았을 것이다. 중국의 학술활동은 동한 시대까지만 해도 기존 춘추전국春秋戰國의 경학과 제자백가의 자료를 정리하고 재편집하는 풍조가 주류를 이루고 있었다. 따라서 독특하게 개인의 의견이나 사상만을 저술한 예는 거의 없었다. 그런데 이 《잠부론》은 바로 동한 삼대저작三大著作인 왕충王充의 《논형論衡》, 중장통仲長統의 《창언昌言》과 더불어 그 찬연한 빛을 발하고 있으며, 그 중 개인 정치평론이며 철학서로는 가장 높은 가치를 인정받고 있다.


우선 그 제목 자체가 《주역周易》의 건괘乾卦 초구初九의 효사爻辭 "잠긴 용은 쓰지 않는다潛龍勿用"의 심오한 철리를 두고 취명取名한 것이며, 이로써 저자 왕부는 정계, 관계 등에 일체의 공직에는 발을 들여놓지 않고, 오로지 독서와 저술로 일관한 "잠부潛夫", 그 이름다운 기개를 그대로 실천한 인물임을 반영하고 있다. 실제 자신을 가탁하여 〈잠부〉라는 가공인물을 내세워 천하의 이치와 자신의 의견을 대화체로 토론한 독특한 서술 형식도 묘미를 더해주고 있다.

책의 체제는 총 36편으로 각 편마다 제목을 달아 토론과 평론의 주제로 삼고 있으며, 내용은 당시 정치의 득실에 관한 것, 관리의 사치와 부패, 낭비와 탐학, 백성에 대한 무책임한 군림, 이에 대한 폭로와 해결 방안의 제시, 그 밖에 미신 타파와 변방 이민족에 대한 정책과 국방의 중요성, 이민 정책의 실효와 백성의 고통, 인물 중시 정책에 관한 자신의 견해, 소송과 형법제도의 불공정성과 시간 지연으로 인한 백성의 원성, 그런가 하면 점과 꿈의 해몽, 무당과 관상 등 당시 사회 풍조에 대한 과학적인 접근 등 매우 다양하고 사실적인 방법을 채택하고 있다. 이 외에도 고대 삼황오제三皇五帝의 계보와 덕치, 성씨姓氏의 유래와 분파에 대한 것은 중국 상고사 연구에 귀중한 자료가 되고 있다.

이상의 왕부 사상은 성인정치聖人政治를 전가傳家의 보도寶刀처럼 내세우는 중국 고대 다른 사상과 판이하게 다를뿐더러, 구체적인 사례와 현실적 대안을 제시한 점은 오늘날의 사회현상에 비추어 보아도 혁신적이며 창의적이다. 이에《후한서後漢書》왕부전王符傳에는 그를 두고 "당시의 좀벌레를 정확히 보고, 정치문제를 훌륭히 밝혔다"라 하였고, 한유韓愈는 "일대 현자의 대표"라 극찬을 아끼지 않았던 것이다.

그의 사상은 앞서 밝힌 대로 "위정자(국가)는 개개인(백성)의 행복과 안전을 적극적으로 책임지고 보장해 주어야 한다"는 대명제를 정점으로 삼고, 세부적인 방법으로 부패와 낭비, 위정자의 위선이 척결되지 않고는 실행되지 않는다고 보았다. 특히 그는 군주와 관리는 하늘이 대신 사회를 조직화하여 이끌어 나가도록 임무를 빌려준 것이지(天工人其代之), 백성에게 군림하라는 것이 아니라고 곳곳에서 강하게 주장하고 있다.

지금 나는 우리의 정치가나 사회지도층이 이《잠부론》36편 중에 단 몇 편이라도 읽도록 권하고 싶다. 그렇게 되면 아침 출근길의 차창 밖에 보이는 국민이 얼마나 고맙고 소중한가 하는 평범한 진리가 진하게 가슴에 와 닿으리라 믿는다. 그러한 아침의 출근 후 근무에 어찌 부정한 결재가 있을 수 있겠으며, 그러한 날 저녁에 어찌 나의 알량한 권력을 남용하여 남의 가슴에 못을 박는 부패의 술잔에 손이 갈 수 있겠는가?

苗浦 林東錫 負郭齋에서

# 일러두기

1. 본 《잠부론潛夫論》은 청淸 왕계배汪繼培의 《잠부론전潛夫論箋》을 대본으로
   하였으며, 그 외에 《잠부론교정潛夫論校正》(汪繼培箋, 彭鐸校正)을 기초로 한
   《잠부론역주潛夫論譯注》(胡大浚, 李仲立, 李德奇) 및 《잠부론潛夫論》(評析本,
   晏午 譯, 王寧主編, 北京廣播學院出版社, 1992 北京), 그리고 《신역잠부론新譯
   潛夫論》(彭丙成 注譯 三民書局 1998 臺北) 등을 참고하여 완역한 것이다.
2. 원문의 대조는 그 외에 〈문연각본文淵閣本 사고전서四庫全書〉의 《잠부론
   潛夫論》, 〈사부총간본四部叢刊本〉《잠부론》, 〈제자백가총서본諸子百家叢書本〉
   《잠부론》을 두루 참고하였다.
3. 원책은 10권 36책이나 본 완역본은 팽탁彭鐸이 나눈 단락을 기초로 하되
   역주자가 이를 다시 세분하여 일련번호, 그리고 다시 괄호 속에 편 번호와
   다시 그 속에 해당편의 일련번호를 부여하여 전체를 421단락으로 나누었다.
4. 역문을 제시하고 원문을 실었으며, 다시 그에 대한 주를 실어 읽기에 편하도록
   하였다.
5. 역문은 직역위주로 하되 일부 의미의 순통함을 위해 의역한 부분도 있으며,
   이는 주석을 통해 참고할 수 있도록 하였다.
6. 참고, 해제, 부록 부분을 실어 본 《잠부론》과 저자 왕부王符에 대한 학술적
   연구에 도움이 되도록 하였다.
7. 역주의 미비한 부분, 혹은 오류나 누소漏疎한 면은 학자들의 질정叱正을
   기다린다.

## ❀ 참고문헌

1. 《潛夫論箋校正》東漢, 王符(著). 淸, 汪繼培(箋), 彭鐸(校正). 〈新編諸子集成本〉第一輯, 中華書局 1985, 北京.

2. 《潛夫論箋》淸, 汪繼培, 〈新編諸子集成本〉第二冊, 世界書局 印本, 1978, 臺北.

3. 《潛夫論》〈四庫全書 文淵閣本〉子部 儒家類 一, 臺灣商務印書館 印本, 臺北.

4. 《潛夫論》〈四部叢刊本〉五十九 商務印書館 1926년 上海書店1989년 印本, 上海.

5. 《潛夫論》〈諸子百家叢書本〉述古堂復印本, 上海古籍出版社, 1990년, 上海.

6. 《潛夫論譯注》胡大浚, 李仲立, 李德奇 甘肅人民出版社, 1991, 蘭州.

7. 《新譯潛夫論》彭丙成(注譯) 三民書局, 1998, 臺北.

8. 《潛夫論》評析本, 晏午(王寧主編) 北京廣播學院出版社, 1992, 北京.

9. 《潛夫論通檢》中法漢學研究所編, 上海古籍出版社, 1987, 上海.

10. 《王符思想研究》黃盛雄, 文史哲出版社, 1982, 臺北.

11. 《兩漢三國學案》淸, 唐晏, 吳東民校點, 中華書局, 1986, 北京.

기타《十三經》및「諸子百家書」, 공구서 등 다수는 일일이 열거하지 않음.

# 해 제

## (1) 《잠부론潛夫論》(10卷 36冊)

《잠부론》은 중국 동한東漢 중기의 유명한 철학자, 사상가이며 정치평론가인
왕부王符(대략 AD. 85~162)의 저작이다. 제목은 《주역周易》 건괘乾卦 초구初九의
효사爻辭인 "잠긴 용은 쓰지 말라潛龍勿用"의 심오한 의미에서 취명取名한 것이며,
이로써 자신은 정계政界, 관계官界에 일체 발을 들여놓지 않고 오로지 독서와
저술로 일관한 「잠부潛夫」의 기개를 실천한 인물임을 그대로 보여 주고 있다.
실제 자신을 가탁假託하여 「잠부潛夫」라는 가공인물을 내세워 철리哲理와 자신의
의견을 토론한 것이 「석난釋難」(제29편)에 그대로 실려 있다. 한편 책의 체제는
총 36편으로 나누어 각각의 편마다 제목을 붙여 토론과 평론의 주제를 밝혔으며,
맨 끝 제 36편은 앞의 35편의 문장을 쓰게 된 동기와 목적을 간략히 서술하여
저술 체제의 독특한 형식을 보여 주고 있기도 하다.

내용은 대체로 당시 정치의 득실得失에 관한 것, 미신迷信에 대한 것, 관리의
사치와 부패, 낭비, 탐학貪虐을 폭로하고 그에 대한 해결책을 제시한 것, 변방과
이민족異民族의 침입에 대한 국방정책 및 구체적인 대안, 인물 중시 정책에
관한 자신의 견해, 소송과 형법제도에 대한 문제점과 개혁방안, 점占과 무당巫堂,
관상觀相, 꿈, 교제交際, 그리고 상고上古 시대 인물의 덕치德治에 관한 고증,
나아가 성씨姓氏의 분화에 대한 학술적 연구 등으로 아주 다양한 지식과 견해를
쏟아 부어놓고 있다. 이에 그 내용과 체제는 지금 우리가 보아도 학문적 논라나
이론적 전개과정이 아주 치밀하고 과학적이다. 이에 〈사고전서총목제요四庫
全書總目提要〉에서는 이 책에 대해 "그 내용은 한말 정치 폐단을 절박하게
비판한 것이 많고"(所說多切漢末弊政), "정치의 본질을 꿰뚫은 면은 《창언昌言》과
비슷하나 명철함은 그보다 나으며, 시비를 변별함에 있어서는 《논형論衡》과
비슷하나 순정함은 그보다 낫다"(洞悉政體似昌言, 而明切過之; 辨別是非似論衡,

而醇正過之)라 하였다. 그 외에도 이 책은 〈사고전서四庫全書〉 자부子部 유가류儒家類 第一에 들어 있고, 뒤이어 〈사부비요四部備要〉, 〈사부총간四部叢刊〉, 그리고 〈신편제자집성新編諸子集成〉(汪繼培 箋)에도 실려 있으며, 「송사본宋寫本」을 근거로 영인한 「술고당본述古堂本」을 다시 상해고적출판사上海古籍出版社에서 복인覆印한 〈제자백가총서본諸子百家叢書本〉(1990)도 통용되고 있어 그 가치의 중요함과 평가에 대한 척도를 알 수 있다.

한편 지금 우리가 저본底本으로 삼기에 비교적 완선完善한 것으로 〈호해루총서湖海樓叢書〉에 실려 있는 청淸, 가경嘉慶때 소산蕭山 왕계배汪繼培의 교전본校箋本이 있다. 왕계배는 원元 대덕大德 연간에 각刻한 구본舊本과 명明나라 때의 〈한위총서漢魏叢書〉의 정영본程榮本·하당본何鏜本을 근거로 전전을 쓴 것이며, 지금의 〈사부비요본四部備要本〉과 〈제자집성본諸子集成本〉(新編諸子集成本)의 《잠부론潛夫論》은 바로 이 왕씨교전본汪氏校箋本을 수록한 것이다.

그 외에 지금의 북경도서관北京圖書館에 소장되어 있는 황비열黃丕烈의 〈사례거구장명각본士禮居舊藏明刻本〉과 〈사부총간四部叢刊〉의 「술고당본述古堂本」(淸, 馮舒가 宋寫本을 校影한 것)도 훌륭한 참고가 될 수 있다. 그리고 현대에는 서북사범대학西北師範大學 팽탁彭鐸의 《잠부론교정潛夫論校正》은 왕씨전본汪氏箋本을 근거로 상세하게 다시 복교覆校하여 오류誤謬와 탈와脫訛를 바로잡았으며, 표점標點을 가한 것으로 최근의 가장 훌륭한 업적이라 할 수 있다. 호대준胡大浚, 이중립李仲立, 이덕기李德奇 세 사람의 《왕부잠부론역주王符潛夫論譯注》(西北師範大學古籍整理研究所主編, 隴右文獻叢書, 甘肅人民出版社, 蘭州, 1991)는 바로 이 팽탁의 연구를 근거로 한 것으로 지금 널리 읽히고 있는 역주본 중의 하나이며, 대만에서 출간된 《신역잠부론》(彭丙成) 역시 훌륭한 역주본이다.

한편 우리나라에는 왕계배汪繼培 전전의 청淸 광서光緒 19년(1893) 중국판본 고서古書(18×12㎝) 10권 3책이 국립도서관國立圖書館(古書番號 6101-5)에 소장되어 있다.

## (2) 저자 「왕부王符」(85~162? 혹163?)

《잠부론潛夫論》의 저자 왕부王符는 자字가 절신節信이며 안정安定 임경臨涇(지금의 甘肅省 鎭原縣) 사람이다. 생몰 연대는 자세하지 않으나, 대략 A.D. 85년부터 162년(東漢 章帝 元和 2년부터 桓帝 延熹 5년)의 인물로 보고 있다.

그는 황건적黃巾賊의 난(184년) 이전 동한의 정치부패로 백성의 고통이 극심했던 한 시기를 몸소 겪으면서 종신토록 벼슬길은 거들떠보지도 아니한 채 은거하며 독서와 저술에만 몰두하였다. 그는 《시詩》, 《서書》, 《역易》, 《좌전左傳》, 《예기禮記》 등 경학은 물론 제자백가諸子百家에도 아주 해박한 지식을 가지고 있어 자신의 논리를 펴는데 아주 적절한 위치에 경문經文이나 근거를 인용하여 문장의 맛을 더해주고 있다. 이 때문에 그는 "감숙甘肅 제일의 고대古代 학자學者"로 추앙을 받으며, 그의 저술 《잠부론潛夫論》은 왕충王充의 《논형論衡》, 중장통仲長統의 《창언昌言》과 함께 동한東漢 최고最高의 "삼대학술저작三大學術著作"으로 널리 평가받고 있다. 그 이유로 범엽范曄의 《후한서後漢書》에는 이 세 사람을 하나의 전傳으로 묶어(《후한서》권49 「王充王符仲長統列傳」) "당시의 좀벌레를 자세히 보고 정치문제를 훌륭히 밝혔다"(詳觀時蠹, 昭成政術)라 칭찬을 아끼지 않았던 것이다.

그런가 하면 당唐나라 때 한유韓愈는 〈후한삼현찬後漢三賢贊〉에서 왕부王符를 "일대현자一代賢者의 대표代表"라 극찬하기도 하였다. 게다가 《후한서後漢書》의 전傳에는 그가 활동이나 관직이 없는 이유로 주로 《잠부론》의 내용을 다시 풀어서 싣는 것으로 대부분이 채워져 있다. 이 또한 열전 중에 아주 특이한 경우로 그가 학술적으로 얼마나 중요한 위치인가를 반증하는 좋은 예이기도 하다. 왕부王符의 학술 주장은 그 주된 철학이 「원기元氣」와 「음양陰陽」, 그리고 「인본주의人本主義」에 있다. 즉 그는 천지만물의 근원을 원기元氣에서 찾아 그 원기가 분화하여 음양陰陽을 이루며 이것이 천지와 만물, 그리고 인간을 낳았다고 보고 있다. 그런가 하면 그는 복서卜筮와 무축巫祝, 관상觀相, 점占등의 미신 활동에 대해서는 반대 입장을 보이며 오직 지혜를 바탕으로 학습과 부단한 훈련을 통해 현자賢者와 성인聖人의 경지에 오를 수 있다는 기본 노선을 세워 놓고 있다. 그래서 그는 성인은 「생이지지生而知之」하는 것이 아니라는 주장을 펴고 있다. 그리고 정치와 사회 전반에 관해서는 개혁의 논리를 주장하면서 관리제도의 혁신, 형법제도의 효율성과 정확성, 친인척 배제를 통한 능력위주의 인재선발, 봉록俸祿 제도의 조정, 농업생산 신장과 국방정책의 바른 설정으로 민생안정을 꾀해야 한다는 비판과 함께 그 대안까지 제시하고 있다. 이는 오늘날의 입장에서 보아도 그 탁견卓見에 감탄을 자아내지 않을 수 없으며 지금의 사회를 분석하는 데에 있어서도 좋은 참고 자료와 척도尺度가 될 수 있을 것으로 여긴다.

潛夫論卷一

讚學第一

漢　王符　撰

天地之所貴者人也聖人之所尚者義也德義之所成
者智也明智之所求者學問也雖有至聖不生而智雖
有至材不生而能故志曰黃帝師風后顓頊師老彭帝
嚳師祝融堯師務成舜師紀后禹師墨如湯師伊尹文
武師姜尚周公師庶秀孔子師老聃若此言之而信則
人不可以不就師矣夫此十一君者皆上聖也猶待學
問其智乃博其德乃碩而況於凡人乎是故工欲善其
事必先利其器王欲宣其義必先擴其智易曰君子以
多識前言往行以畜其德夫瑚簋之器朝祭之服其始
治也故夏后之璜楚和之璧雖有玉璞卞和之資不琢
不錯不離礫石夫瑚簋之器朝祭之服其始也乃山野
之木蠶繭之絲耳使巧倕加繩墨而制之以斤斧女工

加五色而制之以機杼則皆成宗廟之羅黼黻之章可
著於鬼神可御於王公而況君子敦員之質蓉敏之才
攝之以良朋教之以明師文之以禮樂導之以詩書贊
之以周易明之以春秋其不有濟乎詩云題彼鶺鴒載
飛載鳴我日斯邁而月斯征凤興夜寐無忝爾所生是
以君子終日乾乾進德修業者非直為博已而已益
乃思述祖考之令問而以顯父母也孔子曰吾嘗終日
不食終夜不寢以思無益不如學也耕也餒在其中學
也祿在其中矣君子憂道不憂貧箕子陳六極國風歌
北門故所謂不憂貧也宣好貧而弗之憂邪益志有所
專照其重也是故君子之求豐厚也非為嘉饌美服淫
樂聲色也乃將以底其道而邁其德也夫道成於學而
藏於書學進於振而廢於窮是故董仲舒終身不問家
事也故景君明經年不出戶庭得銳精其學而顯昭其
業者家富也富俠若彼而能勤精若此者材子也兒寬
於都巷匡衡自鬻於保徒者身貧也貧阨若彼而能進

四部叢刊子部

潛夫論十卷

## 讚學第一

天地之所貴者人也聖人之所尚者義也德義
之所成者智也明智之所求者學問也雖有至
聖不生而智雖有至材不生而能故志曰黃帝

師風后顓頊師老彭帝嚳師祝融堯師務成舜
師紀后禹師墨如湯師伊尹文武師姜尚周公
師庶秀孔子師老聃若此十一君者皆上聖也猶待學
問其智乃博其德乃碩而況於凡人乎是故工
欲善其事必先利其器王欲宣其義必先讀其
書易曰君子以多志前言往行以畜其德是以
人之有學也猶物之有治也故夏后之璜楚和
之璧雖有玉璞卞和之資不琢不錯不離礫石
夫瑚簋之器朝祭之服其始也乃山野之木蠻

四部叢刊

潛夫論

潛夫論卷第一

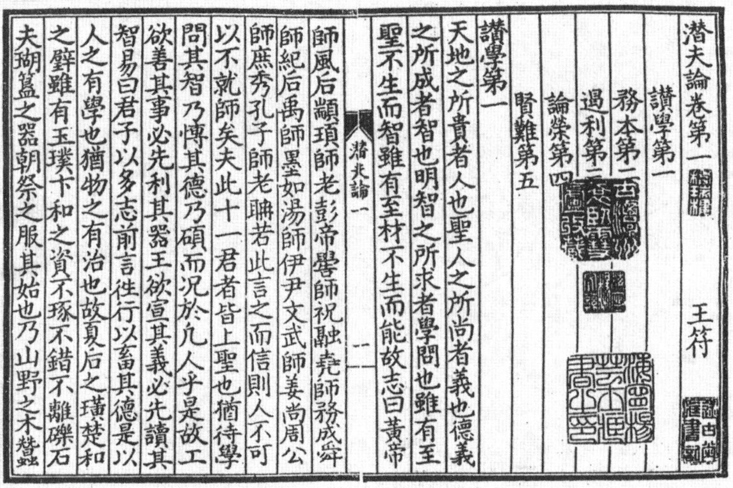

讚學第一
務本第二
遏利第三
論榮第四
賢難第五

王符

讚學第一

天地之所貴者人也聖人之所尚者義也德義
之所成者智也明智之所求者學問也雖有至
聖不生而智雖有至材不生而能故志曰黃帝
師風后顓頊師老彭帝嚳師祝融堯師務成舜
師紀后禹師墨如湯師伊尹文武師姜尚周公
師庶秀孔子師老聃若此言之而信則人不可
以不就師矣此十一君者皆上聖也猶待學
問其智乃博其德乃碩而況於凡人乎是故工
欲善其事必先利其器王欲宣其義必先讀其
智曰君子以多志前言往行以畜其德是以
人之有學也猶物之有治也故夏后之璜楚和
之璧雖有玉璞卞和之資不琢不錯不離礫石
夫瑚簋之器朝祭之服其始也乃山野之木蠶石

《潛夫論》四部叢刊 初編 子部 1926년 商務印書館 印本을 1986년 上海書店에서 覆印한 것.

潛夫論卷第一

王符

讚學第一

天地之所貴者人也聖人之所尚者義也德義之所成者智也明智之所求者學問也雖有至聖不生而智雖有至材不生而能故志曰黃帝師風后顓頊師老彭帝嚳師祝融堯師務成舜師紀后禹師墨如湯師伊尹文武師姜尚周公師庶秀孔子師老聃若此十一君者皆上聖也猶待學問其智乃博其德乃碩而況於凡人乎是故欲善其事必先利其器欲宣其義必先讀其書易曰君子以多志前言往行以畜其德是以人之有學也猶物之有治也故夏后之璜楚之璧雖有玉璞卞和之資不琢不錯不離礫石夫瑚簋之器朝祭之服其始也乃山野之木枲莝

蠒之絲耳使巧倕加繩墨而制之以斤斧女工加五色而制之以機杼則皆成宗廟之器黼黻之章可著於鬼神可御於王公而況君子敦之以禮樂堂之以詩書諷之以周易明之以春秋其有濟乎詩云題彼鶺鴒載飛載鳴我日斯邁而月斯征夙興夜寐無忝爾所生是以君子終日乾乾進德脩業者非直為博己也蓋乃思述祖考之令問而以顯父母也夫終日不食終夜不寢以思無益不如學也耕也餒在其中矣學也祿在其中矣子夏曰吾嘗箕子陳六極囷風歌比干故所謂不憂貧也豈好貧而弗之憂邪以為有所重也是故君子之求豐厚也非為嘉饌美服淫樂聲色也乃將以庇其道而遂其德夫道成於學而藏於書學進於振而廢於窮聞道於朝問家事於京君明經年不出戶庭得銳精其學而顯昭其業者家富也富使若彼而能勤精若此老材士也偃蹇若彼而能勤精其學而老男貧也貧阨若彼而能進學若此者秀士也

《潛夫論》諸子百家叢書본 述古堂에서 宋 寫本을 근거로 1990년 上海古籍
出版社에서 복인한 것.

# 潛夫論

## 讚學第一

蕭山汪繼培箋

天地之所貴者人也。孝經子曰天地之性人為貴。春秋繁露人副天數篇云天地之精所以生物者
義人有氣有生有知亦且有義故最為天下貴也。聖人之所尚者義也。論語子曰君子義以為上。與上違。德義之所成者智也。明
智之所求者學問也。漢書董仲舒傳云彊勉學問則雖有至聖不生而知。生而知之者非好
古敏以求之者也雖有至材不生而能。說苑建本篇子思曰學問之益公明知與智異。故志曰黃帝師風后。史記五帝紀云顓
項師老彭帝嚳師祝融。鄭語史伯云黎為高辛氏火正以淳耀敦大天明地德光照四海故命之曰祝融韋昭注高辛帝嚳黎顓項之後也。堯師務成。自虎
通辟雍篇云五帝堯師務成昭新序雜事五又作務成昭。舜師紀后。禹師墨如。呂氏春秋尊師篇云舜師許由墨台紀後禹師大成墊墨如。湯師伊尹。呂氏春秋尊師篇云湯師小臣謂伊尹小臣也誘注伊尹名摯是
云怡一曰摯怡以紀烈山是為戴山國名紀。文王師呂望周公師庶秀孔子師老
聃。白虎記云孔子師老聃。父史記齊世家云太公望呂尚從本姓姜氏從其封姓故曰呂尚。若此言之而信則人不可以不就師矣。
十一君者皆上聖迪猶待學問其智乃博其德乃碩而況於凡人乎。博學謂進南子泰族訓云不就師德父之罪也今雖不至於帝智
能者...不至于聖而欲無彊令云頑人懷愚毛傳碩人大德也。是故工欲善其事必先利其...易曰君子以多志
蒹葭...士欲宣其義必先讀其書。舊作智說規箋曰書治要改孟子云易曰君子以多志

《潛夫論》新編諸子集成 活字本, 汪繼培의 校箋本으로 臺灣 商務印書館에서 1978년 활자로 출간한 것이며, 이는 1985년 北京 中華書局에서 출판한 新編諸子集成(1) 《潛夫論箋校正》과 내용이 같다.

# 차 례

❧ 책머리에
❧ 일러두기
❧ 해제

# 潛夫論 을

## 22. 구변救邊

## 23. 변의邊議

## 24. 실변實邊

## 25. 복렬卜列

## 26. 무열巫列

## 27. 상렬相列

## 28. 몽렬夢列

## 29. 석난釋難

## 30. 교제交際

## 31. 명충明忠

## 32. 본훈本訓

## 33. 덕화德化

## 34. 오덕지五德志

# 35. 지씨성志氏姓

## 36. 서록叙錄

潛夫論 1/2

## 1. 찬학讚學

## 5. 현난賢難

## 6. 명암明闇

## 7. 고적考績

## 8. 사현思賢

## 9. 본정本政

## 10. 잠탄潛歎

## 11. 충귀忠貴

## 12. 부치浮侈

## 17. 삼식三式

## 18. 애일愛日

## 19. 단송斷訟

## 20. 쇠제衰制

## 21. 권장勸將

# 22. 구변救邊

이는 강족의 침략 9년(B.C. 115)에 쓴 것으로 조정이 변방을 포기한 사건邊不可守을 비판한 것이다. 관료의 무능을 질책함과 아울러 새로운 대책을 세워 변방 백성을 구제해야 한다는 내용이다.

● 본 책 〈叙錄〉(36-22)을 참조할 것.

〈吊人銅矛〉(서한) 1956 雲南 晉寧縣 滇王墓 출토

# 203
## (22-1) 사해가 모두 즐거워하는 정책

　성왕聖王의 정치란 그 겸애가 널리 퍼져 덮이며, 가깝고 친밀하다고 해서 사사로이 하거나, 멀고 성기다고 해서 소홀히 하지도 않는다. 길흉화복을 백성과 함께 하며 애락지정哀樂之情에 그 용서함이 사람에게 미치며, 백성을 보기를 어린아이처럼 여기며, 재앙에서 구해주기를 마치 자신의 손이 데었을 때처럼 한다. 이 까닭으로 사해四海가 즐거워하며 누구나 함께 서로 힘씀을 얻을 수 있는 것이다.


　聖王之政, 普覆兼愛, 不私近密, 不忽疏遠, 吉凶禍福, 與民共之, 哀樂之情, 恕以及人, 視民如赤子, 救禍如引手爛. 是以四海歡悅, 俱相得用.


【普覆】 널리 덮어줌. '覆'는 '덮다. 보호해 주다'의 뜻. '부'로 읽음.
【赤子】 어린아이. 고대에는 백성을 어린아이에게 비유함.

# 204
## (22-2)
## 강족이 쳐들어 왔을 때

　지난날 강족羌族이 반란을 일으켰을 때 처음엔 양주凉州·병주幷州로 부터 사예司隷까지 마쳤고, 동으로는 조趙·위魏, 서쪽으로는 촉蜀·한漢 까지 초략抄掠을 당하였다. 오주五州가 잔파殘破하고 육군六郡이 삭적削迹 되어, 그 주위 천리를 돌아보아도 광야에 혈유孑遺 하나 남아 있지 않았다. 구초寇鈔의 화해禍害가 밤낮으로 그치지 않았고, 백성이 멸몰 滅沒하여 천지가 다 타 버렸다. 그러나 그 때 내지의 각 군郡 선비들 중에 앙화를 입지 않은 자들은, 모두가 이때는 모두 제멋대로 하게 두었다가 천시天時를 기다리자고 하였다. 이런 의견을 내놓는 자가 어찌 사람의 마음을 가진 자라고 할 수 있겠는가!


　往者羌虜背叛, 始自凉·幷, 延及司隷, 東禍趙·魏, 西鈔蜀·漢. 五州殘破, 六郡削迹, 周廻千里, 野無孑遺. 寇鈔禍害, 晝夜不止, 百姓滅沒, 日月焦盡. 而內郡之士, 不被殃者, 咸云當且放縱, 以待天時. 用意若此, 豈人心哉!


【孑遺】요행으로 살아난 사람. 孑孑單身으로 살아남은 자.
【日月】天地. 온 세상의 뜻.
【始自凉~六郡】본장의 지역 이름은 198(21-7)을 볼 것.

# 205
## (22-3)
# 화친을 맺어도 후회할 일

지난번 강족이 반란을 시작하였을 때, 공경公卿과 사윤師尹들은 모두가 양주凉州를 포기하고 물러나 삼보三輔나 보위하고자 하였다. 조정에서는 이를 듣지 않았고 그 뒤 강족이 드디어 침입해 오자 여론은 모두가 그 때 그 혹의惑議를 따르지 않은 것을 후회하였다. 나는 말도 안 된다고 비웃었다. 이는 소위 "강화講和를 해도 후회하고, 강화를 하지 않아도 역시 후회되는 일"일 뿐이다. 변화의 이치를 미리 알지 못한 데에서 나온 말이다.

국토에 변방이 없을 수 없다. 변방이 없으면 망한 나라다. 이 까닭으로 양주를 포기하면 삼보가 변방이 되고, 삼보를 포기하면 홍농弘農이 변방이 되며, 홍농을 포기하면 수도 낙양洛陽이 변방이 된다. 이렇게 상황을 추론하면 비록 동해東海까지도 오히려 변방이 되고 만다. 지금 무력을 매섭게 훈련시켜 적을 쳐부수고, 인재를 뽑아 국경을 온전히 할 생각을 아니하고 변방은 지킬 수 없으니 먼저 스스로 할양해 주자고 떠들면서, 적에게 나약함만 보이고 있으니 이 어찌 미혹한 일이 아니겠는가!


前羌始反, 公卿師尹, 咸欲捐棄凉州, 却保三輔. 朝廷不聽, 後羌遂侵, 而論者多恨不從惑議. 余竊笑之, 所謂「媾亦悔, 不媾亦有悔」者爾, 未始識變之理. 地無邊, 無邊亡國. 是故失凉州,則三輔爲邊; 三輔內入, 則弘農爲邊; 弘農內入, 則洛陽爲邊.
推此以相況, 雖盡東海, 猶有邊也. 今不屬武以誅虜, 選材以全境,
而云邊不可守, 欲先自割, 示偄寇敵, 不亦惑乎!


【公卿】 朝廷의 大官. 東漢 때에는 太傅를 上公이라고 하고, 太尉·司徒·司空을
　三公이라 하였으며, 太常부터 少傅까지를 九卿이라 하였다.
【師尹】 각 관직의 우두머리.
【三輔】 西漢 때의 京兆·扶風·馮翊의 세 지역은 京師를 輔翼하는 곳이라 하여
　三輔라 불렸다.
【惑議】 迷惑한 의론. 잘못된 판단.《後漢書》龐參傳에 "永初元年, 涼州先零種羌
　反叛, 遣車騎將軍鄧騭討之, 參上書曰: '萬里運糧, 遠就羌戎, 不若總兵養衆, 以待
　其渡. 車騎將軍騭宜且振旅, 留征西枝尉任尚使督涼州士民, 轉居三輔.' 四年, 羌寇
　轉盛, 兵費日曠, 參奏記於鄧騭曰: '參前數言宜棄西域, 乃爲西州士大夫所笑, 果破
　涼州, 禍亂至今. 善爲國者, 務懷其內, 不求外利; 務富其民, 不貪廣土. 三輔山原
　曠遠, 民度稀疎, 故縣丘城, 可居者多, 今宜徙邊郡不能自存者, 入居諸陵, 田戍
　故縣, 孤城絶郡, 以權徙之.'"라 한 내용을 가리킴.
【媾亦悔~不有悔】 媾는 講과 같음. 이는《戰國策》秦策에 실려 있는 고사임.
　"三國攻秦, 秦王欲割河東而講. 公子池曰: 講亦悔, 不講亦悔"라 함.
【弘農】 郡이름. 지금의 河南省 靈寶縣.
【洛陽】 漢나라의 東都. 지금의 河南省 洛陽市.

## 악의와 전단

옛날 악의樂毅는 나약하기 그지없는 작은 연燕나라를 가지고, 강한 제齊나라를 깨뜨려 그 위세를 천하에 떨쳤으니, 정말 훌륭한 양장良將이라 이를 만하다. 그러나 즉묵卽墨의 대부大夫 전단田單은 그 성을 홀로 지켜 육 년이나 함락을 당하지 않으면서 끝내 그 백성을 안전하게 지켜내었다. 그 전단은 지친 병사 5천을 거느리고 기겁騎劫을 쳐서

敵破牛火

패주시키고, 제나라 칠십여 성을 회복하였으니, 가히 용병에 뛰어난 인물이라 말할 수 있다. 그러나 그렇게 뛰어난 전단도 요聊와 거莒 두 성을 포위하고 해가 넘도록 끝내 함락시키지 못하였다.

이처럼 모두가 지극히 강한 자가 지극히 약한 자를 공략하고 상지上智가 하우下愚를 상대로 싸웠음에도 오히려 능히 이기지 못한 것은 무슨 이유 때문인가? 이는 "공격은 언제나 성공하기란 어렵고, 수비는 그래도 항상 성공의 여지가 있기 때문이다."

田單 〈火牛破燕圖〉

지난 날 강족이 침입하였던 각 군郡은 모두가 여러 성과 많은 군중을 가지고 있었으며 강족의 지혜라 해도 이에 악의나 전단만큼 뛰어나지도 못하였었다. 게다가 군현郡縣이 위급하였다 해도 요聊·거莒·즉묵郎墨 만큼 심하지도 않았다.

그런데도 모두 마음을 다해 굳게 지키겠다고 하지 아니하고, 도리어 백성을 몰고 겁을 주며 창고의 무기와 식량까지 버리고는, 성읍城邑을 등진 채 도망쳐 버렸다. 이로 말미암아 보건대 성안에 식량이 떨어질까 괴로워할 것이 아니라, 성안의 식량을 다 쓰지도 않고 달아나는 것을 괴롭게 여겨야 한다.

昔樂毅以愽愽之小燕, 破滅彊齊, 威震天下, 眞可謂良將矣. 然郎墨大夫, 以孤城獨守, 六年不下, 竟完其民. 田單帥窮卒五千, 擊走騎劫, 復齊七十餘城, 可謂善用兵矣. 圍聊·莒連年, 終不能拔. 此皆以至彊攻至弱, 以上智圖下愚, 而猶不能克者何也? 曰:「攻常不足, 而守恆有餘也.」前日諸郡, 皆據列城而擁大衆. 羌虜之智, 非乃樂毅·田單也; 郡縣之阨, 未若聊·莒·郎墨也. 然皆不肯專心堅守, 而反彊驅劫其民, 捐棄倉庫, 背城邑走. 由此觀之, 非苦城乏糧也, 但苦將不食爾.

【樂毅】戰國시대 趙나라 출신으로 燕나라 장수가 됨. 燕 昭王을 도와 齊를 공격, 70여 성을 빼앗았으나, 齊나라 田單의 계략에 의해 燕 惠王이 騎劫으로 대치하여 연나라가 패배함. 《戰國策》 齊策·燕策 및 《史記》 樂毅田單列傳 참조.
【郎墨】齊나라 지명. 악의가 쳐들어왔을 때 莒와 함께 버텨낸 곳. 뒤에 田單이 이곳을 근거로 火牛攻法으로 연나라를 물리침.

【田單】樂毅를 騎劫으로 바꾸도록 계략을 꾸미고, 齊나라를 수복한 인물.
《史記》樂毅田單列傳 참조.

【騎劫】燕나라 장수. 樂毅를 이어 燕軍을 통솔하였으나 패배함.

【聊】제나라의 城. 지금의 山東省 聊城.《史記》魯仲連傳에 "齊田單攻聊城
歲餘, 士卒多死而聊城不下"라 함.

【莒】齊나라 성으로 燕에게 버텨 이겨낸 곳.

# 207
(22-5)

## 징조가 보일 때 방비하라

적을 꺾어버리고 백성을 편안히 하는 요체는 어진 이를 임용하는 데에 있지, 변경을 줄이는 데 있지 않다. 제齊나라 위魏나라는 퇴각하여 지켰지만 그 때문에 나라가 안녕을 얻은 경우는 없었으며, 자영子嬰이 스스로 삭직削職하였지만 그렇다고 진秦나라가 존속된 것도 아니다. 오히려 무황제武皇帝는 오랑캐를 몰아내고 국경을 넓혀 그 넓이가 수천 리나 되었다. 동쪽으로는 낙랑樂浪을 개척하고, 서쪽으로는 돈황燉煌을 설치하였고, 남으로는 교지交趾를 넘었고, 북으로는 삭방朔方까지 구축하였다. 마침내 남월南越을 안정시키고 대완大宛을 주참誅斬하여 무제의 군대가 가는 곳이면 정벌되지 아니하는 곳이 없었다.

漢 武帝(劉徹: B.C.156~B.C.87)

그런데 지금 이민족이 봉기封畿의 안쪽까지 들어와 날뛰건만 이를 사로잡지 못하고 스스로 통탄만 하고 있을 뿐이니, 이는 변경에서 잘못하였기 때문에 생기는 일이 아니다. 입술이 없으면 이가 시린 법이요, 몸이 아프면 마음도 괴로운 것은 필연적인 일이니, 어찌 의심할 것인가? 군자란 기미가 보일 때 이미 알아차린다고 하였는데 하물며 이미 확연히 드러난 일에 대해서랴?

折衝安民, 要在任賢, 不在促境. 齊·魏却守, 國不以安; 子嬰
自削, 秦不以在. 武皇帝攘夷柝境, 面數千里, 東開樂浪, 西置燉煌,
南踰交趾, 北築朔方, 卒定南越, 誅斬大宛, 武軍所嚮, 無不夷滅.
今虜近發封畿之內, 而不能擒, 亦自痛爾, 非有邊之過也. 脣亡
齒寒, 體傷心痛, 必然之事, 又何疑焉? 君子見機, 況已著乎?


【折衝】적을 꺾어버림.

【魏】《史記》魏世家에 의하면 安釐王 3년(B.C.274)에 魏나라 장수 段干子가
南陽의 땅을 주는 조건으로 秦과 講和를 요구하자, 蘇代가 "以地事秦, 譬猶抱薪
救火, 薪不盡, 火不滅"이라 함. 이에 왕이 "事始已行, 不可更也"라 하여 뒤에
계속해서 땅을 빼앗긴 끝에 약해져 B.C.225년 秦에게 망하고 말았음.

【齊】이 사건은 樂毅가 齊나라 70여 성을 빼앗아 국토가 유린당한 일을 말하는
듯하나 확실치 않음.

【子嬰】秦 始皇의 太子였던 扶蘇의 아들. 趙高의 책략으로 扶蘇가 자결하고
그 아우 胡亥가 二世皇帝가 되어 나라가 어지러워지자, 趙高는 다시 二世까지
죽이고 子嬰을 세웠으나, 46일 만에 秦나라가 망하고 말았음.《史記》秦始皇
本紀 참조.

【武皇帝】漢 武帝 劉徹. 재위 B.C.140～87년.

【樂浪】漢 武帝 元封 3년(B.C.108년) 지금의 平壤 근처에 두었던 漢四郡 중의
하나.

【燉煌】敦煌으로도 쓰며 지금의 敦煌지역.

【交趾】元鼎 6년(B.C.111)에 지금의 廣東, 廣西, 越南 北部 지역을 관할하는
交趾刺史部를 둠.

【朔方】元朔 2년(B.C.127)에 朔方郡을 설치함. 삭방은 지금의 內蒙古 杭錦旗
서북의 黃河 南岸.

【南越】지금의 廣東, 廣西, 越南 일대.

【大宛】漢나라 때 西域의 나라 이름. 太初 4년(B.C.101) 李廣利를 시켜 大宛을
격파하고, 神爵 2년(B.C.60)에 西域都護部를 둠.

【封畿】서울 부근. 왕터 근처.

【脣亡齒寒】《左傳》僖公 5년 "輔車相依, 脣亡齒寒"이라 하였고, 《鹽鐵論》誅秦에 "中國與邊境, 猶支體與腹心也. ……脣亡則齒寒, 支體傷而心憯怛, 故無手足則支體廢, 無邊境則內國害"라 함.

## 208
### (22-6)
# 자신에게 통증이 없다고 해서

이에 변방의 고통이 진동하기가 마치 우레와 같고, 널리 알려지기가 일월과 같건만 말 많은 자 조차도 이를 거론하기를 꺼리며, 그저 삽살개가 도적과 함께 휘젓고 다닌다고 말하고 있다. 이는 정말 "소인들 자꾸 떠들어, 군자로 하여금 태만하게 하네!"라 말한 것과 같다. 그 의도로 조정으로 하여금 강족을 별것 아닌 것이니 너무 일찍 걱정할 필요가 없다는 쪽으로 몰고 가기 위한 것이었다. 그러다가 그 폐해가 여기까지 미쳤는데도, 오히려 구제할 생각조차 아니 하고 있다.

속담에 "자기 자신에게 통증이 없으니 참으라 하고, 자기 돈 안 나가니 주라고 한다"라 하였다. 만약 공경公卿의 자제가 강족의 화를 입어 조석으로 절박함이 변경 백성과 같다면, 다투어 그 강족을 죽여 없애야 한다고 떠들어 댈 것이다.


乃者, 邊害震如雷霆, 赫如日月, 而談者皆諱之, 曰猋幷竊盜. 『淺淺善靖, 俾君子怠!』欲令朝廷以寇爲小, 而不蚤憂, 害乃至此, 尚不欲救. 諺曰:「痛不著身言忍之, 錢不出家言與之.」假使公卿子弟, 有被羌禍, 朝夕切急如邊民者, 則競言當誅羌矣.

【乃者】‘이에’의 뜻. 혹은 「曩者」로 보아 ‘이전에’로도 해석함.

【猋】삽살개, 혹은 개가 날뛰는 모습.

【淺淺善靖, 俾君子怠!】《尙書》泰誓篇의 구절.

【淺淺善靖】淺은 譾(떠들다의 뜻). 靖은 ‘교묘하다’의 뜻.

# 209
(22-7)

## 행여나 행실이 고쳐질까 하였더니

　지금 자기들에게는 참달원통惨怛冤痛함이 없으니 편히 앉아 아무런 서두름도 없고 또한 방어의 준비를 명확히 닦아 놓지 않았으면서 도도히 편안히 굴며, 누워서 모든 것은 하늘의 □라 맡겨두고 있다. 강족이 거리낌 없이 왕래하면서 깊이 들어와, 많은 사람을 죽이고 있는데도 자신들은 녹록하게 굴면서 재상이고 장군이고 대궐에 들어가서는 화평한 인사말이나 주고받다가, 물러나서는 아무 일없다고 말한다. 조회의 당상에 모여 앉으면 우국·애민·간측懇惻의 성의는 없이 구차스럽게 서로 멀거니 바라만 보며, 잘못된 일을 그만 둘 생각은 없고, 그저 날마다 탈 없이 흘러 때가 바뀌기만을 고대한다. 의논해도 정해지는 바는 없고 그저 기다리자고 할 뿐이다.

　그러다가 잠시 편안해지면 신나는 마음에 모든 것을 다 잊어버린다. 그리고 나서 열흘도 채 되지 않아 적이 다시 몰려와 피해가 속출하고 군서軍書가 급히 오가고 긴급 공문이 코앞에 닥치면 그제야 다시금 앞서의 놀란 모습을 되풀이하고 있다. 이런 반복을 계속하기를 이미 9년이나 되었다.

> "행여나 행실을 고쳐 나아질까 하였더니　　　庶日式臧
> 다시금 악한 짓 드러내 보이네."　　　　　　覆出爲惡

이라 하였으니, 혼란만 거듭하여 그 어느 끝까지 가려는가?

《춘추春秋》에 "정鄭 문공文公은 자신의 군대를 버렸다"라고 비탄해 하였거늘 하물며 그 백성까지 버린 경우임에랴? 한 사람만 탄식을 해도 왕도는 허물어지는 법이거늘, 하물며 백만의 민중이 울부짖어 하늘을 감동시킴에랴?


今苟以已無慘怛寃痛, 故端坐相仍, 又不明修守禦之備, 陶陶閒澹, 臥委天□. 羌獨往來, 深入多殺, 己乃陸陸, 相將詣闕, 諧辭禮謝, 退云無狀. 會坐朝堂, 則無憂國哀民懇惻之誠, 苟轉相顧望, 莫肯違止, 日晏時移, 議無所定, 已且須後. 後得小安, 則恬然棄忘. 旬時之間, 虜復爲害, 軍書交馳, 羽檄狎至, 乃復怔忪如前. 若此以來, 出入九載, 『庶曰式臧, 覆出爲惡.』 個個潰潰, 當何終極! 《春秋》譏『鄭棄其師』, 況棄人乎? 一人吁嗟, 王道爲虧, 況百萬之衆, 叫號哭泣, 感天心乎?


【臥委天職】 職은 원래 빈칸으로 되어 있으며, 汪繼培는 이를 '聽'으로 판독하였으나 彭鐸은 '職'으로 보았음. '職'으로 풀이함.

【朝堂】 조회를 여는 곳.《後漢書》鄧騭傳에 "其有大議, 皆諧朝堂, 與公卿參謀"라 함.

【羽檄】 긴급한 公文. 공문에 새의 깃털을 꽂아 긴급함을 표시하였다 한다.

【詩】《詩經》小雅 雨無正의 구절. 鄭玄 箋에 "人見王之失所, 度幾其自改悔而用義人, 反出敎令復爲惡也"라 함.

【春秋譏】 春秋 시대 鄭 文公이 대부 高克을 싫어하여, 그로 하여금 군대를 이끌고 변방을 지키라고 명한 후, 오래도록 소환하지 않고 방치한 일이 있었다.《左傳》閔公 2년 참조.

# 210
## (22-8)
## 백성을 자식처럼

또 무릇 국가라고 하는 것은 백성을 기초로 하고, 귀함은 천함을 본으로 한다. 이 까닭으로 성왕聖王이 백성을 기를 때에는 이를 사랑하기를 자식처럼 하며, 이를 근심하기를 자기 집안일처럼 하였던 것이다. 위험에 처한 자는 안전하게 해 주고 망해 가는 자는 존속시켜 주며, 재환災患에서 구제하고 화란禍亂을 제거해 주었다. 이 까닭으로 귀방鬼方을 토벌한 것은 전쟁을 즐겨한 때문이 아니며, 험윤獫狁을 쫓아버린 것은 땅을 탐내어 그랬던 것이 아니었다. 바로 백성을 분발시키되 덕으로 길러 국토 안을 안정시키고자 함이었다.

옛날에 "천자가 사이四夷를 지킴에 있어서", "저氐·강羌 모두 달려와 그 덕을 누리지 않는 자가 없었으며", "온 천하가 복종 당하기를 원하였고, 길가의 갈대조차 그 덕을 입었네"라 하였던 것이다. 그런데 하물며 가까이 있는 우리 백성이 이러한 재앙을 입고 있는데도 가히 구제하지 아니할 수 있다는 말인가?

且夫國以民爲基, 貴以賤爲本. 是以聖王養民, 愛之如子, 憂之如家, 危者安之, 亡者存之, 救其災患, 除其禍亂. 是故鬼方之伐, 非好武也; 獫狁於攘, 非貪士也; 以振民育德, 安疆宇也. 古者, 『天子守在四夷』, 『自彼氐·羌, 莫不來享』, 『普天思服, 行葦賴德』 況近我民, 蒙禍若此, 可無救乎?

선우대항(單于大降) 瓦當

【鬼方】고대 종족 이름. 殷·周 때에 지금의 陝西省 서북을 할거하여 세력이
커지자 殷 高宗이 토벌함.

【獫狁】「玁狁」으로도 쓰며, 고대 종족 이름. 지금의 陝西·甘肅·內蒙古 일대에
있었음. 한나라 때에는 匈奴로 불렸음. 周 宣王 때 전쟁을 벌여 토벌함.

【振民育德】《周易》蠱卦 象辭에 "君子以振民育德"이라 함.

【四夷】고대에 東夷·西戎·南蠻·北狄. 중국 변방의 이민족을 낮추어 부르던
말.《左傳》昭公 23년에 "古者, 天子守在四夷, 天子卑, 守在諸侯"라 함.

【氐】고대 중국 서북쪽의 이민족.《詩經》商頌 殷武에 "自彼氐羌, 莫敢不來享"
이라 함.

【行葦】길가의 갈대.《詩經》大雅 行葦편 참조.

# 211
## (22-9) 고통스러울 땐 부끄러움도 없다

무릇 백성이 윗사람을 받들고 섬기는 까닭은 의義와 은恩을 사모해서 그런 것이다. 고통을 느끼게 되면 부끄러움도 없게 되고, 재앙을 입게 되면 인仁은 돌아볼 겨를도 없어지게 마련이다. 분함과 원망은 부끄러움을 모르는 데서 생겨난다. 지금 강족으로 인한 혼란이 오래되었다! 상해를 입은 것도 많다! 백성은 급하고 우화憂禍는 깊다! 위아래를 다 훑어보아도 쉴 틈이 없다. 대장大將 하나에게 명하여 적들을 소탕해야 함에도 그렇게 하지 않고, 주州에서 조금씩 보내어 끝없이 소모전만 하고 있다. 이는 마치 발을 쳐서 바람을 막겠다는 것이며, 모래를 퍼다가 하수河水를 막겠다는 것이다. 막을 수도 없을 뿐더러 한갓 스스로 힘을 소진하는 결과가 될 뿐이다.

지금 몇몇 주에서는 둔병屯兵이 십여 만이나 되지만 모두가 현관縣官의 창고 곡식을 먹고 있으니, 1년 계산에 백만 곡斛이나 되며 게다가 매월 봉록도 주고 있다. 그러나 사람이 쓰는 소모품만 해도 공급을 맞출 수 없는데 도리어 잠시 대군大軍의 출전비를 꺼리고 있으니, 심히 잘못된 계책이 아닐 수 없다.

위: 〈漢并天下〉 와당.
아래: 〈單于和親〉 와당

屯墾圖(魏晉) 磚畫 1972 嘉峪關 戈壁灘 출토

　凡民之所以奉事上者, 懷義恩也. 痛則無恥, 禍則不仁. 忿庈
怨懟, 生於無恥. 今羌叛久矣! 傷害多矣! 百姓急矣! 憂禍深矣!
上下相從, 未見休時. 不一命大將, 以掃醜虜, 而州稍稍興役,
連連不已. 若排簾障風, 探沙擁河, 無所能禦, 徒自盡爾. 今數州
屯兵十餘萬人, 皆廩食縣官, 歲數百萬斛, 又有月直. 但此人耗,
不可勝供, 而反憚暫出之費, 甚非計也.

【縣官】한나라 때 天子나 朝廷을 縣官이라 불렀음. 여기서는 나라의 봉록
　이라는 뜻.
【斛】용량의 단위. 漢나라 때는 10斗를 1斛이라 하였음.

# 212
(22-10)  의심을 품으면 질서가 사라진다

또 위험에 처한 자는 쉽게 기울어지고, 의심을 품은 자는 쉽게 변화하기 마련이다. 지금 적들은 새로이 변방 땅을 차지하고 있어, 그곳 백성이 감히 스스로 안정된 마음이라 볼 수 없고, 쉽게 진탕震蕩하고 있는 상태이다. 백성들은 방금 옛 고향 토지를 떠나, 살던 곳에 대한 미련이 아직 식지 않고 있으며 쉽게 격할 것이다. 진실로 이를 근거로 대장을 보내어 동요하는 자는 주벌하고 내쫓으며, 적의 파괴로부터 격리시켜 주어야 한다. 만약 시간을 충분히 주어 그들이 곡식이 쌓이고 부귀해져서 각자 안정된 토대가 마련된 후라면, 그들은 더 이상 동요하지 않을 것이다.

《주서周書》에는 "무릇 저 성인도 반드시 시간을 급히 서둘러야 할 일이 있다"라 하였다. 이 까닭으로 전쟁과 수비의 책략을 조급히 서두르지 않을 수 없는 것이다.


且夫危者易傾, 疑者易化. 今虜新擅邊地, 未敢自安, 易震蕩也. 百姓新離舊壞, 思慕未衰, 易將屬也. 誠宜因此, 遣大將誅討, 迫脅離逖破壞之. 如寬假日月, 蓄積富貴, 各懷安固之後, 則難動矣. 《周書》曰:『凡彼聖人必趨時.』是故戰守之策, 不可不早定也.

【離逖】 멀리 보냄. 멀리 쫓아버림.

【寬假】 관용을 베풂.

【周書】《逸周書》周祝解에 “凡彼濟者必不怠, 觀彼聖人必趨時”라 함.

# 23. 변의邊議

이는 강족 침략의 10년(B.C. 116)에 씌여진 것으로 공경대부의 착오와 임금의 잘못된 판단을 비판함과 아울러, 시급히 구변안민救邊安民 정책을 펴서 국가의 안녕을 회복할 것을 주장한 글이다.

※ 본 책 〈叙錄〉(36-23)을 참조할 것.

銅軺車(東漢) 甘肅 武威 雷臺 출토

# 213
## (23-1)
# 화복의 진실을 살필 줄 알아야

화복禍福의 진실에 대해 밝은 자는, 헛되이 미혹迷惑한 일을 논하지 않으며, 치란治亂의 실정에 대해 잘 살필 줄 아는 자는, 변화에 대해 화려한 수식을 하지 않는 법이다. 이 까닭으로 의심할 것이 없는 일에는 성인은 달리 어떤 도모를 하지 않았고, 떠도는 말에 대해서는 성인은 듣지 않았다. 어찌하여 그렇게 하였겠는가? 눈에 보이는 사실을 등지지도 않을 뿐더러 다시금 말꼬리를 다투려하지 않겠다는 계책에서이다.

이 까닭으로 명철한 군주는 먼저 사람의 사정을 다하되 훌륭한 장수라고 해서 그에게 홀로 다 맡기지도 않았으며, 자신을 수양하여 방비하되 남에게 믿음을 구하려 들지도 않았다. 따라서 능히 공격하면 반드시 적을 이겼고, 지키면 틀림없이 스스로는 온전하였던 것이다.


明於禍福之實者, 不可以虛論惑也; 察於治亂之情者, 不可以華飾移也. 是故不疑之事, 聖人不謀; 浮游之說, 聖人不聽. 何者? 計不背見實而更爭言也. 是以明君先盡人情, 不獨委夫良將, 修己之備, 無恃於人, 故能攻必勝敵, 而守必自全也.

【浮游之說, 聖人不聽】《韓非子》內儲說上에 "凡謥者, 疑也. 疑也者, 誠疑以爲可者半, 以爲不可者半"이라 함.

【修己之備, 無恃於人】《孫子》九變에 "用兵之法, 無恃其不來. 恃吾有以待之; 無恃其不攻, 恃吾有所不可攻也"라 함.

# 214
## (23-2) 적들이 횡행하는데도

    강족이 처음 쳐들어오기 시작하였을 때, 우리 쪽에서는 계모計謀가 훌륭하지 못하였고, 무리도 제대로 이루지 못하였으며, 사람들도 제대로 모으지 못하였고, 병기도 제대로 갖추어지지 않아, 더러는 대나무나 나뭇가지로 또는 맨손으로 맞붙었다. 풀로 집을 지어 살다가, 모두 흩어지고 말았다. 이들은 인솔해 주는 도독都督도 없어 아주 쉽게 무너져 버린 것이다. 그런데도 태수太守나 영장令長들은 모두가 노예처럼 겁을 먹고 나약하기 이를 데 없어 감히 공격을 시도하지도 못하였다.

    그 때문에 적들로 하여금 승승장구 국토를 점령토록 하여 주州·군郡을 파멸시켰고, 그 기세가 등등하였으며 삼보三輔까지 무너뜨렸으며, 귀방鬼方 지역까지 뻗쳐 나갔다. 이처럼 된 상황이 이미 십여 년이 되었으며 백성의 피해는 지금까지도 끊이지 않고 있다. 그럼에도 어리석은 이들과 무능한 자들은 오히려 구조할 수 없다고 떠들면서, 시간이 가기만을 기다리니 이런 생각을 가진 자가 어찌 인간이겠는가?

    羌始反時, 計謀未善, 黨與未成, 人衆未合, 兵器未備, 或持竹木枝, 或空手相附, 草食散亂, 未有都督, 甚易破也. 然太守令長, 皆奴怯畏, 偄不敢擊. 故令虜遂乘勝上疆, 破州滅郡, 日長炎炎, 殘破三輔, 覃及鬼方. 若此, 已積十歲矣, 百姓被害, 迄今不止. 而癡兒騃子, 尚云不當救助, 且待天時. 用意若此, 豈人也哉!

【黨與】朋黨. 集團을 이룸.

【草食】俞樾은 이를 '草創'으로 보았음. 그러나 '草舍'로 보아야 옳다고 여김.

【三輔】서울 주변(前出).

【覃】'~까지 이어지다'의 뜻.

【鬼方】고대 이민족 이름(前出).

【駁子】어리석고 용렬한 아이라는 뜻. 애(駁)는 '癡'와 같음.

## 215
### (23-3)
## 자신의 자리만 하나씩 껴안고

무릇 인仁이란 자신을 용서하여 남에게까지 미치게 하는 것이요, 지智란 공功이 무엇인지를 살펴 일을 처리하는 것을 말한다.

지금 공경公卿들은 안으로는 사민士民의 멸몰지통滅沒之痛을 안타까워하지도 않고, 밖으로는 구병지화久病之禍를 걱정하지도 않으면서, 각자 자신의 권력 하나씩 품고 눈앞의 문제를 피하려 든다. 그리고는 구차스럽게 군대를 동원해서는 안 된다고 하여, 제왕의 강유綱維를 끌어들일 줄도 모르고, 화변禍變을 끝맺는 원리도 모르고 있다.

夫仁者, 恕己以及人, 智者講功而處事. 今公卿內不傷士民滅沒之痛, 外不慮久兵之禍, 各懷一切, 所脫避前. 苟云不當動兵, 而不復知引帝王之綱維, 原禍變之所終也.

【久兵之禍】 전쟁을 오래 끌어 생기는 폐단. 《孫子》 作戰篇에 "夫兵久而國利者, 未之有也"라 함.
【一切】 마땅한 계획을 세워 그에 맞게 해결해야 할 급한 일을 뜻함. 《漢書》 平帝紀의 顔師古 注에 "一切者, 權時之事, 非經常也. 猶如以刀切物, 苟取整齊, 不顧長短縱橫, 故言一切"이라 함.
【綱維】 근본이 되는 綱令. 法令. 벼리.

# 216
## (23-4)
# 천자는 백성의 부모

《역易》에는 "도적의 무리를 막는 것이 이롭다"라 하였고, 《시詩》에는 〈박벌薄伐〉을 찬미하였다. 예로부터 전쟁은 있었으며, 지금에야 전쟁이 있는 것은 아니다.

《전傳》에는 이렇게 말하였다.

"하늘이 오재五材를 만들어 준 것은 사람이 이를 아울러 잘 사용하라는 뜻으로, 그 중 하나도 폐기할 수가 없다. 그러니 그 누가 무기를 없앨 수 있겠는가? 무기란 위엄으로써 옳지 못한 자를 제압하고 문덕文德을 밝히는 것이다. 성인은 이로써 흥하였고, 난인亂人을 이로써 폐멸하였다."

제齊 환공桓公·진晉 문공文公·송宋 양공襄公은 어지러운 세상의 제후였지만 오히려 천하가 서로 죽이고 있는데도 자신이 능히 구제해 주지 못함을 부끄럽게 여겼다. 그런데 하물며 하늘의 임무를 받아 사해四海를 주재하고 있는 자에게 있어서랴? 또 진晉·초楚의 대부는 작은 나라의 신하에 불과하였지만 오히려 자신이 집정하고 있는데 서로 침략함이 있음을 부끄럽게 여겼다. 그런데 하물며 천자의 삼공三公이 되어 세상의 책임을 맡고 있는 자에게 있어서랴?

齊桓公

공류公劉는 그 인덕仁德이 길가의 갈대에게조차 널리 입혔는데, 하물며 피를 머금고 죽어 가는 자가 자신의 동류同類임에랴? 한 사람만 한탄을 해도 왕도王道에 손상이 가거늘 하물며 멸몰지민滅沒之民이 백만이나 됨에랴?

《서書》에는 "천자는 백성의 부모가 되어야 한다"라 하였다. 부모로써 자식이 도적에게 도륙을 당하고 있는 것을 어찌 앉아서 보기만 할 수 있으며, 개·돼지 같은 무리에게 먹히고 있는 것을 어찌 서서 보고만 있을 수 있단 말인가?


《易》『利禦寇』,《詩》美〈薄伐〉, 自古有戰, 非乃今也.《傳》曰:『天生五材, 民並用之, 廢一不可, 誰能去兵? 兵所以威不軌而昭文德也, 聖人所以興, 亂人所以廢.』齊桓·晉文·宋襄, 衰世諸侯, 猶恥天下有相滅而已不能救, 況皇天所命四海主乎? 晉·楚大夫, 小國之臣, 猶恥已之身而有相侵, 況天子三公典世任者乎?

公劉仁德, 廣被行葦, 況含血之人, 己同類乎? 一人吁嗟, 王道爲虧, 況滅沒之民百萬乎?《書》曰:『天子作民父母.』父母之於子也, 豈可坐觀其爲寇賊之所屠剝, 立視其爲狗豕之所噉食乎?


【利禦寇】《周易》蒙卦에 "利禦寇"라 하였음.
【薄伐】《詩經》小雅 六月에 "薄伐玁狁"이라 함.
【傳曰】《左傳》襄公 27년을 볼 것. 五材는 金, 木, 水, 火, 土.
【齊 桓公】春秋五霸의 하나. 管仲과 鮑叔 등의 도움을 받음.
【晉 文公】역시 춘추오패의 하나. 重耳.

【宋 襄公】《史記》의 춘추오패의 하나. 이상 셋은 모두《史記》齊太公世家, 晉世家, 宋微子世家 등을 참조할 것.

【猶恥天下有相滅而己不能救】《公羊傳》僖公 2년에 "天下諸侯有相滅亡者, 桓公不能救, 則桓公恥之也"라 함.

【猶恥己之身而有相侵】《左傳》成功 16年에 "欒武子曰: 不可以當吾世而失諸侯"라 함.

【公劉】周나라의 先代로 族人을 거느리고 빈(豳) 땅으로 옮겨 주나라 기초를 다진 인물.《史記》周本紀 참조.

【行葦】길 가의 갈대조차 그 혜택을 입었다는 칭송을 말함.

【含血】여기서는 人類를 가리킴.《漢書》趙壹傳에 "使乾皮復含血, 枯骨復被肉"이라 함.

【書】《尚書》洪範의 구절.

# 217
## (23-5)
# 백성으로 인해 천명을 누리는 것

인은仁恩을 젖혀 두고 이익을 가지고 말해 보자.

나라는 백성을 기본으로 하고, 귀한 자는 천한 자가 있기 때문에 있을 수 있다. 천지가 개벽한 이래 백성이 위기에 처해 있는데도 나라는 안전하였던 자, 그 누가 있었는가? 또 하층민이 가난한데도 윗사람은 부유하였던 자, 그 누가 있었는가?

그러므로 "무릇 임금과 나라란 백성으로써 그 기본을 삼아야 한다. 백성이 수척한데 임금이 어찌 살찔 수 있겠는가?", 무릇 "어린 백성으로 인해 천명을 길게 누릴 수 있는 것"이라 한 것이다.

생각건대 성주聖主께서는 국기國基의 상병傷病을 깊이 헤아리고, 화복禍福의 소생所生에 대해 원려遠慮하시기를 원하노라.


除其仁恩, 且以計利言之. 國以民爲基, 貴以賤爲本. 願察開闢以來, 民危而國安者誰也? 下貧而上富者誰也? 故曰:『夫君國將民之以, 民實瘠, 而君安得肥?』夫『以小民, 受天永命』, 竊願聖主深惟國基之傷病, 遠慮禍福之所生.


【夫君~得肥】《國語》楚語의 구절.
【以小民~永命】《尙書》召誥의 구절.

# 218
## (23-6) 성쇠와 추이

　또 무릇 만물은 성쇠盛衰가 있고 때란 추이推移가 있으며, 일이란 기회機會가 있고 사람이란 변화變化가 있는 법이다. 지혜로운 자는 상징을 미리 알아낸다. 이것이 어찌 당연한 일이 아니겠는가?

　맹명孟明이 하서河西의 실패를 거울삼았고, 범려范蠡는 고서姑胥의 실패를 만회하였다. 이 까닭으로 큰 공을 당세에 세웠을 뿐만 아니라, 그 이름이 무궁하게 후세에까지 전해지게 할 수 있었던 것이다.


　且夫物有盛衰, 時有推移, 事有激會, 人有變化. 智者揆象, 不其宜乎! 孟明補闕於河西, 范蠡收責於姑胥, 是以大功建於當世, 而令名傳於無窮也.


【激會】사물을 격발시켜 기회를 봄. 時機를 뜻함.《史記》平準書에 "事勢之類, 相激使然"이라 함.
【變化】《史記》蔡澤傳에 "進退盈縮, 與時變化. 聖人之常道也"라 함.
【揆】추측함. 헤아림.
【孟明】春秋 시대 秦나라 장수. 百里視라고도 부름. B.C.627년 秦 穆公이 孟明으로 하여금 鄭나라를 치게 하였다가 도리어 晉나라에게 패배. 그 뒤 재차, 삼차에 걸쳐 晉과 싸워 결국 승리하고 패자의 위치를 차지함.《左傳》文公 3年 참조.

【范蠡】春秋 말기 越나라 人物. 吳나라를 멸한 후 陶 땅으로 옮겨 다시 큰 부자가
되어 陶朱公으로 불렸던 사람이다. 《史記》越王勾踐世家 참조.
【姑胥】姑蘇. 춘추시대 吳나라 서울. 지금의 江蘇省 蘇州市.
【令名】'榮名'과 같음. 영예로운 이름을 뜻함.

# 219
## (23-7) 국 한 그릇 아까워해서야

　　지금 변방의 소요가 극심한데도 날마다 그 화를 방치하고 있어, 백성들은 주야로 조정을 향해 자신을 구해 주기를 바라고 있다. 그런데도 공경들은 비용과 번거로움을 이유로 불가하다 하고 있다. 나는 이렇게 비웃을 수밖에 없다. 이는 안자晏子가 말한 "창고의 비축된 곡식은 가벼이 여기면서, 국 한 사발 퍼주는 것은 아까워한다"라는 것과 무엇이 다르겠는가?

　　지금 눈에 보이는 그 장부상의 전곡錢穀만 아까워한다는 사실은 알지 못하고 있다. 또 요역의 출동이 어려운 것만 알았지 중국 전체의 변경이 편안하리라는 기대에 대해서는 모르고 있다.


　　今邊陲搔擾, 日放族禍, 百姓晝夜望朝廷救己, 而公卿以爲費煩不可. 徒竊笑之, 是以晏子「輕困倉之蓄而惜一杯之鑽」何異? 今但知愛見薄之錢穀, 而不知未見之待民先也; 知傜役出難動, 而不知中國之待邊寧也.

【囷倉】囷은 圓筒형의 창고, 倉은 方形의 창고라 함.

【晏子】春秋 말기 齊나라의 유명한 재상. 그러나《晏子春秋》및《史記》에는
이상의 구절이 없음.

【薄】簿와 같다. 漢隷에 통용하여 썼음.

【傜伇】徭役과 같음. 伇은 役의 異體字. 멀리 나가서 부역하는 것.

# 220
(23-8)

## 아파 외치는 소리

《시詩》에는 이렇게 통탄하였다.

"어떤 이는 아파 외치는 소리 들어주지도 않는데    或不知叫號
 어떤 이는 참담하게 고생만 하네."                或慘慘劬勞

지금 공경들은 자신은 아무런 상처를 입지 않았다고 서로 다투어
나라의 땅을 떼어서 적에게 주고, 주상主上의 백성을 죽여 강족의 밥으로
만들어 주고 있다. 묘책을 내놓는다는 것이 겨우 이와 같으니 무지하
다고 할 수밖에 없고, 신하가 되어 이런 짓을 하고 있으니, 충忠이라
할 수 없다. 그들의 재지才智로는 논의를 시킬 수가 없다.


《詩》痛『或不知叫號, 或慘慘劬勞.』 今公卿苟以己不被傷,
故競割國家之地以與敵, 殺主上之民以餧羌. 爲謀若此, 未可
謂知, 爲臣若此, 未可謂忠, 才智未足使議.


【詩】《詩經》小雅 北山의 구절.《毛詩》序에 의하면 徭役이 공평하지 못함을
   풍자한 것이라 함.
【餧】먹여줌. 길러줌.

# 221
## (23-9)
# 자신이 맡은 업무가 싫다고

또 무릇 사해四海 안에 있는 모든 것은 성인聖人이 그 자손들에게 물려준 것이며, 관위官位와 직사職事는 여러 신하들의 자기 자신에게 기탁되어 맡겨진 것이다. 그리고 자손에게 전해 주어야 할 것은 만세토록 안전하게 해 주어야 하며, 자기 자신에게 기탁된 것은 각각 하나씩 책임지고 처리해야 한다. 그러므로 말이란 항상 언제까지나 길이 똑같이 실행될 수 있는 것이 아니며, 그 업무도 싫다고 언제까지나 방치할 수 있는 것이 아니다.

무릇 이는 진실로 명군明君이 미세할 때부터 살펴야 할 일이요, 성주가 독단적으로 처리해야 할 일이다.

지금 백성을 동원하여 번거롭게 할 수 없다고 하는 말이 옳다고 치자. 그렇다면 마땅히 수어지비守禦之備라도 닦아야 한다. 지금 틀림없이 해야 할 계책은 적들로 하여금 감히 오지 못하게 하는 것이며, 와도 얻을 것이 없다는 것을 보여 주는 것이다. 그리고 백성들로 하여금 도적들을 걱정하지 않게 하고 잃을 것도 없다는 것을 보여 주어야 한다. 지금 그렇게 하지 아니하고 구차스럽게 백성의 힘을 번로煩勞하게 한다고 꺼리면서 멸망의 대화大禍를 입게 두어 버리니, 이는 "백성의 군주가 아니며, 백성의 장수가 아니며, 임금의 보좌가 아니며, 승리의 주인이 아닌 것"이다.

且凡四海之內者, 聖人之所以遺子孫也; 官位職事者, 羣臣之所以寄其身也. 傳子孫者, 思安萬歲; 寄其身者, 各取一闋. 故常其言不久行, 其業不可久厭. 夫此誠明君之所微察也, 而聖主之所獨斷.

今言不欲動民以煩可也. 卽然, 當修守禦之備. 必今之計, 令虜不敢來, 來無所得; 令民不患寇, 旣無所失. 今則不然, 苟憚民力之煩勞, 而輕使受滅亡之大禍.「非人之主, 非民之將, 非主之佐, 非勝之主」者也.

【萬世】帝王을 뜻함. 賈誼《新書》過秦(上)에 "子孫帝王萬世之業也"라 함.
【獨斷】홀로 처리함. 임금의 결단.《管子》明法解에 "明主者, 兼聽獨斷"이라 하였고, 霸言에는 "獨斷者, 微密之營壘也"라 함.
【卽然】그렇다고 인정함.
【非主之佐, 非勝之主】《孫子》用間에 "非人之將也, 非主之佐也, 非勝之主也"라 하였으며, "非人之主"는 없음.

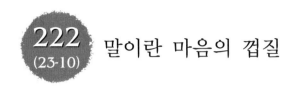

# 222
## (23-10)

# 말이란 마음의 껍질

또 무릇 의논이란 드러난 것을 명확히 해 보이는 것이며, 말이란 마음의 껍질이다.

"무엇인들 못해내랴      維其有之
이로써 영구히 계속되리."   是以似之

라 하였고, 속담에는 "어찌 그토록 승복하지 않는가? 그렇다면 그 애 말을 들어 보자"라 하였다. 지금 모두들 변방의 일은 구제하지 않아도 편안해 질 것이라고 떠든다. 그렇다면 그 자신들이 변방의 자제가 되고, 그들을 변방의 태수·영장·승위丞尉로 보임補任시켜야 한다. 그런 연후에 시비의 실정을 결정하면 변방은 구제되고 근심도 없어질 것이며, 변방에 근심이 없어지면 중국中國도 이에 안녕을 얻게 될 것이다.


且夫議者, 明之所見也; 辭者, 心之所表也.『維其有之, 是以似之.』諺曰:「何以服很? 莫若聽之.」今諸言邊可不救而安者, 宜誠以其身若子弟, 補邊太守令長丞尉, 然後是非之情乃定, 救邊乃無患. 邊無患, 中國乃得安寧.

【詩】《詩經》小雅 裳裳者華의 구절.

【很】말을 잘 듣지 않는 것.《說文》에 "很, 不聽從也"라 함.

【中國】中原 지역. 변방 지역을 상대하여 쓴 말.

【諺曰】상대가 끝까지 승복하지 않을 때 쓰는 당시의 속담인 듯 함.

# 24. 실변實邊

본 편은 변방을 실實하게 하기 위하여 이민실변移民實邊의 정책을 펼 것을 주장한 글이다. 당시 변방 책임자는 오히려 백성을 내지內地로 천거시켜, 도리어 강족의 침략에 대한 고통보다 더한 괴로움을 주고 있음을 통탄하고 있다.

✸ 본 책 〈叙錄〉(36-24)을 참조할 것.

〈馬踏飛燕〉 1969 甘肅 武威 雷臺 東漢墓 출토

# 223
## (24-1) 위선을 잘 살펴야 한다

　무릇 나라를 다스리는 자는 반드시 원근의 실정과 위선僞善을 살펴야 하고, 화복의 오는 바를 미리 예견하여 이에 능히 신하들이 힘을 다 쓰게 해야만 그 국가를 보위하고 흥성하게 할 수 있다.


　夫制國者, 必照察遠近之情僞, 預禍福之所從來, 乃能盡羣臣之筋力, 而保興其邦家.


【制國】 나라를 제어하여 다스림.
【情僞】 실정과 거짓의 여부.

# 224
(24-2)

## 모두가 겁만 먹고

전에 강족이 쳐들어오기 시작할 때, 그들 강족은 처음이라 모두 들고일어나 들떠 있기만 할 뿐, 무기도 제대로 갖추지 않았다. 그들 중엔 혹 구리거울로 빛을 번쩍이거나 혹은 판자를 들고 마치 방패인 양 썼고, 황구惶懼하고 요란하여 서로 통솔도 되지 않아, 하나의 성城만으로도 쉽게 제압할 수 있었다. 그런데 우리의 군현은 모두가 큰 힘을 가지고 있었음에도 결국 백성은 깨어지고, 앙화를 입고 재화를 잃고 말았다. 모두가 애통해하고 분노하면서 그 원수를 갚고자하였으나, 장수들은 모두가 겁 많고 연약하여 감히 토벌을 하지 못하고, 다만 앉아서 보고문서나 꾸미면서 조정을 속였다. 실제로 백성이 백 명 죽었으면 하나만 죽었다하고, 적을 하나만 죽여도 백 명을 죽였다고 하였다.

그런가 하면 몰려오는 적이 사실은 많은데도 적은 숫자라 하였고, 사실은 몇 명되지 않은 숫자를 많다고 하였다. 이렇게 교만한 문장으로 속여 자신의 신변 안전과 이익만 구하였으니, 이는 우국憂國의 대계大計도 아니며 백성의 사망을 불쌍히 여기는 것도 아니었다.


前羌始叛, 草創新起, 器械未備, 虜或持銅鏡以象兵, 或負板案以類楯, 惶懼擾攘, 未能相持, 一城易制爾. 郡縣皆大熾. 及百姓暴被殃禍, 亡失財貨, 人哀奮怒, 各欲報讎, 而將帥皆怯劣軟弱,不敢討擊, 但坐調文書, 以欺朝廷. 實殺民百則言一, 殺虜一則言百; 或虜實多而謂之少, 或實少而謂之多. 傾側巧文, 要取便身利己, 而非獨憂國之大計, 哀民之死亡也.


【象兵】허수아비로 모양을 만들어 적을 속이는 것. 혹은 구리거울로 빛을 비추어 적을 혼란시키는 작전이라 함.
【傾側】사실을 왜곡함.

# 225
## (24-3) 관리가 굶겨 죽인 백성

　그리고 전곡錢穀을 마구 방산放散하여 창고의 것이 모두 소진하자, 이에 백성에게 빌려 쓰고 그 재화를 강탈하고 있다. 천만의 집들은 모두 다 빼앗기고 남은 것이 없으며 만민은 모두 고갈되고 말았다. 이렇게 하여 사망한 사람들은 모두가 관리가 굶겨 죽인 것이다. 그러한 가혹한 고통은 외적을 만나 당하는 것보다 심하다. 외적이 초략질하여 고통당하는 것은 홀연히 지나갈 수가 있어 모두 다 죽거나 다치는 것은 아니다. 그러나 관리에 의해 수색 당하고 빼앗기는 것은, 그 발길 닿는 곳이면 어디나 피할 길이 없다. 혹은 종족이 복멸하기도 하고 그 씨족이 끊겨 버리기도 한다. 혹은 부녀자 홀로 남아, 남의 노비가 되거나 멀리 팔려 나가기도 하여, 스스로 살아갈 수 없는 지경에 이르고 만 자는 그 수를 헤아릴 수가 없다.

　이는 하늘이 감응하여 재앙을 내리게 하고, 그 잘못은 음양을 역행하게 하는 짓이다.


　又放散錢穀, 殫盡府庫, 乃復從民假貸, 彊奪財貨. 千萬之家, 削身無餘, 萬民匱竭, 因隨以死亡者, 皆吏所餓殺也. 其爲酷痛, 甚於逢虜. 寇鈔賊虜, 忽然而過, 未必死傷; 至吏所搜索剽奪, 游踵塗地. 或覆宗滅族, 絶無種類; 或孤婦女, 爲人奴婢, 遠見販賣, 至令不能自活者, 不可勝數也. 此之感天致災, 尤逆陰陽.

【千萬之家】재산이 수천 만석에 이르는 부잣집.

【匱竭】다 없어짐. 모두 고갈됨. 탕진됨. 雙聲連綿語.

【萬民匱竭】《後漢書》龐參傳에 "比年羌寇特困隴右, 供徭賦役, 爲損日滋, 數十億萬. 今復募發百姓, 調取穀帛, 炫賣什物, 以應吏求. 外傷羌虜, 內困徵賦, 縣官不足, 輒貸於民. 民已窮矣, 將從誰求?"라 함.

【其爲酷痛, 甚於逢虜】《後漢書》南蠻傳에 "中郎將尹就討益州叛羌. 益州諺曰: 虜來尙可, 尹來殺我"라 함.

【尤逆陰陽】《漢書》嚴助傳의 淮南王安上書에 "臣聞軍旅之後, 必有凶年, 言民之各以其愁苦之氣, 薄陰陽之和, 感天地之精, 而災氣爲之生也"라 함.

# 226
(24-4)

# 여우도 죽으면 고향으로 머리를 둔다

또 무릇 사민이 고향을 버리고 거듭 옮겨 다니게 하지만, 고향의 분묘를 그리워하는 것은 어진 자건 불초한 자에게 모두 같다. 백성이 옮겨가는 것을 싫어하는 것은 죄에 걸려 법을 받는 것보다 더 심하다. 법에 걸려 벌을 받는 것은 한 집안에 한 사람만 죽는 것으로 끝나지만 모든 재화를 다 잃고, 땅을 빼앗겨 멀리 이사하게 되면, 풍습도 익숙하지 않고 수토水土도 불편하여 거의 멸문을 당할 뿐, 되살아오는 자가 적다. 이 때문에 대代 땅 출산의 말은 북쪽만 바라보고 여우도 죽으면 자신의 고향으로 그 머리를 두는 것이다.

변방 사람들은 성실하고 순박하여 내지內地로 옮겨 사는 것을 더욱 싫어한다. 그들은 비록 그곳에 남아 있음으로 해서 앙화가 크다는 것을 모르는 바는 아니지만, 오히려 자신 집안의 업을 이어 지키기를 원한다. 자신이 살고 있는 곳에서 죽을지언정 끝없이 먼 곳으로 떠나고자 하지는 않는다. 그러나 태수나 영장은 군사 행동을 두려워하고 싫어하되 모두가 본래 그곳 출신이 아니다. 고통이 자신에게 직접 닿지 않고 전화戰禍도 자신의 집까지 미치지 않는다. 그 때문에 다투어 군·현을 내지로 옮기기를 원한다.

그들은 관리나 병사로 파견되어서는 백성의 곡식을 징발하고, 그들의 집을 철거하며, 자신들의 보루까지 이멸夷滅하며 그 생업을 파괴하고, 억지로 겁주고 몰아붙여 함께 내지로 들어가도록 강요한다. 게다가 늙고 약한 자는 포기해 버려 그곳에서 스스로 죽어 없어지게 한다.

〈照夜白圖〉 韓幹(唐) 미국 뉴욕메트로미술관 소장

그런 때에는 만민은 원통해하며 피눈물로 호소한다. 그런 근심은 귀신을 슬프게 하고 하늘을 감동시킨다. 그러나 힘없는 백성은 소심하고 졸렬하여 스스로 대궐의 조정까지 찾아오지도 못하고, 관리들에 의해 다시 쫓겨나며 협박과 위세 앞에 감히 되받아 치지도 못한다. 백성이 이미 땅과 할 일을 잃었는데, 게다가 다시 메뚜기 재해나 가뭄으로 굶고 견딜 수 없어, 길을 따라 동쪽으로 달아나 유리분산流離分散한다. 유주幽州·기주冀州·연주兗州·예주豫州·형주荊州·양주揚州·촉군蜀郡·한중漢中 지역은 기근으로 사망하여 그 태반이 사라지고 말았다. 변방은 드디어 병황兵荒으로 지금에 이르도록 사람이 없으니, 원래 그 재앙의 원인은 모두가 관리들의 과실 때문일 것이다.


　且夫士重遷, 戀慕墳墓, 賢不肖之所同也. 民之於徙, 甚於伏法. 伏法不過家一人死爾, 諸亡失財貨, 奪土遠移, 不習風俗, 不便水土, 類多滅門, 少能還者. 代馬望北, 狐死首丘; 邊民謹頓,

〈流民圖〉(明) 周臣 미 하와이 호놀룰루 미술대학 소장

尤惡內留. 雖知禍大, 猶願守其緖業, 死其本處, 誠不欲去之極.
太守令長, 畏惡軍事, 皆以素非此土之人, 痛不著身, 禍不及我家,
故爭郡縣以內遷.

　至遣吏兵, 發民禾稼, 發徹屋室, 夷其營壁, 破其生業, 彊劫驅掠,
與其內入, 捐棄羸弱, 使死其處. 當此之時, 萬民怨痛, 泣血叫號,
誠愁鬼神而感天心. 然小民謹劣, 不能自達闕廷, 依官吏家, 迫將
威嚴, 不敢有摯. 民旣奪土失業, 又遭蝗旱飢饉, 逐道東走, 流離
分散, 幽·冀·兗·豫·荊·揚·蜀·漢, 飢餓死亡, 復失太半. 邊地
遂以兵荒, 至今無人. 原禍所起, 皆吏過爾.

【夫土重遷】汪繼培는 이를 "安土重遷"으로 보았─음. 이는 '백성은 자신의 향토
　에 안전히 살기를 원하며 옮기는 일을 아주 중대한 일로 여긴다.'는 뜻.《漢書》
　安帝紀에 "安土重遷, 黎民之性, 骨肉相附, 人情所願也"라 하였음.
【民之於徙】王宗炎은 "民之畏徙"로 보았음.

【代馬】代 땅에서 나는 말. 代郡은 지금의 山西·河北의 북부일대. 名馬가 많이
　산출되는 지역.

【首丘】首丘初心의 준말.

【緖業】조상이 남겨준 遺業. '업을 이어 가다'의 뜻.

【禾稼】농사짓는 일. 혹은 농산물. 곡식.《後漢書》西羌傳에 "遂乃刈其禾稼,
　發徹室屋"이라 함.

【幽·冀·兗·豫·荊·揚】모두 漢代의 州 이름.

【蜀·漢中】漢나라 때의 蜀郡과 漢中郡.

【復失太半】《漢書》高帝紀 韋昭 注에 "凡數, 三分有二爲太半, 有一分爲少半"
　이라 하였으며,《後漢書》西羌傳에는 "羌旣轉盛, 而二千石·令·長多內郡人,
　幷無戰守意, 皆爭上徙郡縣以避寇難. 朝廷從之, 遂移隴西徙襄武, 安定徙美陽,
　北地徙池陽, 上郡徙衙. 百姓戀土, 不樂去舊, 遂乃刈其禾稼, 發徹室屋, 夷營壁,
　破積聚. 時連旱蝗饑荒, 而驅�踞劫略, 流離分散, 隨道死亡, 或棄捐老弱, 或爲人
　僕妾, 喪其太半"이라 함.

# 227
### (24-5)
# 토지란 백성이 근본으로 여기는 것

무릇 토지土地란 백성의 근본이다. 진실로 오래도록 황무지를 버려두어서도 아니 되고, 적들이 차지할 마음이 나도록 방치해서도 안 된다. 또 편작扁鵲이 병을 다스릴 때는 막히고 맺힌 곳을 살펴 울체鬱滯한 곳을 소통시켜 주었다. 그리하여 허한 곳을 보충하고 넘치면 배설케 하였다. 그 때문에 병은 낫게 되고 그 명성도 드러났던 것이다.

또 이윤伊尹이 탕湯을 보좌할 때에는 곡식의 경중을 잴 수 있게 하고, 있고 없는 것을 소통하도록 하였다. 즉 쌓인 것이나 남는 것은 덜어서 부족한 자에게 보태 주었던 것이다. 그런 까닭으로 은殷나라는 잘 다스려졌고 임금은 존귀하게 되었던 것이다. 그런가 하면 가의賈誼는 반신불수·절름발이·마비의 질환을 비유로 서한西漢 때 흉노의 화禍를 통렬히 비판하였다.

지금 변방 군은 그 넓이가 천 리나 되며, 각지에 현縣이 둘씩이나 있지만, 가호家戶의 수는 겨우 수백에 불과하다. 태수太守의 관할은 주위가 만 리나 되지만

賈誼 청각본 《歷代名臣像解》

伊尹《三才圖會》

텅텅 비어 사람이 없어 좋은 농토가 버려져 있고, 개간할 생각을 못하고 있다. 그런데 내지內地의 주군州郡은 농지가 규격화되어 잘 다듬어져 있지만, 대신 그 넓이는 변방 땅의 반도 되지 못하며, 호구는 백만이나 되어 전지田地가 부족하다. 사람은 많고 땅은 좁아 그들을 모두 만족스럽게 용납할 수가 없다. 이 역시 반신불수·절름발이·마비와 같은 유類라 할 수 있다.

　夫土地者, 民之本也, 誠不可久荒而不開敵心. 且扁鵲之治病也, 審閉結而通鬱滯, 虛者補之, 實者瀉之, 故病愈而名顯. 伊尹之佐湯也, 設輕重而通有無, 損積餘以補不足, 故殷治而君尊. 賈誼痛於偏枯躄痹之疾. 今邊郡千里, 地各有兩縣, 戶才置數百, 而太守周廻萬里, 空無人民, 美田棄而莫墾發. 中州內郡, 規地拓境, 不能半邊, 而口戶百萬, 田畝一全, 人眾地荒, 無所容足, 此亦偏枯躄痹之類也.

【扁鵲】원래 고대의 名醫. 일반적으로 戰國시대 秦越人을 가리키기도 함.《史記》
　扁鵲列傳 및《戰國策》,《說苑》등 참조.

【伊尹】殷나라 湯王의 大臣.

【賈誼】西漢 文帝 때의 유명한 政論家.《新書》를 남김.《史記》屈原賈生列傳.
　《漢書》賈誼傳 참조.

【中州】內地. 中原 근처의 여러 州.

【人衆地荒】《通典》1에 崔實의《政論》을 인용하여 "今靑, 齊, 兗, 冀, 人稠
　土狹, 不足相供, 而三輔左右及凉. 幽州內附近郡, 皆土廣人稀, 厥田宜稼, 悉不
　肯墾. 今宜徙貧民不能自業者於寬地, 此亦開草辟土振民之術也"라 함.

# 228
(24-6) 토지와 백성은 형평을 이루어야

《주서周書》에는 이렇게 말하였다.

"땅은 넓으나 사람은 적으면 충분히 그 땅의 소출을 다할 수 없다. 이를 일컬어 허토虛土라 한다. 이런 땅은 쳐서 점령해도 된다. 그러나 땅은 좁고 사람은 많아 그 백성이 백성 노릇을 다하지 못할 때에는, 스스로 쇠갈하도록 두면 된다."

이 까닭으로 토지와 백성은 서로 평형을 이루어야 하다. 지금 변군邊郡은 손해는 많고 일은 힘들다. 백성들을 동원해도 이는 화禍의 문으로 들여보내는 것과 같다. 흥리제해興利除害하지 아니하고 그저 권장하기만 하였다가는 영원히 복구할 수가 없게 되며, 백성들은 안으로 반발심을 갖게 될 것이다. 그렇게 되면 서쪽의 강족과 북쪽의 오랑캐는 틀림없이 그 곳을 엿보아 욕심을 낼 것이니, 이는 보통 근심거리가 아니다.

《周書》曰:『土多人少, 莫出其材, 是謂虛土, 可襲伐也. 土少人衆, 民非其民, 可置竭也.』是故土地人民必相稱也. 今邊郡多害而役劇, 動入禍門. 不爲興利除害, 有以勸之, 則長無與復之, 而內有寇戎之心. 西羌北虜, 必生闚欲, 誠大憂也.

【周書】《逸周書》文傳解에 "土多民少, 非其土也. 土少人多, 非其人也." "土廣無守可襲伐, 土狹無食可圍竭. 二禍之來, 不稱之災"라 하였고, 孔晁의 注에 "政以人土相稱爲善也"라 함.

【興利除害】이익이 나게 하고 해악을 제거함. 농사와 생업을 두고 한 말. 《管子》治國篇에 "王者, 善爲民除害興利, 故天下之民歸之, 所謂興利者, 利農事也; 所謂除害者, 禁害農事也"라 함.

# 229
## (24-7)  공공거허처럼 서로 도와야 한다

　백공百工이 그릇을 만들 때 누구나 둘레를 채워 튼튼하게 하고 또는 주위를 펴서 두 배로 만들기도 한다. 이것이 어찌 사사로운 이익을 위해서이겠는가? 이는 그릇의 속을 튼튼하게 하기 위한 것일 따름이다. 선성先聖이 법을 제정함에 역시 변방을 튼튼하게 하기에 힘썼으니, 이는 바로 중국中國을 안정시키기 위한 것이었다.

　비유컨대 집안사람이 도적을 만나게 되면 반드시 늙고 어리고 나약한 자는 가운데에 있게 하고, 장정과 강하고 용맹스러운 자가 그 밖을 보위한다. 그리고 안에 있는 사람은 그들을 봉양하고 밖에 있는 사람은 도적을 방어한다. 공공거허蛩蛩距虛처럼 서로 믿고 지켜주어 다 함께 안전한 것이다.

　百工制器, 咸塡其邊, 散之兼倍, 豈有私哉? 乃所以固其內爾. 先聖制法, 亦務實邊, 蓋以安中國也. 譬猶家人遇寇賊者, 必使老小羸軟居其中央, 丁彊武猛衛其外. 內人奉其養, 外人禦其難, 蛩蛩距虛, 更相恃仰, 乃俱安存.

【中國】中原. 內地. 변방에 상대된 말.

【蛩蛩距虛】'蛩蛩巨虛'로도 표기하며 공리공생 관계를 이루고 산다는 蟨과 蛩蛩, 距虛라는 동물들.《漢書》(司馬相如傳) 및《呂氏春秋》(不廣篇),《淮南子》(道應訓),《韓詩外傳》(5),《說苑》(復恩篇) 등에 그 내용이 실려 있음.《설원》에 "孔子曰:「北方有獸, 其名曰蟨, 前足鼠, 後足兔. 是獸也, 甚矣其愛蛩蛩巨虛也. 食得甘草, 必齧以遺蛩蛩巨虛, 蛩蛩巨虛見人將來, 必負蟨以走, 蟨非性之愛蛩蛩巨虛也, 爲其假足之故也. 二獸者亦非性之愛蟨也, 爲其得甘草而遺之故也. 夫禽獸昆蟲猶知比假而相有報也, 況於士君子之欲興名利於天下者乎!」"라 함.

# 230
(24-8) 형벌보다는 이익으로

조서詔書와 법령에 20만 가구에서 하나씩, 변군邊郡에서는 10만에 하나씩 해마다 효렴孝廉 한 명씩 추천하도록 되어 있으며, 관원官員도 삼십 명이 차면 그 속에서 염리廉吏 한 명을 추천하도록 되어 있다. 강족이 반란을 시작한 이래 호구는 감소하고 태수조차 자주 바뀌어 십 년이 지나도록 추천을 하지 못하고 있다. 당직 근로자들은 선발되지 않고, 어진 이가 적체되어도 알지 못하고 있다. 이 때문에 공부하는 사람들은 희망이 없다. 그러나 농부는 따로 이익을 구할 길이 없으니, 이 까닭으로 농사에 재앙을 입어도 멀리 밖으로 나가려 들지 않는 것이다.

옛날에 백성을 이롭게 하고자 하면 이익으로써 그들을 유도하였지 형벌로 위협하지는 않았다. 그래서 《역易》에는 "선왕이 만방을 시찰하여 그 민풍을 보아, 교령敎令을 마련하였다" 라 하였다.

이 까닭으로 건무建武 초에 변방 군을 설치하였을 때, 그곳 가호가 비록 수백에 불과하였지만 그래도 해마다 효렴을 추천케 하여 인재를 불러 모았다. 지금은 진실로 시대의 변화를 저울질하여 변방의 군에 효렴 한 사람을 추천하고, 염리도 관원 30명 중에 하나를 추천하며, 매번

光武帝(劉秀) 동한 개국 군주

백 호당 명경明經 하나씩을 증설하며, 내지의 군현에 살다가 처자를 모두 데리고 변방 개척지로 가는 경우, 5년 이상이면 그곳 거주민과 동등하게 대우하여 모두가 선택 추천될 수 있도록 해야 한다. 또 개척민을 모집하여 변방을 경작, 곡식을 나라에 바칠 때에도 멀리 있는 군은 천 곡斛, 가까운 군은 2천 곡으로 하고, 그들에게 오대부五大夫의 작위를 주되 작위를 원하지 않는 자는 그들에게 내지의 군보다 두 배로 식량을 주면 된다.

이렇게 하여 군자이건 소인이건 각자 자기에 유리한 것이 있도록 해 주면, 비록 변방으로 가지 말라고 해도 저지할 수 없을 것이다. 이는 고락苦樂을 균등하게 하고 요역徭役을 평등하게 하면서도 변경을 충실하게 하는 것으로 중국中國을 안정시키는 요술要術이다.

詔書法令: 二十萬口, 邊郡十萬, 歲擧孝廉一人; 員除世擧廉吏一人. 羌反以來, 戶口減少, 又數易太守, 至十歲不得擧. 當職勤勞而不錄, 賢俊蓄積而不悉, 衣冠無所覬望, 農夫無所貪利, 是以逐稼中災, 莫肯就外.

古之利其民, 誘之以利, 弗脅以刑.《易》曰:『先王以省方觀民設教.』是故建武初, 得邊郡, 戶雖數百, 令歲擧孝廉, 以召來人. 今誠宜權時, 令邊郡擧孝一人, 廉吏世擧一人, 益置明經百石一人, 內郡人將妻子來占著, 五歲以上, 與居民同均, 皆得選擧. 又募運民, 耕邊入穀, 遠郡千斛, 近郡二千斛, 拜爵五大夫. 可不欲爵者, 使食倍賈於內郡. 如此, 君子小人各有所利, 則雖欲令無往, 弗能止也. 此均苦樂, 平徭役, 充邊境, 安中國之要術也.

【孝廉】漢나라 때 추천의 방법으로 인재를 등용하던 科名.《後漢書》丁鴻傳 및 和帝紀에 의하면 郡國에 매 20만 명 단위로 1명 씩, 변방의 郡에는 10만 명당 1명씩의 孝廉을 추천하도록 하였다 함.

【員除世】兪樾은 '員際州'로 보았음. '관원 30명이 되었을 때'의 뜻임.

【利其民】彭鐸은 '制其民', 즉 '백성을 제어하여 다스리다'의 뜻으로 보았음.

【易曰】《周易》觀卦 象辭의 구절.

【建武】東漢 光武帝 劉秀의 연호. A.D.25～55년의 31년 간.

【明經】한나라 때 選擧의 한 科名. 학문을 통해 인재를 선발함. 年奉은 百石으로 알려짐. 그러나 百石은 百戶의 잘못으로 보고 있음.

【五大夫】한나라 때 작위 중의 제 9급.

# 25. 복렬卜제

점복占卜에 대한 논급으로 귀신의 존재와 복서卜筮에 대한 내용이다. 이는 치란과 사회의 문제를 귀신과 관련짓되 결론은 미신에 대한 폐해를 들어 개인의 수양을 권장한 글이다.

✸ 본 책 〈叙錄〉(36-25)을 참조할 것.

〈銅爵〉(商) 1976 河南 安陽 婦好墓 출토

# 231
## (25-1)
# 신과 사람은 정기로 통하는 것

천지가 개벽되면서 신神과 백성이 있었다. 백성과 신은 그 업무가
다르지만 정기精氣는 통한다. 사람은 행동에 따라 그에 맞는 화복을
부르고, 운명에 따라 만나고 따른다. 길흉의 시기는 하늘도 어찌할
수 없다. 성현이 비록 명철하게 살필 수 있는 인물이라 해도, 자신도
독단적으로 알 수 없다. 그 때문에 복서卜筮를 세워 신령에게 질문하였던
것이다.

姜太公

공자孔子는 "시蓍의 덕은 원만하며 신령
스럽고, 괘卦의 덕은 명확하면서 지혜
롭다"라 하였고, 또 "군자가 장차 어떤 행동
을 하고자할 때, 말로써 시구蓍龜에게 물어
그에 맞는 명을 받으니, 마치 메아리와
같다"라 하였다. 이로써 우禹는 고요皋陶를
얻었고, 문왕文王은 여상呂尙을 얻었으니,
모두가 길조가 그 상징을 알려주어 그 점이
평소 생각하였던 것에 맞아, 그 길함이
성사된 것이다.

天地開闢有神民, 民神異業精氣通. 行有招召, 命有遭隨, 吉凶
之期, 天難諶斯. 聖賢雖察不自專, 故立卜筮以質神靈. 孔子稱

『蓍之德圓而神, 卦之德方以智.』又曰:『君子將有行也, 問焉而以言, 其受命如嚮.』是以禹之得皐陶, 文王之取呂尚, 皆兆告其象, 卜底其思, 以成其吉.

【神民】신과 백성. 신과 인간이 같이 交通한다고 본 것.
【招召】사람의 행동에 따라 禍福을 招來함.《楚辭》招魂의 注에 "以手曰招, 以言曰召"라 하였고,《荀子》勸學篇에 "言有召禍也, 行有召辱也"라 하였다.
【遭隨】자신의 의지에 관계없이 상황을 만나거나 따르게 됨.《莊子》列御寇에 "達大命者隨, 達小命者遭"라 함.
【天難諶斯】《詩經》大雅 大明의 구절.
【卜筮】점을 치는 것. 龜甲으로 하는 것을 卜, 시초(蓍草)로 하는 것을 筮라 함.《博物志》참조.
【蓍】多年生 草木植物로 그 줄기로 길흉을 점치는 데 사용하였음. '시'로 읽음. 《博物志》참조.
【卦】周易의 부호 부분. 양효(—)와 음효(‒‒)를 셋으로 배합하여 八卦를 만들어 이를 小成卦라 하며, 이들 小成卦를 다시 배합하여 64卦가 됨. 이 패의 위치, 형상, 배합 등을 보고 천지, 자연, 인사, 길흉의 섭리를 헤아림.
【孔子稱】뒤의 구절까지 모두《周易》繫辭傳(上)의 구절. 繫辭는 孔子가 지은 《周易》十翼 중의 하나.
【皐陶】禹임금의 신하.
【呂尚】姜太公. 文王이 사냥을 나가기 전에 점을 쳐서 큰 인물을 얻을 것이라 하여, 渭水 가에서 姜太公望(呂尚)을 만남.《史記》齊太公世家 및 《六韜》 文師篇 참조.

# 232
(25-2) 점이란 수양을 위한 것

무릇 군자는 선한 일을 들으면 즐겨 권하여 이에 □으로 나아가고, 악한 것을 들으면 순리에 맞게 반성하여 그 잘못을 고친다. 그 때문에 안정을 얻고 다복多福해지는 것이다. 그러나 소인은 선을 들으면 □□□ □□□를 잘하고, 악한 것을 들으면 두려워하며 망녕된 행동을 한다. 그 까닭으로 미친 듯이 조급하여 많은 화를 만나게 된다.

따라서 복서卜筮란 대체로 길흉의 사정을 묻고 흥쇠의 시기를 말하여, 사람으로 하여금 수신신행修身愼行으로 복을 맞이하기 위한 것이다.

夫君子聞善則勸樂而進□, 聞惡則循省而改尤, 故安靜而多福; 小人聞善則善□□□□□□, 聞惡卽懾懼妄爲, 故狂躁而多禍. 是故凡卜筮者, 蓋所問吉凶之情, 言興衰之期, 令人修身愼行以迎福也.

【循省】 汪繼培는 '修省'으로 보았음.
【小人聞善則善】 그 다음에 6자의 탈락된 빈 칸이 있음. 汪繼培는 "善下脫六字" 라 함.

# 233
## (25-3)
# 거북도 길흉을 알지 못한다

또 성왕聖王이 복서를 세워놓았지만 백성의 뜻에 위배되면서까지 길한 것을 바라지 않았으며, 자신이 홀로 전임專任하여 일을 판단하지도 않았다. 그 때문에 〈홍범鴻範〉에서의 점은 대동大同을 숭상하였던 것이다.

《상서尚書》에는 또 "선지자와 원구도 감히 길함을 알지 못한다"라 하였고, 《시詩》에도 이렇게 노래하였다.

"나의 거북조차 싫다고                      我龜旣厭
길흉을 알려주지 않도다!"                    不我告猶

이로 말미암아 보건대, 시구蓍龜의 점도 오히려 때에 따라 검이儉易가 있으니, 이 역시 믿지 못하는 것인가? 아니면 장차 세상에 사소史蘇와 같은 뛰어난 점쟁이가 없어 신의 뜻을 아는 자가 적기 때문인가? 주周나라 때의 사관史官이 진경중陳敬中의 미래를 점쳐서 알았고, 장숙莊叔이 그 아들 목자穆子의 죽음을 알아낸 것 같은 경우, 가히 능히 탐적색은探賾索隱하고 구심치원鉤深致遠하였다 할 것이다. 만약 진晉 헌공獻公이 미리 사소의 예언을 받아들였고, 목자가 자나깨나 경계를 하였더라면 여희驪姬의 화나 소뿔에 받혀 죽는다는 참언이 장차 뚫고 들어올 수 없었을 것이며, 파국위신破國危身하는 화도 없었을 것이다.

且聖王之立卜筮也, 不違民以爲吉, 不專任以斷事. 故〈鴻範〉之占, 大同是尙.《書》又曰:『假爾元龜, 罔敢知吉.』《詩》云:『我龜旣厭, 不我告猶.』從此觀之, 蓍龜之情, 儻有隨時儉易, 不以誠邪? 將世無史蘇之材, 識神者少乎? 及周史之筮敬仲, 莊叔之筮穆子, 可謂能探賾索隱, 鉤深致遠者矣. 使獻公早納史蘇之言, 穆子宿備莊叔之戒, 則驪姬・豎牛之讒, 亦將無由而入, 無破國危身之禍也.

【鴻範】《尙書》의 편명. '洪範'과 같음.
【大同】《尙書》洪範에 의하면 君臣, 上下, 백성들의 의견이 일치하는 경우를 大同이라 한다 함.
【書曰】《尙書》西伯戡黎의 祖尹이 紂王에게 한 말.
【詩】《詩經》小雅 小旻의 구절. 鄭玄 箋에 "猶, 圖也, 卜筮數而瀆龜, 龜靈厭之. 不復告其所圖之吉凶. 言雖得兆, 吉兆不中"이라 함.
【史蘇】春秋 시대 晉나라 卜筮史官. 晉 獻公이 驪戎을 치고자 史蘇에게 점을 치게 하였다. 그런데 그 점괘가 "승리는 하나 불길하다"로 나왔다. 결국 헌공은 여융을 쳐 승리하고 驪姬를 얻어 데리고 와서 그 여자를 총애하였다. 그 뒤 결국 重耳(뒤에 춘추오패의 하나인 晉文公이 됨)의 출국 등 대혼란이 일어나고 말았다.《左傳》僖公 15년 및《史記》晉世家,《列女傳》등 참조.
【陳敬仲】戰國時代 田氏齊의 먼 시조. 그가 陳나라에 있을 때 그 후손이 姜氏(姜太公. 즉 춘추시대의 齊나라)를 대신하여 王이 될 것이라 점괘를 일러 주었으며, 과연 그의 후손 田恒(陳常)이 姜氏齊를 찬탈하여 田氏齊를 세우게 된 것임. 《史記》田敬仲完世家,《左傳》莊公 22년 참조.
【莊叔】춘추시대 魯나라 대부인 叔孫得臣.
【穆子】莊叔의 아들. 이름은 豹, 그가 태어났을 때 아버지가 점을 치자 장래 '牛'라는 이에게 죽을 것이라 하였고, 그는 과연 뒤에 '豎牛'에게 살해당함. 《左傳》昭公 5년 참조.

【探賾索隱】《周易》繫辭傳(上)의 구절. 미세한 것까지 잘 살피고 찾아냄을
뜻한다.《周易正義》(孔穎達)에 "探謂窺探求取, 賾謂幽深難見. 卜筮則能窺探幽
味之理, 故云探賾也. 索謂求索, 隱謂隱藏. 卜筮能求索隱藏之處, 故云索隱也.
物在深處能鉤取之, 物在遠方能招致之. 卜筮能然, 故云鉤深致遠也"라 함.

# 234
## (25-4)
# 어긋나는 소원은 빌지도 않았다

성인은 복서를 아주 중시하였다. 그러나 더 이상 의심할 수 없는 일인데도 역시 점을 쳐 묻는 경우란 없었다. 또 제사에 대해 심히 경건하게 여겼지만 예에 어긋나는 기원祈願이라면 빌지도 않았다. 그 때문에 "성인은 번거롭게 복서를 하지 않는다"라 하였고, "귀신을 공경하되 멀리한다"라 하였던 것이다. 무릇 귀신과 인간은 그 기氣도 다르고 직무도 달라, 어떤 일로 연고 된 것이 없으니 나에게 어찌 할 수 있겠는가?

그러므로 공자孔子는 초楚 소왕昭王이 하신河神에게 제를 올리지 아니한 것을 잘한 일이라 하였고, 계씨季氏가 태산泰山에 여제旅祭를 지낸 것을 잘못이라 한 것이다. 그러나 지금의 속인俗人들은 너무나 복서에 매달려, 제사 지낼 대상이 아닌 귀신에게 제사를 지내니 어찌 미혹한 일이 아니겠는가?

聖人甚重卜筮, 然不疑之事, 亦不問也; 甚敬祭祀, 非禮之祈, 亦不爲也. 故曰: 『聖人不煩卜筮』, 『敬鬼神而遠之.』 夫鬼神與人殊氣異務, 非有事故, 何奈於我? 故孔子善楚昭之不祀河, 而惡季氏之旅泰山. 今俗人筴於卜筮, 而祭非其鬼, 豈不惑哉!

【聖人不煩卜筮】《左傳》哀公 18년의 구절.

【敬鬼神而遠之】《論語》雍也篇의 구절.

【楚昭之不祀河】楚 昭王이 병이 나 점을 치자 河神이 탈을 부린 것이라 함. 대부들이 黃河의 河神에게 제사를 지낼 것을 청하자 소왕은 국경을 넘어 있는 산천에 제사 지내는 것은 예에 어긋난다고 하여 이를 거부. 이에 공자가 이 일을 두고 "楚昭王知大道矣, 其不失國也宜哉!"라 칭찬함.《左傳》哀公 6년 및《說苑》참조.

【季氏之旅泰山】《論語》八佾篇에 魯나라 大夫 季庸子가 泰山에 제를 올리는 것을 비판함.

【祭非其鬼】《論語》爲政篇에 "非其鬼而祭之, 諂也"라 함.

# 235
## (25-5) 잘못된 금기 사항들

역시 망녕되게 성씨姓氏에 오음五音을 관련짓거나, 이 다섯 가지를 가옥에 부회附會시켜 길흉을 따지는 경우가 있으니, 그 잘못됨이 너무 심하도다!

옛날에 음양陰陽이 있고 그 다음에 오행五行이 있었다.

오제五帝는 각 행行의 정기精氣를 도움과 근거로 하여 백성을 살렸으며, 그로부터 많은 세대가 흐르고 나서 이에 성명과 호씨號氏가 있게 되었다. 이름과 자字라고 하는 것은 대체로 무리 속에서 구별하여 드러내고, 이 사람임을 나타내는 것일 뿐이지, 오음을 바탕으로 강유剛柔를 결정시킨 것은 아니다.

지금 속인은 자신의 본래 조상을 추기推記하지 못하면서, 도리어 발음의 언어로 오행에 맞추려고 하니 이보다 심한 오류가 없다.


亦有妄傳姓於五音, 設五宅之符第, 其爲誣也甚矣! 古有陰陽, 然後有五行. 五帝右據行氣, 以生人民, 載世遠, 乃有姓名敬民. 名字者, 蓋所以別眾猥而顯此人爾, 非以紀五音而定剛桑也. 今俗人不能推紀本祖, 而反欲以聲音言語定五行, 誤莫甚焉.

【五音】宮, 商, 角, 徵, 羽. 고대에 이를 方向, 계절, 지리 등에 부합시켜 집 자리를 정하기도 함.《論衡》詰術篇에《圖宅術》을 인용하여 "宅有五音, 姓有五聲, 宅不宜其姓, 姓與宅相賊, 則疾病死亡, 犯罪遇禍"라 함.

【五行】金, 木, 水, 火, 土. 고대 사상에 물질의 근원으로 相生, 相成, 相克 등의 관계를 지어 설명함.

【五帝】고대 음양가 학설에 伏羲는 木德, 神農은 火德, 軒轅은 土德, 少皡는 金德, 顓頊은 水德으로 왕이 되었다고 함.《五德志》참조.

【生人民】陰陽家의 주장으로 백성은 모두 五帝의 후손이라 함.《禮記》大傳의 鄭玄 注에 "王者之先祖皆感太微五帝之精以生, 蒼則威靈仰, 赤則赤熛怒, 黃則含樞紐, 白則白招拒, 黑則汁光紀"라 하였으며,《公羊傳》宣公 3년의 何休 注에 "上帝, 五帝在太微之中, 迭生子孫, 更王天下"라 함.

【載世】年代

# 236
(25-6)

## 망아지를 송아지라고 부른다 해서

무릇 물고기는 물에서 살고 새는 둥지에 의거하여 알을 낳는다. 만약 그들을 조상 대대로 내려온 습성을 유추하지 아니하고, 그 소리가 비슷하다 하여 이를 그렇다고 여긴다면 '새'를 '물고기'라고 부른다고 그것이 물 속에 살 수 있겠는가? 또 '물고기'를 '새'라고 부른다고 그것이 나무에 살 수 있겠는가? 이는 불가능한 일이다. '망아지'를 '송아지'라고 한다 해도 끝내 그것은 '말'이다. 이 까닭으로 성씨에 그 발음이 있는 것은 본래 처음 그 조상 때부터 왕王이 되었던 바를 따른 것이다.

태호太皞는 목木의 정기로 세성歲星을 이어 왕이 되었다. 무릇 그 자손은 모두가 마땅히 각음角音이 된다. 그리고 신농神農은 화火의 정기로 형혹熒惑을 이어 왕이 되었다. 따라서 그 자손은 모두 마땅히 치음徵音이 된다. 황제黃帝는 토土의 정기로 진성鎭星을 이어 왕이 되었으므로 그 자손은 모두 궁음宮音이 되며, 소호少皞는 금金의 정기로 태백성太白星을 이어 왕이 되었으므로 그 자손은 모두가 마땅히 상음商音이 된다. 그리고 전욱顓頊은 수水의 정기로 진성辰星을 이어 받아 왕이 되었으므로 그 자손은 모두가 우음羽音에 해당된다.

太昊 伏羲氏《三才圖會》

따라서 비록 그 이름이 백 번 변한다 해도 오음과 오행을 바꿀 수
없는 것이다.


夫魚處水而生, 鳥據巢而卵. 卽不推其本祖, 諧音而可, 卽呼
鳥爲魚, 可內之水乎? 呼魚爲鳥, 可棲之木邪? 此不然之事也.
命駒曰犢, 終必爲馬. 是故凡姓之有音也, 必隨其本生祖所王也.
太皥木精, 承歲而王, 夫其子孫, 咸當爲角; 神農火精, 承熒惑
而王, 夫其子孫, 咸當爲徵; 黃帝土精, 承鎭而王, 夫其子孫,
咸當爲宮; 少皥金精, 承太白而王, 夫其子孫, 咸當爲商; 顓頊
水精, 承辰而王, 夫其子孫, 咸當爲羽. 雖號百變, 音行不易.


【太皥】伏羲氏.
【木精】五行 중 木性의 精靈. 즉 木德. 木神.
【歲星】木星.
【咸當爲羽】이상 五行, 五音, 五星, 五帝의 配合은 음양가 학설이며 본문의 내용에
  맞추어 보면 다음과 같음.

      太皥 － 木 － 歲星　 － 角
      神農 － 火 － 熒惑　 － 徵
      黃帝 － 土 － 鎭星　 － 宮
      少皥 － 金 － 太白星 － 商
      顓頊 － 水 － 辰星　 － 羽

# 237
## (25-7) 속설과 미신은 믿을 것이 못 된다

속된 장인匠人은 또 이렇게 말한다.

"상商에 해당하는 사람의 집은 서쪽으로 출입문을 만들어야 한다."

그러나 이 역시 말도 안 되는 것이다. 오행五行이란 마땅히 자신의 승세勝勢에 의해 출현하는 것으로, 그 본 방위의 곳으로 들어가야 안전하고 길한 것이다. 즉, 상商에 해당하는 집은 동쪽으로 들어가야 한다. 그러나 동쪽으로 들어가면 금金은 목木을 벌伐하기 때문에, 그렇게 되면 집안에서 정기精氣와 신기神氣가 날마다 싸운다고 잘못 알고 있다.

오행은 모두 그렇다. 또 "집은 궁상宮商의 차례가 있으니, 매년 직부直符라는 금기 사항이 있다"라 하는데, 만약 그렇다면 이 논리에 따라 매년 그 문門의 수를 증감시켜야 한다. 그렇다고 그 오음五音을 변화시켜 그 직부直符의 금기를 상쇄할 수 있다는 말인가?

지금 한 집안에 같은 성씨가 대대로 이어 살면서 어떤 이는 길하고 어떤 이는 흉하다. 그런가하면 한 궁전 안에 같은 성씨가 대대로 이어 오면서 어떤 이는 천직遷職되고 어떤 이는 화를 면한다. 한 궁궐 안에 성왕成王이나 강왕康王은 그에 살면서 날마다 흥하고, 유왕幽王이나 여왕厲王은 똑같은 곳에 살아도 날로 쇠한다. 이로 말미암아 보건대 길흉흥쇠吉凶興衰가 그 집에 있지 않음은 명확한 일이다.

俗工又曰:「商家之宅, 宜西出門.」此復虛矣. 五行當出乘其勝,
入居其隩乃安吉. 商家向東入, 東入反以爲金伐木, 則家中精
神日戰鬪也. 五行皆然. 又曰:「宅有宮商之第, 直符之歲」旣然者,
於其上增損門數, 卽可以變其音而過其符邪? 今一宅也, 同姓
相代, 或吉或凶; 一官也, 同姓相代, 或遷或免; 一宮也, 成·康
居之日以興, 幽·厲居之日以衰. 由此觀之, 吉凶興衰不在宅明矣.


【匠人】 여기서는 집을 짓는 장인을 말함.
【商家之宅, 宜西出門】《論衡》詰術篇에《圖宅術》을 인용하여 "商家門不宜南向,
　徵家門不宜北向, 則商金南方火也, 徵火北方之水也. 水勝火, 水賊金, 五行之氣不
　相得, 故五姓之宅, 門有宜向, 向得其宜, 富貴吉昌, 向失其宜, 貧賤衰耗"라 함.
【出乘其勝】 자신이 승한 바를 따라 나타남. 陰陽家의 학설에 東(木), 南(火),
　西(金), 北(水), 中(土)으로 배합함. 그리고 이들은 서로 相伐, 相勝, 相成,
　相生, 相克 등의 관계가 있음을 설명한 것임.
【隩】 사람이 살기에 五行과 부합되는 곳. 사람이 살만한 곳.《說文》에 "隩, 四方
　之土可居也"라 함.
【直符】 迷信에서의 禁忌로 받드는 신의 하나. 주로 주택에서의 금기를 담당함.
　244 참조.《論衡》譋時篇에 "太歲在存, 子宅直符, 午宅爲破"라 하였음.
【幽·厲】 西周 말기의 포악하였던 두 임금. 幽王과 厲王.

# 238
## (25-8)  여러 신들은 하늘의 관리

여러 신지神祇들, 이를테면 태세太歲·풍륭豐隆·구진鉤陳·태음장군
太陰將軍 등은 모두가 하늘의 관리官吏로서 보통 사람이 모실 상대가
아니다. 하늘에 이러한 신들이 있는 것은 모두가 음양을 이루고 만물을
이롭게 하는 일을 하는 것으로, 마치 사람을 다스리는 데에 목牧·수守·
영令·장長 등이 있는 것과 같다. 그런데 그들에게 순종한다고 해서
무슨 노할 일이 있겠으며, 그들을 등진다고 해서 무슨 원망이 있겠는가?

임금과 백성이 서로 가까이해도 마땅히 서로 책망할 것이 없거늘,
하물며 신을 극히 귀한 것으로 여겨 사람과 다른 예로 대우한다고
해서 어찌 바람을 이룰 수 있겠는가?


及諸神祇太歲·豐隆·鉤陳·太陰將軍之屬, 此乃天吏, 非細民
所當事也. 天之有此神也, 皆所以奉成陰陽而利物也, 若人治
之有牧守令長矣. 向之何怒? 背之何怨? 君民道近, 不宜相責,
況神致貴, 與人異禮, 豈可望乎?


【太歲】원래 별 이름. 고대인은 하늘을 12等分하여 12干支와 맞춤.

【豐隆】역시 별 이름이면서 神의 이름.

【鉤陳】별 이름이며 神의 이름.

【太陰將軍】神의 이름. 하늘의 上帝를 도와 武를 행사하는 신이라 함.

# 239
### (25-9)
# 사람이 사람일 수 있는 것은

또 사람으로 하여금 귀신을 피해 살도록 한다면, 번듯한 길도 걸어 다닐 수 없을 뿐더러 집안이라고 해서 살 수 있는 곳도 아니다. 이는 현인군자들로 하여금 마음을 바로잡고 곧게 행동하며 정신을 견고하게 하라는 말이다. 그러나 세속의 소인들과 비천한 부인들은 천루淺陋하고 어리석어, 점점 미신에 물들어 자주 상정파담傷精破膽한다. 지금 정성이 향하는 이유 때문에 이를 순종하는 것이 아니라, 두려움 때문에 할 수없이 그 방향으로 나간다면 병만 더할 뿐이다.

그 사실을 어찌 명확히 밝혀낼 수 있겠는가? 무릇 사람이 곧 사람일 수 있는 것은, 이 팔 척八尺의 몸이 있기 때문이 아니라 정신을 가지고 있기 때문이다. 사람이 공포에 떨면서 죽는 것은 새로운 병이 더하여 그런 것이 아니며, 사람이 그에게 잘못 치료해서도 아니다. 그런데 끝내 이를 덜어 버리지 못하는 것은 정신이 그에게서 떠났기 때문이다. 맹분孟賁은 맹호를 가지고 놀면서도 겁내지 않았지만, 어린아이는 개 하나를 보고도 무섭다고 소리친다. 지금 통달한 선비가 혹 나약하고 병든 어리석은 이에게 미신을 믿지 말라고 강요하고 싶어도 끝내 그렇게 하지 않고 있으니, 나는 그들이 최선을 다하지 아니한 때문이 아닌가 여기고 있다.

且欲使人而避鬼, 是卽道路不可行, 而室廬不復居也. 此謂
賢人君子秉心方直, 精神堅固者也. 至如世俗小人, 醜妾婢婦,
淺陋愚戆, 漸染旣成, 又數揚精破膽. 今不順精誠所向, 而彊之
以其所畏, 直亦增病爾. 何以明其然也? 夫人之所以爲人者, 非
以此八尺之身也, 乃以其有精神也. 人有恐怖死者, 非病之所
加也, 非人功之所辜也. 然而至於遂不損者, 精誠去之也. 孟賁
狎猛虎而不惶, 嬰人畏螻蟻而發聞. 今通士或欲彊羸病之愚人,
必之其所不能, 吾又恐其未盡善也.


【非病之所加也, 非人功之所辜也】 이 부분은 脫誤가 있다고 보고 있다. 《潛夫
　論箋》에 '句有誤字'라 함.
【淺陋】 천박하고 비루함.
【傷精破膽】 미신에 얽혀 정신과 간담을 쓰리게 함.
【孟賁】 전국시대 이름난 용사. 대개 夏育과 병칭되어 힘이 세고 세상에 무서움을
　모르는 자로 거론됨.
【通士】 세상 이치에 통달한 사람. 《荀子》 不苟篇에 "上則能尊君, 下則能愛民,
　物至而應, 事起而辨, 若是則可謂通士矣"라 함.

# 240
## (25-10) 민생의 정도를 보지 못하고

　풍속을 바꾸는 근본은, 그 마음을 열고 그 정신을 바르게 해 주는 데에 있다. 지금 민생民生은 정도正道를 보지 못하고, 사음邪淫·광혹誑惑을 키우고 있어, 그들이 믿고 있는 것을 능히 해결할 수가 없다. 오직 왕 된 자만이 능히 이를 변혁시킬 수 있다.


　移風易俗之本, 乃在開其心而正其精. 今民生不見正道, 而長 於邪淫誑惑之中, 其信之也, 難卒解也. 惟王者能變之.


【誑惑】狂信하여 迷惑에 빠짐.
【難卒解也】'卒'은 '猝'과 같음. '즉시. 곧바로'의 뜻.

# 26. 무열巫列

　본 편은 무술巫術·천명天命·귀신鬼神의 문제를 다룬 것이다.
작자는 천명과 귀신의 존재, 그리고 길흉화복의 근원에 대하여
인정하면서도, 결국은 진인사盡人事를 기본으로 덕치주의를 실행할
것을 표방하고 있다.

✹ 본 책 〈叙錄〉(36-26)을 참조할 것.

〈靈界圖〉(畵像石) 東漢 山東 嘉祥縣 武梁祠

# 241
## (26-1)
# 길흉이란 자신에게 달린 것

　무릇 사람의 길흉이란 자신의 행동이 주가 되는 것이며, 운명에 의해 결정되는 것이다. 행동이란 자신의 본질이며 운명이란 하늘이 제어하는 것이다. 따라서 자신에게 있는 것은 진실로 어떻게 해 볼 수가 있지만 하늘에 매인 것은 알 수가 없다. 무격巫覡이 빌고 청해서 역시 도움이 된다 해도, 덕으로써 하지 않으면 실효가 없다. 무사巫史나 축기祝祈하는 자는 대개 귀신과 교류하여 미세하게 조금만 구제해 줄뿐, 대명大命에 관한 것이라면 어찌할 방법이 없다. 이는 비유컨대 백성이 관리에게 청알請謁해도 아주 미세한 과실이나 풀어줄 뿐 그의 분명한 정죄正罪를 다 벗겨 줄 수는 없는 것과 같다.

　여기 어떤 한 사람이 주야로 임금과 아비의 가르침을 모욕하고, 선왕이 금하였던 일을 어기며, 자신의 마음을 극복하지 못하다가 잘못

子路(仲由)

을 깨닫고 고쳤다 해도 한 번 재판관을 청알하여 용서받고 면하는 경우란, 틀림없이 거의 몇이 안 될 것이다. 이렇게 하는 것은 스스로 수양하고 조심하고 두려워 삼가면서 윗사람이 반드시 지키도록 한 법령을 범하지 아니하는 것만 같지 못하다.

　그러므로 공자孔子는 자로子路 말을 듣지 않고 "내 하늘에 빈지 오래로다"라

하였고, 《효경孝經》에는 "무릇 그렇게만 하면 살아서는 어버이가 안락을 누릴 수 있고, 제사에는 귀신이 흠향하리라"라 하였던 것이다.

이로 말미암아 보건대, 덕의德義에 위배됨이 없으면 귀신이 이에 흠향하고, 귀신이 흠향을 받으면 복조福祚가 흥륭興隆할 것이다. 그 때문에 《시詩》에는 이렇게 노래하였다.

| | |
|---|---|
| "내려 주시는 복 끝이 없고 | 降福穰穰 |
| 내려 주시는 복 크고 크네. | 降福簡簡 |
| 제사 모습 절도 있도다. | 威儀板板 |
| 이미 취하고 배부르거늘 | 旣醉旣飽 |
| 복록을 다시금 겹쳐 내리네." | 福祿來反 |

이는 사람의 덕의德義가 아름답고 풍성하면 신이 배부르게 흠향하여 복으로써 되돌려 갚아줌을 말한 것이다.


凡人吉凶, 以行爲主, 以命爲決. 行者, 己之質也; 命者, 天之制也. 在於己者, 固可爲也; 在於天者, 不可知也. 巫覡祝請, 亦其助也, 然非德不行. 巫史祝祈者, 蓋所以交鬼神而救細微爾, 至於大命, 末如之何. 譬民人之請謁於吏矣, 可以解微過, 不能脫正罪. 設有人於此, 晝夜慢侮君父之敎, 干犯先王之禁, 不克己心, 思改過善, 而苟驟發請謁, 以求解免, 必不幾矣. 不若修己, 小心畏愼, 無犯上之必令也. 故孔子不聽子路, 而云『丘之禱久矣.』《孝經》云:『夫然, 故生則親安之, 祭則鬼享之.』由此觀之, 德義無違, 鬼神乃享; 鬼神受享, 福祚乃隆. 故《詩》云:『降福穰穰, 降福簡簡, 威儀板板. 旣醉旣飽, 福祿來反.』此言人德義美茂, 神歆享醉飽, 乃反報之以福也.

【巫覡】고대 여자 무당을 '巫', 남자 무당을 '覡'이라 하였음.

【巫史】고대 祭祀와 占卜을 관장하던 관리.

【大命】天命. 여기서는 天年·壽命을 뜻함.

【丘之禱久矣】《論語》述而篇에 "子疾病, 子路請禱, 子曰: '有諸?' 子路對曰: '有之, 誄曰: 禱爾于上下神祇', 子曰: '丘之禱久矣.'"라 하여 神明에 부합된 것이 아니라면 굳이 기도하지 않았음을 뜻함.

【孝經曰】《孝經》孝治章의 邢昺 注에 "夫然者, 上孝理皆得歡心, 則存安其榮, 沒享其祭"라 함.

【詩】《詩經》周頌 執兢의 구절.

# 242
## (26-2)
# 나라가 망하려면 귀신의 말을 듣는다

괵공虢公은 신神을 맞이하였다가 급히 망하였고, 조영趙嬰은 하늘에 제사 지내고 속히 멸망하였으니, 이는 대개 신이 그들의 제사를 흠향하지 아니하고 백성이 그 일을 옳게 여기지 아니한 때문이다.

그래서 노魯나라 사서史書에 "나라가 장차 흥하려면 백성의 입에서 나오는 말을 듣고, 장차 망하려면 귀신에게 나오는 말을 듣는다"라 하였다.

초楚 소왕昭王이 불길한 구름이라 해서 제사 지내지 않았고, 송宋 경공景公은 자신의 허물을 신하에게 떠넘기지 않았다. 그리고 정鄭나라 자산子産은 비조裨竈의 예언을 거절하였고, 주邾 문공文公은 복사卜史의 점을 무시하였다. 이는 모두가 자기 자신을 잘 살펴 몸소 천명을 기다린 사람들이다.

안평중晏平仲은 "빈다고 이익이 있다면, 저주하면 역시 손해가 있어야 한다"라 하였다. 계량季梁이 수후隨侯에게 간하고 궁지기宮之奇가 우공虞公에게 말한 것은, 천인天人의 도를 밝히고 신민神民의 구분을 통달한 것이라 할 수 있다.

晏子(晏嬰) 顧沅《古聖賢傳像》

虢公延神而巫亡, 趙嬰祭天而速滅, 此蓋所謂『神不歆其祀, 民不卽其事』也. 故魯史書曰:『國將興, 聽於民; 將亡, 聽於神.』 楚昭不禳雲, 宋景不移咎, 子產距裨竈, 邾文公違卜史, 此皆審 己之道, 身以俟命者也. 晏平仲有言:「祝有益也, 詛亦有損也.」 季梁之諫隋侯, 宮之奇說虞公, 可謂明乎天人之道, 達乎神民 之分矣.

【虢公】春秋 시대 小國인 虢나라의 군주. 신(莘) 땅에 神이 강림하였다는 소리를 들고, 사람을 보내어 많은 토지를 내려 달라고 제사를 지냈으나, 나라를 바르게 다스리지 못해 도리어 晉에게 멸망하고 말았음.《左傳》莊公 32年 참조.

【延神】迎神과 같음.

【趙嬰】春秋 시대 晉나라 대부. 꿈에 神人이 자신에게 제사 지내면 큰 복을 주리라 한 것을 믿고 거만히 굴다가 피살됨.《左傳》成公 4년. 5년. 8년 참조.

【神不歆其祀, 民不卽其事】《左傳》昭公 元年에 "神怒不歆其祀, 民叛不卽其事" 라 함.

【魯史書曰】《左傳》莊公 32년의 구절. 이는 사은(史嚚)이 虢公의 迎神을 간한 것임. 264 주 참조.

【楚 昭王】春秋 시대 楚나라에 이상한 구름이 나타나자, 史官이 이를 臣下에게 그 빌미를 떠넘겨 제사 지낼 것을 제의하였으나 昭王은 이를 거부함.《左傳》 哀公 6년에 실려 있음.

【宋 景公】春秋 시대 宋나라 景公 때 하늘에 이상한 별이 나타나자 사관이 이를 백성이나 재상 등에게 그 빌미를 떠넘길 것을 제의하였으나 이를 거부한 사건.《呂氏春秋》制樂,《淮南子》,《新序》,《論衡》 등에 실려 있음.

【子産】公孫僑. 春秋 시대 鄭나라의 훌륭한 大夫인 東里子産을 가리킴.

【裨竈】人名. 그가 鄭나라가 장차 망할 것이라고 신에게 보석으로 제사를 지내어 免禍를 요구하자 子産이 이를 거부함.《左傳》昭公 17년, 18년 참조.

【邾 文公】春秋 시대 小國인 邾나라 군주. 邾 文公이 도읍을 옮기려고 史官에게 묻자 불리하다고 대답하였으나, 그 점을 믿지 않음.《左傳》文公 13년 참조.

【晏平仲】 晏子. 晏嬰. 春秋 말기 齊나라 재상. 경공이 祝史를 죽이자고 하였을 때 이를 바로잡음.《史記》管晏列傳 참조. 사건의 내용은《晏子春秋》및《左傳》昭公 20년 참조.

【季梁】 春秋 시대 隨나라 大夫.

【宮之奇】 春秋 시대 虞나라 대부. 둘 모두 임금에게 정치에 힘쓰며 제사에 맹목적으로 매달리지 말 것을 권고함.《左傳》桓公 6년 및 喜公 5년 참조.

# 243
## (26-3)
# 그 어떤 요망함도 덕을 이기지는 못한다

　무릇 요망妖妄이 덕을 이기지 못하고, 사악함은 정의를 치지 못하는 것은, 하늘의 경위經緯이다. 비록 때때로 어긋나는 경우도 있지만, 그러나 지혜로운 자는 그 정도正道를 지켜 음귀淫鬼에 가까이 하지 않는다. 소위 음귀淫鬼란 정물精物을 폐사閉邪하는 것으로서 사실은 신령을 맡아 다스리는 것이 아니다. 귀신 중에 이런 것이 있음은, 비유컨대 사람 중에 간사한 말로 평범한 듯 속이며 남에게 무엇을 요구하는 자가 있는 것과 같다. 만약 혹 그를 유혹하면 먼 곳에서부터라도 끝없이 몰려들어 끝내 허물을 뒤집어쓰고 만다. 귀신도 역시 이와 같다. 그 때문에 신수申繻는 이렇게 말하였다.

　"사람이 꺼리는 바는 그 사람의 기염氣炎이 그것을 취하기 때문이며, 사람이 약점이 없다면 요망도 스스로 어쩌지 못한다."

　이는 사람은 많은 금기禁忌를 가질 필요가 없으며, 금기가 많으면 망녕되게 두려워하게 되어 요괴를 불러들이는 것이 된다는 뜻이다.


　夫妖不勝德, 邪不伐正, 天之經也. 雖時有違, 然智者守其正道, 而不近於淫鬼. 所謂淫鬼者, 閑邪精物, 非有守司眞神靈也. 鬼之有此, 猶人之有姦言賣平以干求者也. 若或誘之, 則遠來不止, 而終必有咎. 鬼神亦然, 故申繻曰:『人之所忌, 其氣炎以取之. 人無釁焉, 妖不自作.』是謂人不可多忌, 多忌妄畏, 實致妖祥.

【精物】精靈. 鬼神.
【申繻曰】春秋 시대 魯나라 대부. 인용된 구절은《左傳》莊公 14년에 실려 있음.
 杜預 注에 "火始焰焰未盛而進退之時, 以喩人心不堅正"이라 함.

# 244
## (26-4)
# 귀신에게도 존비가 있다

또 사람에게 작위爵位가 있듯이 귀신에게는 존비尊卑가 있다.

천지天地·산천山川·사직社稷, 그리고 오사五祀와 백벽百辟·경사卿士
는 백성에게 공이 있는 자들도, 천자와 제후들이 제사를 지내게 되어
있다. 그러나 무격이 홀로 말하면서 받드는 신, 소인들이 두려워 바라
보는 대상, 그리고 토공土公·비시飛尸·구매咎魅·북군北君·함취銜聚·
당로當路·직부直符 등 일곱 신은 민간에서 집을 고치거나 작은 일을
벌일 때 약간 금기하는 것으로, 본래 천자가 꺼릴 대상은 아니다.


且人有爵位, 鬼神有尊卑. 天地山川·社稷五祀·百辟卿士
有功於民者, 天子諸侯所命祀也. 若乃巫覡之所獨語, 小人之
所望畏, 土公·飛尸·咎魅·北君·銜聚·當路·直符七神, 及民
間繕治微蔑小禁, 本非天王所當憚也.


【五祀】 고대 제사의 대상인 다섯 神.《太平御覽》529에《漢書議》를 인용하여
　金, 木, 水, 火, 土의 五神이라 함.
【百辟】 제후를 가리킴.

【命祀】천자의 命에 의해 지내는 제사.《禮記》王制에 "天子祭天地, 諸侯祭
社稷, 大夫祭五祀. 天子祭天下名山大川, 諸侯祭名山大川之在其地者"라 함.
【獨語】彭鐸은 이를 '請禱'로 보았음.
【七神】모두 住宅을 관장하는 神이라 함. '直符'는 237 참조.

# 245
(26-5)  멸망을 자초하는 미신

　지난날 서울에는 미신을 방비하지 아니하고, 무슨 건물을 짓게 되면 금기 사항을 들어 길상吉祥이 응서應瑞해 오도록 바랬다. 그리하여 자손이 번창하리라 하였지만 전 세대의 역수만큼을 넘어서지는 못하였다.
　그리하여 도리어 임금이 신하를 두려워하고 윗사람이 아랫사람에게 겁을 먹고 하였으니, 이는 스스로 약함을 보여 능멸을 자초한 것으로, 결코 그로 인해 복을 불러들이는 것은 아님을 알 수 있다.


　舊時京師不防, 動功造禁, 以來吉祥應瑞, 子孫昌熾, 不能過前. 且夫以君畏臣, 以上需下, 則必示弱而取陵, 殆非致福之招也.


【不放】不자를 비(조). 즉 '크다'의 뜻으로도 봄. 이 경우 뜻은 '금기 사항을 크게 느끼다'로 풀이된다.
【以上需下】需를 '懦'로 봄. '겁내다'의 뜻.

# 246
(26-6)

# 자신을 수양하면 하늘도 돕는다

일찍이 옛 기록을 살펴보건대 임금이 몸소 바르게 수양하고 상벌이 명확하면, 나라는 잘 다스려지고 백성은 편안하였다. 백성이 안락을 누리면 하늘도 기뻐하여 그 역수歷數를 더해 준다.

그래서 《서書》에 "왕은 백성으로써 하늘의 영원한 사명을 받는다"라 하였고, 공자孔子도 "하늘이 도와주는 대상은 순리대로 하는 임금이며, 백성이 도와주는 자는 믿음을 지키는 지도자이다. 믿음을 실천하여 천리에 순응하며 또한 어진 이를 숭상해야 한다. 이렇게 하면 하늘로부터 도움을 받아, 길하여 이롭지 않은 것이 없다"라 하였다.

이것이 흉재凶災를 몰아내고 복선福善을 맞이하는 가장 훌륭한 근본인 셈이다.

嘗觀上記, 人君身修正, 賞罰明者, 國治而民安; 民安樂者, 天悅喜而增歷數. 故《書》曰:『王以小民, 受天永命.』孔子曰: 『天之所助者順也, 人之所助者信也. 履信思乎順, 又以尚賢, 是以自天祐之, 吉無不利.』此最邻凶災而致福善之本也.

【上記】 옛날의 기록.
【歷數】 고대 王朝가 交替되는 차례. 天上運行과 연관지어 이해하려 하였음.

【書曰】《尚書》召誥의 구절

【孔子曰】《周易》繫辭傳(上)의 구절. 孔穎達의 正義에 "從天已下皆祐助之, 而得 其吉, 無所不利"라 함.

# 27. 상결相列

관상觀相에 대한 내용이다. 왕부는 사람의 형체는 성격 및 운명과 관계가 있다는 전제 아래, 자연명정自然命定의 사상을 펴고 있다. 그러나 결론은 역시 수양과 덕행을 통한 후천적 적극론을 결합하여 양자兩者의 조화를 주장하고 있다.

✹ 본 책 〈叙錄〉(36-27)을 참조할 것.

〈野牛圖〉(西魏) 敦煌 249굴

# 247
## (27-1) 하늘이 만백성을 내리심에

《시詩》에 이렇게 노래하였다.

"하늘이 만백성을 내림에                      天生烝民
 만물에 하늘이 준 법칙 있도다."              有物有則

 이 까닭으로 사람의 신체와 모양은 모두가 상징하는 유類가 있으며,
골격과 각육角肉은 각각 그 분담된 부분이 있어, 성명性命의 기한을
드러내고 귀천의 표징을 보여 준다.
 한 사람의 몸에는 오행五行과 팔괘八卦의 기氣가 갖추어져 있다. 그래서
사광師曠이 "몸 색깔이 붉어 장수하지 못한다"라 한 것은 화火의 성질은
쉽게 소멸하기 때문이다.
 《역易》의 〈설괘전說卦傳〉에는 "손巽괘의 모양은 사람에게 눈동자 흰
부분이 많은 모습이다"라 하였는데, 그 상相이 눈동자 사방이 흰 사람은
전쟁으로 죽는다는 뜻으로, 이는 금金이 목木을 치는 것과 같기 때문
이다. 《경經》에는 "가까이는 몸에서 이것을 취하고, 멀리는 만물에서
이 상징을 취득하다." "성인은 천하의 지극히 현묘한 이치를 보고 그에
게서 형용을 본떴으니, 그 상象이 물건과 맞다"라 하였다. 이 역시
현인의 살핌은 지나간 것을 기본으로, 다가올 것을 아는 것이며, 이를
법에 맞게 드러내어 나타낸 것이다.

《詩》所謂『天生烝民, 有物有則.』是故人身體形貌皆有象類, 骨法角肉各有分部, 以著性命之期, 顯貴賤之表.

一人之身, 而五行八卦之氣具焉. 故師曠曰「赤色不壽」, 火家性易滅也.《易》之〈說卦〉:『巽爲人多白眼』, 相揚四白者兵死, 此猶金伐木也.《經》曰:『近取諸身, 遠取諸物』, 『聖人有見天下之至賾, 而擬諸形容, 象其物宜.』此亦賢人之所察, 紀往以知來, 而著爲憲則也.

【詩】《詩經》大雅 烝民의 구절. 鄭玄 箋에 "天之生衆民, 其性有物象, 謂五行仁義禮智信也, 其情有所法, 謂喜怒哀樂好惡也"라 함.

【象類】상징하는 유별.《淮南子》精神訓에 "頭之圓也象天, 足之方也象地"라 하였으며,《漢書》刑法志에 "夫人宵天地之貌"라 함.

【骨法肉角】骨法은 骨相, 肉角은 신체 각 부위와 손톱 등.《論衡》骨相篇에 "人命稟於天, 則有表候以知命, 猶察斗斛以知容矣. 表候者, 骨法之謂也." "知命之人, 見富貴於貧賤, 睹貧賤於富貴. 按骨節之法, 察皮膚之理, 以審人之性命, 無不應者"라 함.

【表】겉으로 드러난 징후, 즉 表候를 말함.

【五行八卦】《周易乾鑿度》에 "孔子曰: 八卦之序成立, 則五氣變形. 故人生而應八卦之體, 得五氣以爲五常"이라 하였으며,《論衡》物勢篇에는 "一人之身, 含五行之氣, 故一人之行, 有五常之操, 五常, 五行之道也"라 함.

【師曠】春秋 시대 晉나라의 맹인 樂師.《說苑》君道篇 참조.《逸周書》太子晉解에 師曠이 太子에게 "汝色赤白, 火色不壽"라 함.

【說卦】《周易》의 說卦傳. 十翼의 하나.

【巽】《周易》의 卦名. 인체 상징을 설명한 내용이 있음.

【四白】王宗炎은 눈동자 상하좌우의 흰색을 말한다고 보았음.

【經曰】《周易》繫辭傳(上)의 구절.《說文解字敍》에도 인용되어 있음. 孔穎達의 正義에 "近取諸身者, 若耳目口鼻之屬是也; 遠取諸物者, 若雷風山澤之類是也. 擧遠近則萬事在其中矣"라 하였음. 성인이 만물의 형상을 보고 팔괘를 지었다는 뜻임.

【至賾】지극히 玄微한 것을 말함.《周易》繫辭傳(下)의 구절. 孔穎達 正義에
"聖人有其神妙以能見天下深賾之至理也. 以此深賾之理, 擬度諸物形容也, 見此
剛理則擬諸乾之形容, 見此柔理則擬諸坤之形容. 又法象其物之所宜, 若象陽物,
宜於剛也; 若象陰物, 宜於柔也. 六十四卦皆擬諸形容, 象其物宜也"라 함.

# 248
## (27-2)
## 관상보는 법

    사람의 관상을 보는 법은 혹은 얼굴 부분에 있기도 하고, 또는 수족手足에 있으며, 또는 걸음걸이에 있기도 하고, 또는 목소리에 있기도 하다. 얼굴 부위는 평평하며 윤택해야 하고, 수족은 깊고 가늘며 금이 명확하고 곧아야 한다. 그리고 걸음걸이는 안정되고 무게가 있어야 하며, 목소리는 온화하면서 음률에 맞아야 한다. 머리·얼굴·손·발, 그리고 몸의 모습과 골절骨節은 모두가 그 위치에 균형을 이루어 맞아야 한다.

    이것이 그 요략要略이다.


    人之相法, 或在面部, 或在手足, 或在行步, 或在聲響. 面部欲溥平潤澤, 手足欲深細明直, 行步欲安穩覆載, 音聲欲溫和中宮. 頭面手足, 身形骨節, 皆欲相副稱. 此其略要也.


【聲響】소리의 氣.

【覆載】덮어 주고 실어줌. 하늘은 만물을 덮어 주고 땅은 만물을 실어줌.

【中宮】宮은 음악. 5음 중에 宮 자를 뽑아 五音을 대표함. 中宮은 '음률에 맞아 조화를 이룸'을 뜻함.

# 249
## (27-3) 늑골과 벼슬

    무릇 골격은 녹상祿相의 표징이며, 기색氣色은 길흉의 징후이다. 그리고 각 부위는 수명을 나타내며, 덕행은 이상의 세 가지를 모아 하늘의 복을 받는 것으로서 성명性命이 그에 따라 결정된다. 그러나 겉으로 드러난 표징은 뚜렷한 경우와 희미한 경우가 있고, 색깔은 짙고 흐림이 있으며, 행동에는 엷고 두터움이 있고, 명에는 가고 옴이 있다.

    이 까닭으로 길흉이란 때가 있으며 녹위祿位에는 성패成敗가 있으나 반드시 그런 것은 아니다. 그러니 총명하고 지혜로운 사람이 용심用心하여 정밀하게 살피지 않는다면, 그 누가 정확히 맞출 수 있겠는가?


    夫骨法爲祿相表, 氣色爲吉凶候, 部位爲年時, 德行爲三者招, 天授性命決然. 表有顯微, 色有濃淡, 行有薄厚, 命有去就. 是以 吉凶期會, 祿位成敗, 有不必. 非聰明慧智, 用心精密, 孰能以中?


【候】 징후. 징조. 특징.
【有不必】 汪繼培는 이 뒤에 글자가 탈락된 것으로 보았음.

# 250
## (27-4)
# 옛날 관상을 잘 보았던 사례들

옛날 주周나라 내사內史 숙복叔服이 노魯나라에 갔을 때, 노나라 공손오 公孫敖가 숙복이 관상을 잘 보는 사람이라는 소문을 듣고 자신의 두 아들을 그에게 보였다. 그러자 숙복은 이렇게 일러 주었다.

"큰아들 곡穀은 그대를 봉양해 줄 것이며, 둘째 아들 난難은 그대의 장례를 치러 줄 것입니다. 곡은 턱이 커서 반드시 뒤에 노나라에 후손이 흥할 것입니다."

뒤에 목백穆伯, 公孫敖이 늙자 문백文伯, 穀이 그를 봉양하였고, 죽은 다음에는 혜숙惠叔, 難이 곡하며 장례를 치러 주었다. 노나라에서는 뒤에 헌자獻子를 세워 맹씨孟氏의 후대를 이어 주게 하였다.

그 외에도 왕손열王孫說이 교여喬如의 관상을 보고, 자상子上이 상신商臣의 관상을 보고 기롱한 것, 자문子文이 월초越椒를 보고 우려한 일, 숙희叔姬가 자기 아들 사아食我를 보고 예견한 일, 선양공單襄公이 진晉 여공厲公을 보고 진나라가 망할 것임을 미리 예견한 일, 자공子貢이 주邾 은공隱公과 노魯 정공定公을 보고 일러준 일, 장문臧文이 어열禦說의 말을 듣고 어질다고 예언한 일, 진함陳咸이 장張을 보고 예언한 일은 모두가 현인賢人·달사達士가 선심善心을 가지고 살펴 본 것으로 적중하지 아니한 것이 없다.

子貢

그리고 당거唐擧가 이태李兌·채택蔡澤의 관상을 보고 예견한 것과
허부許負가 등통鄧通·조후條侯를 보고 장래를 알아맞힌 것은, 비록 사명
성司命星이 녹위祿位를 결정해 주고 지나간 일을 모두 찾아 서술한다
해도 그 적중을 넘어설 수 없을 지경이다.


　　昔內史叔服過魯, 公孫敖聞其能相人也, 而見其二子焉. 叔服
曰:「穀也食子, 難也收子; 穀也豐下, 必有後於魯.」及穆伯之老也,
文伯居養; 其死也, 惠叔典哭. 魯竟立獻子, 以續孟氏之後. 及王
孫說相喬如, 子上幾商臣, 子文憂越椒, 叔姬惡食我, 單襄公察
晉厲, 子貢觀邾魯, 臧文聽禦說, 陳咸見張, 賢人達士, 察以善心,
無不中矣. 及唐擧之相李兌·蔡澤, 許負之相鄧通·條侯, 雖司
命班祿, 追敍行事, 弗能過也.


【內史】周나라 때의 관직 이름.

【叔服】春秋 시대 周나라 대부.

【公孫敖】孟穆伯. 春秋 시대 魯나라 대부.

【두 아들】公孫敖의 두 아들. 즉 文伯(穀)과 惠叔(難).

【豐下】턱이 큼.

【獻子】文伯의 아들인 孟獻子를 가리킴. 이상의 사건은《左傳》文公 14년,
15년을 참조할 것.

【喬如】魯나라 대부 叔孫喬如. 王孫說이 喬如의 관상을 보고 얼굴이 네모나며
하관이 빨라 남에게 해를 끼칠 것이라 함.《國語》周語를 볼 것.

【子上】春秋 시대 楚 成王의 令尹.

【商臣】楚 成王의 아들. 成王이 商臣을 太子로 삼자 子上이 동의하지 않고 商臣은
눈동자가 벌 눈에, 목소리는 시랑(豺狼)같아 잔인한 상으로서 태자가 될 수
없다 함. 뒤에 成王이 子上을 핍박하자 子上이 成王을 죽이고 自立하여 왕이
됨. 이가 楚 穆王임.《左傳》文公 元年 참조.

【子文】楚 穆王의 令尹.

【越椒】子文의 조카이며 司馬子良의 아들. 뒤에 楚 莊王의 令尹이 되었으며 난을 일으켰다가 죽음. 당시 子文은 조카인 越椒를 곰, 호랑이의 상에 시랑의 목소리 같아 장차 滅族之禍를 입을 것이라 하며 아우 子良에게 죽일 것을 권고하였었음. 《左傳》宣公 4년 참조.

【叔姬】양설힐(羊舌肸, 叔向)의 어머니이며 食我의 할머니.

【食我】양설힐(숙향)의 아들인 伯石. 내란에 휩쓸려 멸족 당함. 食我가 태어났을 때 할머니 叔姬가 그 울음소리를 듣고, 이는 豺狼의 소리로 羊舌氏 집안의 화근이 되리라고 하였음. '食'는 '사'로 읽음. 《左傳》昭公 28년 참조.

【單襄公】이름은 선조(單朝). 周 簡王의 卿.

【晉 厲公】春秋 시대 晉나라 군주. 單襄公이 晉 厲公을 두고 멀리 보고 걸음 폭이 높아 사람을 깔보는 상이므로 장차 晉나라가 망할 것이라고 예언함. 《國語》周語 참조.

【子貢】孔子의 제자 端木賜.

【邾 隱公】春秋 시대 邾나라의 군주.

【魯 定公】春秋 시대 魯나라 군주. 邾 隱公이 魯 定公을 찾았을 때 서로 행하는 예와 표정을 보고 子貢이 둘 모두 곧 죽을 것이라고 예언함. 《左傳》定公 15년 참조.

【臧文】魯나라 大夫 臧文仲.

【御說】宋 莊公의 아들인 公子御說. 臧文仲이 公子 御說의 言行을 듣고 뒤에 훌륭한 임금이 될 것이라고 예언하였으며, 과연 御說이 宋나라 군주가 됨. 《左傳》莊公 11년 참조.

【唐擧】戰國시대 魏나라 사람으로 相命에 뛰어났던 인물.

【李兌】戰國시대 趙나라 司寇. 沙丘之亂에 참가하여 武靈王을 죽임. 《戰國策》趙策 참조.

【蔡澤】戰國시대 燕나라 출신으로 秦 昭王 때 范雎를 이어 秦나라 재상이 됨. 唐擧가 李兌의 관상을 보고 백일 안에 재상이 되리라 하였고, 다시 蔡澤을 보고 앞으로 43년은 더 살 것이라 함. 《史記》范雎蔡澤列傳 참조.

【許負】西漢시대 相命에 뛰어났던 인물.

【條侯】周亞夫를 가리킴. 許負가 그의 관상을 보고 3년 후 侯에 봉해질 것이며 8년 후에는 재상, 다시 9년 후에는 굶어죽을 것이라 함. 《史記》絳侯周勃世家 참조.

【鄧通】西漢 文帝 때의 寵臣으로 스스로 굶어죽을 것이라 하였음. 文帝가 그를 아껴 銅山을 하사하여 그 곳 구리로 마음대로 동전을 주조하여 살도록 함. 뒤에 죄에 연루되어 재산을 몰수당하고 처형됨.《西京雜記》및《史記》佞幸列傳 참조.

【司命】별 이름. 사람의 生死·壽命·爵祿을 관장한다고 함.

【行事】이미 행해진 일. 지나간 일. 과거사.

# 251
## (27-5)
# 아무리 좋은 관상을 타고났다 해도

　비록 그렇다고는 하나 사람에게 있어서의 골상骨相이란 만물에 있어서 그 종류가 다양함은, 목재가 항상 그에 마땅한 쓰임이 있는 것과 같다. 뛰어난 목수가 그 형태에 따라 각각 그 쓰임을 부여한다. 이를테면 굽은 나무는 바퀴로 만들기에 알맞고 곧은 자는 수레바퀴 살로 쓴다. 박달나무는 수레의 폭輻을 만들고 느릅나무는 수레의 곡轂을 만들기에 알맞다. 이것이 곧 정법이며 통률通率이다. 만약 나무 나름대로 다 그 쓰임의 본질이 있는데, 목수가 그를 재목으로 여기지 않는다면 어찌하겠는가?

　그러므로 무릇 상相이란 능히 그 극한을 기약하여 알려주되, 그런 경우가 반드시 닿게 해 주는 것은 아니다. 열 가지를 심어도 잘 되는 농토로서, 땅이 비록 기름지고 훌륭하다 해도 갈지 않으면 수확이 없고, 천리마가 그 골격을 다 갖추었다 해도 채찍 없이는 천 리를 달릴 수 없는 법이다.


　雖然, 人之有骨法也, 猶萬物之有種類, 材木之有常宜. 巧匠因象, 各有所授, 曲者宜爲輪, 直者宜爲輿, 檀宜作輻, 楡宜作轂, 此其正法通率也. 若有其質, 而工不材, 可如何? 故凡相者, 能期其所極, 不能使之必至. 十種之地, 膏壤雖肥, 弗耕不穫; 千里之馬, 骨法雖具, 弗策不致.

【轂】수레바퀴 중심 축. 수레의 輻을 모여 붙이는 곳.
【十種之地】어떤 작물이나 모두 잘 되는 농토, 혹은 여러 해 동안 경작하여 익숙한 농토라고도 함.

# 252
## (27-6)
# 귀신도 빈천을 바꾸어줄 수 없다

무릇 고觚라는 술잔도 잘 쪼아 다듬지 않았다면 그릇이 될 수 없고 선비라도 벼슬을 하지 않으면 직위를 얻을 수 없다. 이와 같은 것은 천지天地도 그 귀천을 바꾸어 줄 수 없고, 귀신도 빈부를 고쳐 줄 수 없다. 혹 왕공王公의 자손이라 해도 벼슬만 하다가 늙어 큰 녹을 받지 못하는 경우가 있고, 서민이나 노예·마구간지기 같은 천인도 연고 없이 등약騰躍하여 그 작위의 끝까지 오르는 경우가 있다. 이는 하늘로부터 성명性命을 받은 것으로 당연히 필연적으로 그렇게 되는 것이다. 《시詩》에 이렇게 노래하였다.

"덕 없이 하늘만 믿는다고 될 일이랴?"          天難忱斯

성명의 본질은 덕행의 도움을 받아야 서로 주고받는 것이 호응을 이루어 바뀌지 않게 되는 것이다.


夫觚而弗琢, 不成於器; 士而弗仕, 不成於位. 若此者, 天地所不能貴賤, 鬼神所不能貧富也. 或王公孫子, 仕宦終老, 不至於穀. 或庶隷廁賤, 無故騰躍, 窮極爵位. 此受天性命, 當必然者也. 《詩》稱『天難忱斯』, 性命之質, 德行之招, 參錯授受, 不易者也.

【觚】 사각형의 술잔. 여기서는 술잔을 만드는 재료를 뜻함.《鹽鐵論》殊路에
《論語》의 구절을 인용하여, "孔子曰: '觚不觚, 觚哉. 觚哉!' 故人事加則爲宗
廟器, 否則斯養之釁材"라 함.

【詩】《詩經》大雅 大明의 구절. 忱은 '신뢰, 믿음'을 뜻함.

【質】 원래 화살 통. 여기서는 하늘이 내린 성명의 본질.

【招】 韜와 같음. 활통. 여기서도 운명. 하늘이 내린 본바탕을 가리킴.

## 253
### (27-7)
# 복이 도리어 재앙이 되는 경우

그러나 그 큰 요체는 골법骨法이 주主가 되고 기색氣色은 징후를 나타낸다는 것이다. 오색五色의 표현은 왕성함과 폐함이 그에 맞는 때가 있다. 지혜로운 자는 상서로움을 보면 수양하여 이를 맞이하며, 근심의 색깔이 있으면 바른 행동으로 잘못을 고쳐 나간다. 그러나 어리석은 자는 도리어 날뛰며 스스로 반성한 생각을 아니하니, 비록 좋은 징조가 그 상에 따라 보인다 해도 복이 도리어 재앙이 되고 만다. 아, 군자여! 어찌 경건하게 하지 않을 수 있으랴!


然其大要, 骨法爲主, 氣色爲候. 五色之見, 王廢有時. 智者見祥, 修善迎之, 其有憂色, 循行改尤. 愚者反戾, 不自省思, 雖休徵見相, 福轉爲災. 於戱君子, 可不敬哉!


【王廢】 '王'은 '旺'의 가차자. 陰陽家의 학설에 五色은 방위와 계절에 낮추어 그것이 旺盛해지고 衰微해지는 순환 관계로 보았음.
【於戱】 감탄사. 於는 '오'로 읽음.

# 28. 몽결夢列

　꿈의 해몽, 즉 점몽占夢에 대한 내용으로, 꿈의 신령함을 인정하되 사람이 항상 계신수성戒愼修省하면 설령 흉한 일이라도 길하게 바꿀 수 있다고 보고 있다. 결국은 선행을 면려勉勵한 내용이다.

🔅 본 책 〈叙錄〉(36-28)을 참조할 것.

〈牧馬圖〉 벽화(東漢) 내몽고 후허호트 호린게르 발굴

# 254 (28-1) 꿈의 열 가지 종류

무릇 꿈에는 직몽直夢·상몽象夢·정몽精夢·상몽想夢·인몽人夢·감몽感夢·시몽時夢·반몽反夢·병몽病夢·성몽性夢이 있다.

凡夢: 有直, 有象, 有精, 有想, 有人, 有感, 有時, 有反, 有病, 有性.

【十夢】 이상 열 가지 꿈에 대한 설명은 다음 장에 있음.

# 255
### (28-2)
## 여러 가지 꿈의 상태

옛날 무왕武王 때에 그의 왕비인 읍강邑姜이 태숙太叔을 임신하자 꿈에 상제上帝가 그에게 이렇게 말하였다.

"너의 아들을 우虞라 하고, 당唐 땅을 주노라!"

이에 태숙을 낳으니 그 손바닥에 '우虞'라고 씌어 있었으며, 이로써 그 이름을 삼았다. 과연 성왕成王이 당唐을 멸하고 동생 태숙을 그에 봉하게 되었다. 이것을 일러 직응지몽直應之夢이라 한다.

《시詩》에는 이렇게 노래하였다.

| | |
|---|---|
| "검은 곰 큰 곰 꿈은 | 惟熊惟羆 |
| 아들 낳을 징조요 | 男子之祥 |
| 살모사와 뱀 꿈은 | 維虺維蛇 |
| 딸을 낳을 꿈이라네!" | 女子之祥 |

| | |
|---|---|
| "물고기 노니는 꿈은 | 衆維魚矣 |
| 풍년 들 조짐, | 實維豊年 |
| 현무 깃발, 새매 깃발은 | 旐維旟矣 |
| 자손 많은 꿈이라네." | 室家溱溱 |

이는 상징象徵의 꿈이라 한다.

공자孔子는 난세亂世에 태어나 대낮에 주공周公의 덕을 그리워한 나머지 밤에 주공을 만나는 꿈을 꾸었다고 하였는데 이는 심의心意가 꿈에 나타난 것으로 의정意精의 꿈이라 한다. 사람이 평소 생각하는 것이 있으면 꿈에 그 일이 나타나고, 근심스러운 일이 있으면 역시 꿈에 그 일이 나타난다. 이를 일컬어 상념想念에 의해 생기는 것이므로 기상記想의 꿈이라 한다. 지금 똑같은 사건에 대해 귀인貴人이 이를 꿈꾸게 되면 길상吉祥이요, 천인賤人이 이를 꿈에 보게 되면 요망妖妄이 된다. 또 군자가 꾸게 되면 영광의 징조요, 소인이 꾸게 되면 욕辱됨이 되니 이는 그 사람의 지위에 따라 달라지는 인위人位꿈이라 한다.

진晉 문공文公이 성복지전城濮之戰에서 꿈에 초楚 성왕成王이 자신을 깔고 앉아 자신의 뇌腦를 파먹고 있는 것이었다. 이는 큰 악몽이었다. 그러나 싸움 끝에 진 문공이 대승을 거두었다. 이를 일컬어 극반極反의 꿈이라 한다. 음우陰雨한 날의 꿈은 사람을 염미厭迷하게 하고, 양한陽旱한 날의 꿈은 사람을 난리亂離하게 한다. 그런가 하면 아주 추운 날의 꿈은 사람을 원비怨悲하게 하고, 큰바람이 있는 날의 꿈은 사람을 표비飄飛하게 한다. 이를 일컬어 감기感氣의 꿈이라 한다.

봄꿈은 생동감을 주고 여름 꿈은 고명高明하며, 가을·겨울의 꿈은 숙장熟藏하다. 이를 일컬어 응시應時의 꿈이라 한다.

음병陰病의 꿈은 차고 양병陽病의 꿈은 덥다. 내병內病의 꿈은 혼란하고 외병外病의 꿈은 발산한다. 온갖 병에는 꿈이 모이기도 하고

周武王

흩어지기도 하니, 이를 일컬어 병기病氣의 꿈이라 한다.

   사람의 감정은 그 호오好惡가 각각 다르다. 어떤 사람은 그것을 길한 것으로 여기는가 하면, 어떤 사람은 똑같은 상황을 두고 흉하다 여긴다. 따라서 사람은 응당 각자 잘 살펴 그 원인을 분석해야 한다. 이 때의 꿈을 성정性情의 꿈이라 한다.


   在昔武王, 邑姜方震太叔, 夢帝謂己:「命爾子虞, 而與之唐.」 及生, 手掌曰:「虞」, 因以爲名. 聲王滅唐, 遂以封之. 此謂直應 之夢也.《詩》云:『維熊維羆, 男子之祥; 維虺維蛇, 女子之祥.』 『衆維魚矣, 實維豐年; 旐維旟矣, 室家蓁蓁.』 此謂象之夢也. 孔子生於亂世, 日思周公之德, 夜卽夢之. 此謂意精之夢也. 人有 所思, 卽夢其到; 有憂卽夢其事. 此謂記想之夢也. 今事, 貴人夢 之卽爲祥, 賤人夢之卽爲妖, 君子夢之卽爲榮, 小人夢之卽爲辱. 此謂人位之夢也. 晉文公於城濮之戰, 夢楚子伏己而監其腦, 是大惡也; 及戰, 乃大勝. 此謂極反之夢也. 陰雨之夢, 使人厭迷; 陽旱之夢, 使人亂離; 大寒之夢, 使人怨悲; 大風之夢, 使人飄飛. 此謂感氣之夢也. 春夢發生, 夏夢高明, 秋冬夢熟藏. 此謂應時 之夢也. 陰病夢寒, 陽病夢熱, 內病夢亂, 外病夢發, 百病之夢, 或散或集. 此謂氣之夢也. 人之情心, 好惡不同, 或以此吉, 或以 此凶. 當各自察, 常占所從. 此謂性情之夢也.


【邑姜】周 武王의 아내이며 成王의 어머니. 震은 娠과 같음.
【太叔】武王의 아들이며 成王의 아우인 叔虞.
【唐】고대 땅 이름. 제후국이었으며, 지금의 山西省 翼城縣 근처.
【手掌曰虞】《左傳》昭公 元年에 "及生. 有文在其手曰虞"라 함.

【直應之夢】 직접 응험하는 꿈. 즉 直夢.

【詩】 앞부분은 《詩經》 小雅 斯干의 구절. 占夢의 노래라 함. 鄭玄 箋에 "熊羆在山, 陽之祥也, 故爲生男. 虺蛇穴處, 陰之祥也, 故爲生女"라 함. 뒷부분은 《詩經》 小雅 無羊의 구절. 鄭玄 箋에 "魚者, 庶人之所以養也. 今人衆相與捕魚, 則是歲熟 相供養之祥也. 溱溱, 子孫衆多也"라 하였고, 孔穎達의 正義에는 "歲熟民滋是國 之休慶也"라 함. 蓁蓁은 溱溱와 같음.

【象之夢】 象徵之夢. 즉 象夢.

【亂世】 《莊子》 讓王篇에 "孔子曰: 今語抱仁義之道, 以遭亂世之患"이라 함.

【日思周公之德, 夜卽夢之】 《論語》 述而篇에 "子曰: 甚矣. 吾衰也! 久矣, 吾不復夢 見周公!"이라 함.

【人位之夢】 人位는 사람의 지위. 사람의 지위에 따라 그 꿈이 달라짐.

【晉 文公】 春秋五霸의 하나인 晉나라 文公. 성은 姬氏이며 이름은 重耳.

【城濮】 春秋 시대 衛나라 지명. 지금의 河南省 陳留縣 근처. '城濮之戰'은 춘추 시대 가장 컸던 전투로 B.C.632년에 晉 文公이 楚 成王과 싸워 대승을 거두었으며, 그로 인해 晉 文公이 패자의 지위에 오름.

【楚 成王】 春秋 시대 楚나라 군주로 晉 文公과의 싸움에서 크게 패함. 이 이야기는 《左傳》 僖公 28년 참조.

【陽旱之夢, 使人亂離】 《素問》 脈要精微論에 "陰盛則夢涉大水恐懼, 陽盛則夢 大火燔灼"이라 함.

【氣之夢】 孫志祖는 "病篤者氣盛"이라 하였음. 《素問》 擧痛論에 "黃帝曰: 余知 百病生於氣也"라 하였고, 《論衡》 訂鬼篇에는 "病篤者氣盛"이라 함.

# 256
(28-3)

## 생각이 꿈으로 나타난다

그러므로 먼저 무언가 얽히고 풀리지 않는 것이 있다면, 이를 일컬어 정몽精夢이라 한다. 주야로 생각하는 것이면 밤에 그것이 꿈으로 나타나게 된다. 잠시 길吉하기도 하고 잠시 흉하기도 하지만 그 선악을 믿을 수 없는 것, 이것을 상몽想夢이라 한다.

귀천과 현우, 남녀·노소에 따라 그 꿈이 다른 경우 이를 인몽人夢이라 하며 풍우·한서에 따라 다른 꿈을 감몽感夢이라 하고, 오행의 교체·왕상王相의 변화를 나타내는 꿈을 시몽時夢이라 한다.

지극히 흉한 꿈을 꾸었는데 길하고, 지극히 길한 꿈을 꾸었는데 흉한 것, 이를 반몽反夢이라 하고, 그 병에 따라 그 꿈이 나타나는 것 이를 병몽病夢이라 하며, 심사의 호오에 따라 그 일의 징험을 일러 주는 것을 성몽性夢이라 한다.

이상 열 가지가 꿈을 점치는 대략大略이다.


故先有羞忒者, 謂之精; 晝有所思, 夜夢其事, 乍吉乍凶, 善惡不信者, 謂之想; 貴賤賢愚, 男女長少, 謂之人; 風雨寒暑, 謂之感; 五行王相, 謂之時; 陰極卽吉, 陽極卽凶, 謂之反; 觀其所疾, 察其所夢, 謂之病; 心精好惡, 於事驗, 謂之性. 凡此十者, 占夢之大略也.

【差忒】서로 얽혀 풀리지 않음.

【五行王相】五行이 서로 旺盛하게 相補함.《周禮》春官 占夢에 "掌其歲時, 觀天地之會, 辨陰陽之氣"라 하였으며, 鄭注에 "陰陽之氣, 休王前後"라 함. 한편《白虎通》五行篇에는 "木生火, 火生土, 土生金, 金生水, 水生木, 是以木王, 火相, 土死, 金囚, 水休"라 함.

# 257
## (28-4)
## 현실과 상반된 꿈

    그러나 길흉을 결정하는 것은 대개가 꿈과 현실은 상반된다고 한다. 그 이유는 어디에 있겠는가? 사람이 깨어 있는 상태는 양陽이요, 사람이 잠자고 있는 상태는 음이므로, 음양 때의 일이 서로 상반되기 때문이 아니겠는가? 이 역시 심하지 않은 경우를 두고 하는 말일뿐이다.

    예를 들어 길한 일을 꿈꾸고 자신의 마음조차 큰 희락을 느껴, 심정心精에 이것이 발한다면 이는 정말로 길한 것이다. 그리고 흉사凶事를 꿈꾸고 스스로 크게 겁을 내고 슬픔과 근심을 느껴, 이것이 심정에 발한다면 이는 정말로 악몽이다. 소위 가을·겨울의 꿈은 죽고 다치고 하는 것이라 말하지만, 길한 것이란 때에 순응하는 것이다. 비록 그러하나 재물에 관한 꿈은 크게 해롭다. 꿈을 꾸지 않느니만 못하다.


    而決吉凶者之類以多反, 其何故哉? 豈人覺爲陽, 人寐爲陰, 陰陽之務相反故邪? 此亦謂其不甚者爾. 借如使夢吉事而己意大喜樂, 發於心精, 則眞吉矣. 夢凶事而己意大恐懼憂悲, 發於心精, 卽眞惡矣. 所謂秋冬夢死傷也, 吉者順時也. 雖然, 財爲大害爾, 由弗若勿夢也.


【秋冬夢死傷】王宗炎은 "春夏夢生長, 秋冬夢死傷"이어야 한다고 보았음.
【由弗若勿夢】'由'는 '猶'와 같음. '오히려, 도리어'의 뜻.

# 258
## (28-5) 꿈에 대한 바른 판단

　무릇 꿈을 고찰하는 큰 요체는, 그 꿈속의 상태가 청결하고 깨끗하며 모습이 건강하고 대나무가 무성하듯 하고, 궁실·기구가 모두 새롭고 곧고 바르며 화통하고, 광명 온화하며 위로 행하고 흥성한 상象이면, 대개가 길상으로서 계획과 하는 일이 모두 성취된다. 그러나 모두가 땀나고 썩고 마르고 안개도 없고 기울고 비뚤어지며 코·다리가 잘려 나가 불안하거나 갇히고 막혀 음습하며, 해체되고 아래로 추락하여 쇠한 상이면, 모든 계책이 이루어지지 않으며, 하는 일도 성공을 거두지 못한다.

　그런가 하면 요얼妖孽의 모습에 괴이하며, 가히 밉고 악한 일이면 모두가 근심스러운 징조이다. 또 꿈속에 다 그려지지 않은 그림, 알이나 태, 혹은 그 조각이나 장식이 바르지 않으며 기와나 그릇이 허공에 떠 있는 것이라면 대개 사기를 당할 징조이다.

　또 배우·춤추는 꼽추 등에 어린아이들이 놀이를 하는 모습의 꿈이라면, 이는 대개 웃음거리를 만날 징조다.

　이상이 꿈 해석의 대체적인 상황이다.


　凡察夢之大體: 淸絜鮮好, 貌堅健, 竹木茂美, 宮室器械新成, 方正開通, 光明溫和, 升上向興之象皆爲吉喜, 謀從事成. 諸臭汙腐爛, 枯槁絶霧, 傾倚徵邪, 劓刖不安, 閉塞幽昧, 解落墜下向

衰之象皆爲, 計謀不從, 擧事不成. 妖孽怪異, 可憎可惡之事皆
爲憂. 圖畫卹胎, 刻鏤非眞, 瓦器虛空, 皆爲見欺紿. 倡優俳儴,
侯小兒所戲弄之象, 皆爲懽笑. 此其大部也.


【謀從事成】《晏子春秋》問上에 "景公曰: 謀必得, 事必成"이라 함.
【劓刖】원래 고대 형벌의 이름. 의는 코를 베는 것, 월은 팔다리를 자르는 것.
 그러나 涅兀의 借音으로 보아 '지극히 불안해하는 모습'으로 해석하기도 함.
【大部】彭鐸은 이를 '大都'로 보았음. 大體와 같음.

# 259
## (28-6)
## 잡된 꿈을 믿으면

꿈이 혹 아주 뚜렷한데도 응험이 없거나, 꿈이 매우 희미한데도 그 응험이 있는 것은 무슨 이유 때문인가? 본래 꿈이란 졸음 속에 명찰하지 아니한 상태에서 이루어진 것이며, 흐리멍덩하여 아무 것도 알지 못한다는 뜻이다. 그러므로 역시 오로지 이를 믿고 일을 판단해서는 안 된다. 사람이 어떤 일을 계획함에는 일을 시작해 놓고 실행에 옮겨도 오히려 뜻대로 되지 않는 경우가 있거늘, 하물며 망홀忘忽 잡몽雜夢이야 반드시 맞으라는 법이 있겠는가? 다만 그 때에 따라 정성精誠의 감촉이 있고 신령의 예고함이 있어야 이에 응험이 따를 뿐이다.


夢或甚顯而無占, 或甚微而有應, 何也? 曰: 本所謂之夢者, 困不了察之稱, 而憒憒冒名也. 故亦不專信以斷事. 人對計事, 起而行之, 尚有不從, 況於忘忽雜夢, 亦可必乎? 惟其時, 有精誠之所感薄, 神靈之所告者, 乃有占爾.


【困】困倦. 졸림. 睏과 같음.
【忘忽】恍忽과 같음.《老子》13장에 "無狀之狀, 無象之象, 是謂忽恍"이라 하였고,《淮南子》原道訓의 高誘 注에 "恍忽, 無之象也"라 함.

# 260
### (28-7)
## 군자와 소인의 꿈

　이 까닭으로 군자의 특이한 꿈은 명령된 것이 아니며 반드시 그 일에 연고가 있는 것이다. 그러나 소인의 특이한 꿈은 특별한 무슨 계기를 타고 나타나는 것이 아니다. 때때로 그에 맞는 징조가 있는 것이다. 이 때문에 무정武丁은 꿈속에 성인의 말을 듣고 부열傳說을 얻었으며, 이세二世는 꿈속에 흰 호랑이를 보고 그 나라를 잃었다.

　是故君子之異夢, 非妄而已也, 必有事故焉. 小人之異夢, 非桀[乘]而已也, 時有禎祥焉. 是以武丁夢獲聖而得傳說, 二世夢白虎而滅其封.

殷 高宗(武丁)《三才圖會》

【武丁】殷나라 高宗.
【傳說】高宗의 보좌. 高宗이 꿈속에 바위에 붙어 노역을 하던 노예들 중에 부열을 보고 이를 찾아내어 정치를 맡김. '부열'로 읽음.
【二世】秦始皇의 아들인 胡亥. 始皇을 이어 二世皇帝가 됨.《史記》秦始皇本紀 참조.

# 261
## (28-8)
# 해몽의 어려움

　무릇 기이奇異한 꿈은 원인이 많은 만큼 그 속에 꾸었던 내용 중 불필요한 것은 적다. 지금 하룻밤에 꿈을 꾸면서 간혹 꿈 내용이 여러 번 옮겨 다니고 바뀌며, 백가지 사물이 나타나 교체하는 경우가 있다. 이때 꿈 꾼 사람은 그 내용을 끝까지 다 말해 낼 수가 없다. 그 때문에 해몽하는 자가 맞추지 못하는 경우가 있다. 이는 해몽하는 자의 잘못이 아니라 꿈꾼 자의 잘못이 된다.

　또 더러는 꿈 꾼 내용을 소상하게 말을 하였으나, 해설자가 이를 연결하지 못하여 그 선악이 응험하지 못하는 경우가 있다. 이는 해몽서 解夢書의 잘못이 아니라 해설자의 잘못이 된다.

　이 까닭으로 해몽의 어려움은 그 책을 정확히 해석하기 어려운 데 있다.


　夫奇異之夢, 多有故而少無爲者矣. 今一寢之夢, 或屢遷化, 百物代至, 而其主不能究道之, 故占者有不中也. 此非占之罪也, 乃夢者過也. 或言夢審矣, 而說者不能連類傳觀, 故其善惡有不驗也. 此非書之周, 乃說之過也. 是故占夢之難者, 讀其書爲難也.


【連類傳觀】 꿈속의 내용을 유별에 맞추어 바르게 해몽함.
【書】 占夢之書를 가리킴.

# 262
## (28-9)
# 해몽의 사전 요건

　무릇 해몽에는 반드시 그 변화와 원인을 세밀히 살피고 그 징후를 깊이 헤아리며, 안으로는 그 사람의 정서情緒를 고찰하고 밖으로는 오행의 득실을 고찰해야 한다.

　그렇게 되면 길흉의 징조와 선악의 효험이 거의 나타나 보이게 된다.


　夫占夢必謹其變故, 審其徵候, 內考情意, 外考王相, 卽吉凶之符, 善惡之效, 庶可見也.


【卽】 則과 같음.
【王相】 五行의 旺盛과 相補 등의 관계.

# 263
## (28-10)
# 꿈은 자신을 수양하라는 계시

　또 무릇 사람의 도리란 상서로운 징조를 보고 스스로 덕을 닦게 되면 복이 반드시 이루어질 것이요, 상서로운 징조를 보고도 방종하고 제멋대로 하면 복이 화가 되고 마는 법이다. 마찬가지로 요망한 징조를 보고도 교만하게 굴면 그 화가 찾아올 것이요, 요망한 징조를 보고 경계하고 조심하면 화가 바뀌어 복이 되는 법이다.

　이 까닭으로 태사太姒가 길몽을 꾸었지만 문왕文王은 오히려 감히 즐거움에만 빠지지 않고 여러 신에게 제사를 올리고, 그런 다음 명당明堂에 가서 점을 쳐서 그 부자가 함께 길몽을 고맙게 여겼다. 스스로 수양하고 경계하여 기쁜 소식을 듣고도 오히려 근심스러운 모습을 하였기 때문에 그 길함이 이루어져서 천하를 가질 수 있었던 것이다.

　그런가 하면 괵공虢公은 꿈속에 욕수蓐收가 그에게 좋은 토지를 내려 준다고 하자 스스로 길한 꿈이라 여겨, 사은史嚚을 가두고 온 나라에 자신의 꿈을 축하하라고 하였다. 근심거리를 듣고 오히려 기뻐하였으니 그 때문에 흉조凶兆가 현실로 나타나 자신의 나라를 잃은 것이다.


　且凡人道見瑞而修德者, 福必成, 見瑞而縱恣者, 福轉爲禍; 見妖而驕侮者, 禍必成, 見妖而戒懼者, 禍轉爲福. 是故太姒有吉夢, 文王不敢康吉, 祀於羣神, 然後占於明堂, 並拜吉夢. 修省

戒懼, 聞喜若憂, 故能成吉以有天下. 虢公夢見蓐收賜之上田,
自以爲有吉, 囚史嚚, 令國賀夢. 聞憂而喜, 故能成凶以滅其封.

【太姒】周文王 姬昌의 王妃. 武王을 낳음.
【明堂】고대 제왕이 큰 행사를 행할 때 政敎를 밝히는 장소. 이상의 이야기는
《太平御覽》84에 引用된《帝王世紀》를 볼 것.
【蓐收】秋神. 刑殺을 주관하는 神. 흔히 白虎金星이라고 함.
【史嚚】春秋 시대 괵(虢)나라의 史官. 그가 "나라가 흥하려면 백성의 소리를
 귀담아 듣고, 국가가 망하려면 귀신의 소리를 듣고 이에 빠진다"라 임금을
 비판하자 虢公은 그를 가두어 버림. 이상의 이야기는《左傳》莊公 32년 및
《國語》晉語 등을 볼 것.

# 264
(28-11) 수양과 반성

《역易》에는 이렇게 말하였다.

"사람들에게 걱정거리가 무엇인지 알게 할 뿐 아니라, 또한 우환이 어떤 원인으로 연결되어 있는 지를 밝혀 준다."

무릇 이상한 꿈은 마음에 감흥이 되어 사람의 길흉吉凶에 미치며, 명상命相의 기색氣色은 선악이 없으므로 항상 두려워하고 수양하고 반성하여 덕으로써 이를 맞이하면, 그 길함을 만나 천록天祿이 종신토록 길이 이어지는 것이다.

《易》曰:『使知懼, 又明於憂患與故.』凡有異夢感心, 以及人之吉凶, 相之氣色, 無問善惡, 常恐懼修省, 以德迎之, 乃其逢吉, 天祿永終.

【易曰】《周易》繫辭傳(下)의 구절. 사람들로 하여금 두렵게 여겨야 할 것이 무엇인지를 알려줄 뿐만 아니라, 우환의 소재와 그 원인을 밝혀준다는 뜻.

# 29. 석난釋難

석난釋難은 "어려운 문제를 풀어 보다"의 뜻이다. 당시 사회에서 쟁론으로 벌어지던 문제에 대해 자신의 견해로써 답을 구해 보려 한 것이며 이는 소박한 변증법적 사유로 알려져 있다. 가설적인 인물인 자신 잠부潛夫와 경자庚子, 백숙伯叔, 진자秦子를 내세워 문답 식으로 풀었다.

✸ 본 책 〈叙錄〉(36-29)을 참조할 것.

〈猪紋陶〉(신석기) 1973 餘姚縣 河姆渡 유적지 출토. 浙江博物館 소장

## 265
(29-1)
## 과벌지설

경자庚子가 잠부潛夫에게 물었다.

"요堯·순舜의 도와 덕은 둘 다 똑같이 훌륭할 수 없음은, 실제로 한비자韓非子의 과벌지설戈伐之說과 같습니까?"

庚子問於潛夫曰:「堯舜道德, 不可兩美, 實若韓子戈伐之說邪?」

【庚子】假設로 내세운 인물. 본장은 자신의 의견을 명확히 하기 위해 가설 인물을 등장시켜 문답식으로 구성한 것임. 본편 중의 伯叔, 秦子도 모두 같은 예임.

【潛夫】《周易》의 '潛龍勿用'의 뜻을 함축시켜 王符 자신을 나타냄. 본《潛夫論》의 書名은 여기에서 취명한 것임.

【韓子】韓非子. 戈伐之說은 '矛盾'의 고사를 말한 것. 이는《韓非子》難一에 실려 있음.

# 266
## (29-2)  창과 방패

잠부潛夫는 이렇게 대답하였다.

"이는 대답의 어려움이 무엇인지, 또 같다고 하는 것이 무엇인지 모르기 때문에 생긴 의문이오. 지금 무릇 벌伐이라고 하는 것은 방패를 말하는 것으로 그 기능은 사람을 이롭게 하는 것이며, 과戈라고 하는 것은 창을 말하는 것으로 그 기능은 사람을 해치는 것입니다. 이는 창이 몸을 상하게 하면 방패는 그것을 막아 주는 것입니다. 그러나 둘 다 함께 자신의 기능을 동시에 발휘할 수는 없습니다. 이는 자연스러운 도리입니다.

무릇 요·순은 서로 비슷한, 역시 사람입니다. 창과 방패의 사이가 아니며, 그 도는 똑 같은 인仁으로 서로 상해하는 관계가 아닙니다. 순이 방패라면 어찌 그 어짊을 함께 가지고 있지 않으리요? 또 무릇 요·순의 덕은 비유컨대 두 개의 촛불이 어두운 방안을 비추고 있는 것과 같아, 첫 번째 촛불이 이미 방안을 두루 비추고 있는데 두 번째 촛불이 비춤으로써 더욱 밝아진 것과 같습니다. 이는 결코 첫 번째 촛불이 어둡고 두 번째 촛불이 밝은 것이 아니라 두 개가

韓非(韓非子) 夢谷 姚谷良(그림)

서로 합해 그 큰 빛을 이룬 것이며, 두 성인이 덕을 함께 하여 태평의
공을 이룬 것입니다. 이 까닭으로 대붕大鵬이 하늘을 낢에 한 쪽 날개가
더 가볍기 때문에 높이 나는 것이 아니며, 기기騏驥 같은 천리마가
그렇게 빠른 것은 한 쪽 다리의 힘만으로는 불가능한 것입니다. 여러
가지 훌륭함이 서로 덕을 발하여 끝없는 큰일을 하는 것입니다. 요·순은
둘 다 훌륭함은 바로 이러한 이치입니다.”


潛夫曰:「是不知難而不知類. 今夫伐者盾也, 厥性利; 戈者矛也,
厥性害. 是戈爲賊, 伐爲禁也, 其不俱盛, 固其術也. 夫堯舜之相於,
人也, 非戈與伐也, 其道同仁, 不相害也. 舜伐何如弗得俱堅?
堯伐何如不得俱賢哉? 且夫堯舜之德, 譬猶偶燭之施明於幽
室也, 前燭卽盡照之矣, 後燭入而益明. 此非前燭昧而後燭彰也,
乃二者相因而成大光, 二聖相德而致太平之功也. 是故大鵬之動,
非一羽之輕也; 騏驥之速, 非一足之力也. 衆良相德, 而積施乎
無極也. 堯舜兩美, 蓋其則也.」


【難】詰駁함. 반박함.
【德】得의 통가자로 봄.
【積】績과 같음. 功績.

# 267
## (29-3)
# 양립할 수 없는 가설

백숙伯叔이 물었다.

"그대의 논리는 잘못되었습니다. 한비자의 모순矛盾을 들어 비유한 것은 두 가지가 동시에 양립할 수 없다는 가설로써, 요·순도 마찬가지로 동시에 그 세勢를 병립시킬 수 없음을 반박한 것입니다. 그런데 본성의 인과 해害를 논하고 있으니, 이는 그 비유의 뜻을 잘못 적용한 것이 아닙니까?"

伯叔曰:「吾子過矣. 韓非之取矛盾以喩者, 將假其不可兩立, 以詰堯舜之不得並之勢. 而論其本性之仁與賊, 不亦失是譬喩 之意乎?」

【伯叔】역시 문답식의 구성을 위해 내세운 가공 인물. 가설 인물.
【吾子】상대를 친하게 부를 때 쓰는 호칭.《儀禮》士冠禮의 鄭玄 注에 "吾子. 相親之辭. 吾, 我也; 子, 男子之美稱"이라 함.
【賊】賊害를 뜻함. 어질지 못함.《孟子》梁惠王에 "賊仁者謂之賊, 賊義者謂 之殘"이라 함.

# 268
**(29-4)** 사물의 양쪽 면

잠부潛夫가 말하였다.

"무릇 비유라고 하는 것은 직접 설명이 명확하지 못할 때 생기는 것입니다. 그러므로 사물의 연부然否를 가탁하여 이를 드러내어 밝히는 것입니다.

사물에 연부然否가 있음은 그 표상[文]으로 그렇게 되는 것이 아니라, 반드시 그 진실 때문에 그렇게 되는 것입니다. 지금 그대는 사실 표상의 성질을 들어 이를 비유하면서도, 나로 하여금 그 표상을 버리라고 하시니 나로서는 당혹스럽습니다. 또 내 듣기로 음陰을 물었는데 양陽으로 대답하는 것은 강설彊說이라 하고, 서쪽을 논하는데 동쪽을 힐난하는 것은 강난彊難이라 한다 하였습니다. 그대가 만약 스스로 반드시 그 법칙을 지키려 한다면 잠시 반대로 생각해 본 연후에 계속 추구하십시오. 구차스럽게 스스로 강변하지 마시기 바랍니다."


潛夫曰:「夫譬喩也者, 生於直告之不明, 故假物之然否以彰之. 物之有然否也, 非以其文也, 必以其眞也. 今子擧其實文之性以喩, 而欲使鄙也釋其文, 鄙也惑焉. 且吾聞問陰對陽, 謂之彊說; 論西詰東, 謂之彊難. 子若欲自必以則昨反思, 然後求, 無苟自彊.」

【鄙】 자기 자신을 낮추어 부르는 말. 自謙之辭.

【自必以則】 汪繼培는 '自必' 이하 脫落이나 誤記가 있다고 보았음.

# 269
## (29-5) 악을 조장한 사건

경자庚子가 말하였다.

"주공周公은 관숙管叔과 채숙蔡叔이 악한 인물임을 알면서도 그로 하여금 무경武庚을 보필토록 하여, 더욱 제멋대로 독악毒惡한 짓을 하게 하였습니다. 그리고 그제야 그 이유를 들어 죽여 버렸습니다. 어쩌면 그렇게 불인不仁할 수 있습니까? 만약 그가 애초에 몰랐다면 어찌 그리 불성不聖할 수 있겠습니까? 두 가지 과실 중에 한 가지는 분명 그에게 해당됩니다."

庚子曰:「周公知管蔡之惡, 以相武庚, 使肆厥毒, 從而誅之, 何不仁也? 若其不知, 何不聖也? 二者之過, 必處一焉.」

【武庚】紂王의 아들. 이름은 녹보(祿父). 武王이 殷을 멸한 후, 武庚을 諸侯로 봉한 후 周公이 管叔과 蔡叔으로 하여금 감독하며 殷나라 유민을 다스리도록 함. 《史記》 管蔡世家 참조.

【必處一焉】周公이 管叔, 蔡叔으로 하여금 殷나라 유민을 다스리게 하였으나 오히려 그들과 결탁하여 난을 일으킴. 《孟子》 公孫丑(下)에 "周公使管叔監殷, 管叔以殷畔, 知而使之, 是不仁也. 不知而使之, 是不智也"라 함.

# 270
## (29-6) 걸주의 포악함

　잠부潛夫는 이렇게 대답하였다.

　"《서書》에는 이 두 사람이 경자보庚子父를 끼고 반란을 일으켰다라 하였습니다. 그렇다면 그들이 어떤 유의 인물인지 알지 못하고 그들에게 무경을 보좌하라고 맡겼을까요? 생각건대 그와 반대일까요? 또 하늘은 걸桀이 악한 자임을 알고도 그에게 하夏나라의 제왕 자리를 맡겼고, 주紂가 악한 줄 알면서도 은殷나라의 왕이 되게 하였습니다. 그리하여 그들로 하여금 두 나라에 잔학한 행동을 하고 하민下民을 잔혹하게 괴롭히며, 그 독악을 방종하게 하도록 버려두었다가 그 몸을 망치게 하였습니다. 그렇다면 그렇게 한 하늘 역시 불인不仁하고 부지不知하단 말입니까?"

　潛夫曰:「書二子挾庚子父以叛, 然未知其類之與? 抑抑相反? 且天知桀惡而帝之夏, 又知紂惡而王之殷, 使虐二國, 殘賊下民, 多縱厥毒, 滅其身, 亦可謂不仁不知乎?」

【庚子父】武庚 祿父로 보았음. 紂의 아들.
【帝之夏】그로 하여금 夏나라 帝王이 되게 함.

## 271
(29-7) 하늘과 아무런 친소 관계가 없으니

경자庚子가 반박하였다.

"그렇지 않습니다. 무릇 걸桀·주紂는 하늘과 아무런 친소 관계도
없습니다. 그러므로 하늘은 그가 하는 일을 그대로 방임하면서 근심도
하지 않았고, 그를 주벌하고도 슬퍼하지 않았습니다. 그러나 지금
관숙·채숙은 주공과의 관계에 있어서 형제지친兄弟之親과 골육지은骨肉
之恩이 있습니다. 그런데 그들의 능력을 헤아려 보지도 아니하고 일을
시켰으며, 그의 명운命運을 감당해 낼지를 살펴보지도 아니하고 그에게
임무를 맡겼습니다. 그러므로 걸·주와 하늘과의 관계와는 다릅니다."

庚子曰:「不然. 夫桀紂者, 無親於天, 故天任之而勿憂, 誅之
而勿哀. 今管蔡之與周公也, 有兄弟之親, 有骨肉之恩, 不量能
而使之, 不堪命而任之, 故曰異於桀紂之與天也.」

【勿憂】그로 하여금 제왕이 되게 하면서 망할 것에 대해서는 걱정하지 않도록 함.
【堪命】使命을 감당해 냄.

# 272
## (29-8) 황천은 사람에게 친소가 없다

잠부潛夫는 이렇게 말하였다.

"황천皇天은 누구에게나 친함이 없으며, 제왕帝王과 제위를 이어 받은 임금은 아버지처럼 하늘을 섬깁니다. 왕 된 자는 그 아들이므로 그 때문에 아버지 대하듯 하늘을 섬기는 것입니다. 온 천하를 다 들어 그 백성 중에 왕의 신하 아닌 자가 없습니다. 그러니 장차 주벌해야 될 것은, 왕의 법이 공정公正한 것이기 때문입니다. 편파 됨이 없어야 하는 것은 친소親疎가 다 같습니다. 큰 정의라고 하는 것은 친척조차 차별이 없어야 하는 것이 존왕尊王의 정의입니다. 누구를 세우고 누구를 폐하고 하는 것은 하늘에 달려 있습니다. 주공周公의 덕은 여기에 기인起因하는 것입니다. 이렇게 옛일 외에는 나는 아는 것이 없습니다."

潛夫曰:「皇天無親, 帝王繼體之君, 父事天. 王者爲子, 故父事天也. 率土之民, 莫非王臣也. 將而必誅, 王法公也. 無偏無頗, 親疎同也. 大義滅親, 尊王之義也. 立弊之天, 爲周公之德因斯也. 過此而往者, 未之或知.」

【皇天無親】《左傳》僖公 5년에 "皇天無親, 唯德是輔"라 함.

【繼體】 자리를 이어감.《漢書》師丹傳에 "先帝暴棄天下, 而陛下繼體, 四海安寧, 百姓不懼"라 함.

【父事天】 아버지를 모시듯이 하늘을 모심.《漢書》郊祀志에 "王者父事天, 故爵稱天子"라 함.

【率土之民, 莫非王臣】 원래《詩經》小雅 北山의 구절. "率土之濱, 莫非王臣" 이라 함.

【將而必誅】《公羊傳》昭公 元年에 "君親無將, 將而必誅"라 함. 여기서의 將은 임금이나 윗사람에게 범죄를 저지르는 것을 말함.

【大義滅親】《左傳》隱公 4년의 구절. 大義를 위해서는 친척에게조차 얽매임이 있을 수 없음을 말함.

【尊王之義】《尙書》洪範에 "無偏無陂, 尊王之義"라 함.

【未之或知】《周易》繫辭傳(下)의 구절.

# 273
(29-9)

## 모든 사람이 학문의 길로 나선다면

진자秦子가 잠부潛夫에게 물었다.
"농사짓는 일이란 삶의 근본입니
다. 학문學問은 사업 중에 말末에 해
당하는 것입니다. 노담老聃은 '대장
부는 그 진실에 근본을 두어야지,
그 화려함에 근본을 두어서는 안 된
다'라고 하였고, 공자孔子는 '농사지
어도 굶주림이 그 가운데에 있지만,
배움에는 녹祿이 그 속에 있다'라 하
였습니다. 감히 묻건대 지금 온 세상
사람을 다 들어 쟁기를 내 던지고
서로 모여 학문을 하겠다고 나선
다면 어찌 되겠습니까?"

〈老子騎牛圖〉 宋 晁補之(畫)

秦子問於潛夫曰:「耕種, 生之
本也; 學問, 業之末也. 老聃有
言:『大丈夫處其實, 不居其華.』
而孔子曰:『耕也, 餒在其中;

學也, 祿在其中.』敢問今使擧世之人, 釋耒耜而程相羣於學,
何如?」


【老聃】老子(李珥)를 가리킴.《老子》38장에 "是以大丈夫處其厚, 不居其薄,
　　處其實, 不居其華, 故去彼取此"라 함.
【孔子曰】《論語》衛靈公篇의 구절. 먹기 위해 농사를 짓지만 그래도 굶주림이
　　있으나 학문을 하면 벼슬하여 그 속에 봉록이 있다는 뜻.

# 274
(29-10) 학문도 농사의 근본

잠부潛夫는 이렇게 대답하였다.

"훌륭하오! 그 질문. 군자는 마음을 노고롭게 하고 소인은 힘을 노고롭게 하는 법이요. 그 때문에 공자가 칭한 바는 군자를 두고 한 말일 뿐이요. 지금 눈으로 볼 때 농사는 식食의 근본이요. 그런데 마음으로 도의 근원을 찾는 일, 즉 학문도 또한 농사의 근본입니다. 《역易》에는 이렇게 말하였습니다. '하늘을 세우는 도는 음과 양이며, 땅을 세우는 도는 유柔와 강剛이고, 사람을 세우는 도는 인仁과 의義이다.' 하늘의 도에서 덕에 위반되는 것은 재앙을 받게 됩니다."

潛夫曰:「善哉問! 君子勞心, 小人勞力. 故孔子所稱, 謂君子爾. 今以目所見, 耕, 食之本也. 以心原道, 卽學又耕之本也. 《易》曰:『立天之道, 曰陰與陽; 立地之道, 曰柔與剛; 立人之道, 曰仁與義.』天反德者爲災.」

【君子勞心~小人勞力】《左傳》襄公 9년 知武子의 말.
【易曰】《周易》說卦傳의 구절.
【天反德者爲災】汪繼培는 끝부분에 脫誤의 부분이 있다고 보았음.《左傳》宣公 15년에 "天反時爲災, 地反物爲妖, 民反德爲亂. 亂則妖災生"이라 한 내용을 첨가해야 한다고 하였음.

# 275
## (29-11)
## 인의를 갖춘 군자

잠부潛夫가 말하였다.

"아! 아직 잘 살피지 못하였소? 내 그대에게 일러 주겠소. 무릇 군자라고 하는 것은, 그 어짊은 마땅히 임금과 나라를 돕고, 그 덕은 그 자손과 백성을 돕습니다. 이러한 위치에 합당한 자라면 오직 인의仁義로운 사람뿐입니다. 그러므로 인의를 갖춘 자를 군자라 일컫는 것입니다. 옛날 순경荀卿은 이렇게 말하였습니다. '무릇 인仁이라고 하는 것은 남을 사랑하는 것이며, 사랑함으로 해서 위태한 일을 하지 않는다.

荀子(荀況, 孫卿: 기원전 313~전 238)

의義라고 하는 것은 사람을 끌어 모을 줄 아는 것이며, 사람은 모음으로써 차마 혼란스럽게 하지 못한다'라고요. 이 까닭으로 군자는 이른 새벽부터 밤 늦도록 깊이 생각하고 조심하여, 게으름이 없이 하여 임금의 위망을 걱정하고 백성의 난리亂離를 애처롭게 여기는 법입니다. 그러므로 현인·군자는 그 인의지심仁義之心을 미루어 임금을 사랑하되 마치 부모처럼 하며, 온 세상 백성을 통틀어 사랑
하되 그 자식 사랑하듯 합니다. 부모가 장차 죽음의 근심에 임해 있고,

자녀가 장차 함닉陷溺의 재앙에 처해 있는데 어찌 능히 묵묵히 있을
수 있겠습니까? 이 까닭으로 어진 자는 반드시 용기가 있으며, 덕
있는 자는 반드시 의義를 갖추고 있는 것입니다."


　潛夫曰:「嗚呼! 而未之察乎? 吾語子. 夫君子也者, 其賢宜君國
而德宜子民也. 宜處此位者, 惟仁義人, 故有仁義者, 謂之君子.
昔荀卿有言:『夫仁也者愛人, 愛人, 故不忍危也; 義也者聚人,
聚人, 故不忍亂也.』是故君子夙夜箴規, 蹇蹇匪懈者, 憂君之
危亡, 哀民之亂離也. 故賢人君子, 推其仁義之心, 愛之君猶父
母也, 愛擧世之民猶子弟也. 父母將臨顚隕之患, 子弟將有陷
溺之禍者, 豈能墨乎哉! 是以仁者必有勇, 而德人必有義也.」


【而未之察乎】 여기서 而는 爾. 인칭대명사로 '너'의 뜻.
【荀卿】 荀子(荀況)을 말함.《荀子》議兵篇에 "彼仁者愛人. 愛人, 故惡之害也,
　議者, 循理, 循理, 故惡人之亂也"라 하여 내용이 약간 다름.
【蹇蹇】 忠貞한 모습.
【仁者必有勇】《論語》憲問篇에 "仁者必有勇, 勇者不必有仁"이라 함.

# 276
(29-12) 누군들 부모가 없겠는가

"또 무릇 한 나라가 온통 혼란에 빠지게 되면 사람들은 그 몸을 편안히 할 수가 없습니다.

《시詩》에 이렇게 말하였습니다.

'세상의 난리는 생각도 마소,　　　　莫肯念亂
누군들 부모님 없는 이 있소?'　　　　誰無父母

화란이 일어나면 누구나 모두 해를 입지만 양친이 있는 사람은 그 근심이 더욱 깊다는 말입니다. 이 까닭으로 현인·군자는 그 백성을 걱정하되 역시 자신의 일도 걱정을 합니다. 무릇 집안에 사람이 가득할 때, 위가 새면 아래도 젖게 마련이며 기둥이 부러지면 서까래도 무너지고 모두가 다칠까 염려되는 것입니다. 그러므로 큰집이 기울게 되면 아래에 있는 사람은 명령을 기다릴 틈도 없이 다투어 그 기둥을 지탱하려 할 것이요, 어진 이가 아울러 남의 집까지도 보호하는 것은 자신을 위하는 길이기도 하기 때문입니다.

《역易》에 '임금이 명철하여 백성도 아울러 그 복을 받는다.'라 하였으니, 이 까닭으로 차실次室, 漆室 땅의 여자는 임금이 나이가 많다고 기둥에 기대어 울며 걱정하였고, 초楚나라 여자는 임금을 격려하기 위해 깃발을 들고 나섰던 것입니다. 인혜仁惠의 충애忠愛의 정을 어찌 능히 그치게 할 수 있겠습니까?"

「且夫一國盡亂, 無有安身.《詩》云:『莫肯念亂, 誰無父母?』
言將皆爲害, 然有親者, 憂將深也. 是故賢人君子, 旣憂民,
亦爲身作. 夫蓋滿於上, 沾溥在下, 棟折榱崩, 懼有厥患. 故大
屋移傾, 則下之人不待告令, 各爭其柱之. 仁者兼護人家者,
且自爲也.《易》曰:『王明並受其福.』是以次室倚立而嘆嘯,
楚女揭幡而激王. 仁惠之恩, 忠愛之情, 固能已乎?」


【一國盡亂】《呂氏春秋》諭大篇에 “天下大亂, 無有安國, 一國盡亂, 無有安家,
  一家皆亂, 無有安身”이라 함.
【詩】《詩經》小雅 沔水의 구절.
【棟折榱崩】《國語》魯語에 “叔孫穆子曰: 夫棟折而榱崩, 吾懼壓焉”이라 함.
【易曰】《周易》井卦의 九三 爻辭.
【次室】漆室. 春秋 시대 魯나라 지명. 그 곳의 여자가 나라를 걱정한 일.《新序》,
  《韓詩外傳》,《列女傳》 등에 실려 있음.《列女傳》에 “魯漆室女, 當穆公時, 君老,
  太子幼, 女椅柱而嘯. 旁人聞之. 莫不爲之慘者”라 함.
【楚女揭幡】《列女傳》辯通篇 楚處莊姪 참조. 楚 頃王이 놀이에 빠져 국정이
  위태로워지자 莊姪이 나이 겨우 12살에 깃발을 들고 경왕을 가로막고 간언함.
  이에 왕이 감복하여 잘못을 고쳤다 함.
【固能已乎】固는 顧. 뜻은 ‘豈(어찌)’로 해석함.

# 30. 교제交際

사람 사이의 사귐에 대한 견해로, 왕부는 유가의 관념인 서恕·
평平·공恭·수守를 인仁·의義·예禮·신信과 결부시켜 교제의 표준
으로 삼아 논리를 편 것이다. 이는 당시 도덕관념의 붕괴에 대한
비평과 개탄이다.

❋ 본 책 〈叙錄〉(36-30)을 참조할 것.

〈人物交談圖〉(彩畫磚) 漢

# 277
## (30-1)
## 사람은 옛 사람이 좋고

　옛말에 "사람은 옛 사람이 좋고 그릇은 새 것이 좋다. 곤제昆弟 사이라 하더라도 한 세대가 지나면 후손의 관계가 멀어지지만, 친구는 세대가 지나도 가까워진다"라 하였다. 이것이 교제의 원리이며 사람의 정이다.

　그러나 지금은 그렇지 않으니 먼 데 사람은 친하려 들면서 가까이 있는 사람은 잊고 있으며, 친구는 배반하면서 새로운 사람은 친하려 든다. 더구나 몇 년을 사귀었으면서도 더욱 멀어지고, 혹은 같은 길을 가면서도 서로 버리고 만다. 선성先聖의 전계典戒를 위반하기도 하고, 서로 긴요하게 두고두고 맹세한 말도 져버린다. 이는 무슨 이유 때문이겠는가? 물러서서 한 번 살펴보면 역시 금방 알 수 있다. 정세로 보아늘 취향趣向하는 추세가 있고, 이치로 보아도 그럴 수밖에 없음이 있다. 부귀하면 사람들이 다투어 빌붙으니 이것이 정세의 늘 있는 추세요, 빈천하면 다투어 떠나 버리니 이것이 이치의 당연함이다.


　語曰:『人惟舊, 器惟新. 昆弟世疎, 朋友世親.』此交際之理, 人之情也. 今則不然, 多思遠而忘近, 背故而向新; 或歷載而益疎, 或中路而相捐, 悟先聖之典戒, 負久要之誓言. 斯何故哉? 退而省之, 亦可知也. 勢有常趣, 理有固然. 富貴則人爭附之, 此勢之常趣也; 貧賤則爭去之, 此理之固然也.

【語曰】《尙書》盤庚篇의 구절.

【悟先聖之典戒】 ‘悟’자를 汪繼培는 ‘牾’(어긋나다, 어그러지다)의 잘못으로
보았음.

# 278
## (30-2)

# 부귀한 자를 사귀면

　무릇 부귀한 자와 교왕하게 되면 위로는 그에 맞는 추천을 받을 수 있고, 아래로는 그에 맞는 재물의 이익을 볼 수 있다. 그러나 빈천한 자와 사귀게 되면 크게는 그에게 꾸어 주는 소비를 당하거나, 적게는 그에게 빌려 주었다가 손실을 입게 된다. 지금 관직에 있는 자로 하여금 비록 그가 걸桀이나 도척盜跖 같은 악행을 함께 가지고 있다 해도 사마駟馬의 무리를 이끌고 화려하게 선비의 집을 방문하려 한다면, 선비는 그대로 이를 영광으로 여겨 그에게 빌붙고 말 것인데, 하물며 실제로 이익을 주는 자에게 있어서랴?

　그런가 하면 그가 안회顔回나 민자건閔子騫 같은 어짊을 가졌더라도 남루한 옷을 입고 그 문을 찾았다면 그러한 사람은 오히려 욕이 된다고 느끼며 그가 다시 찾아올까 겁을 낼 터인데, 하물며 실제로 손해를 끼치는 상대라면 어떠하겠는가?


　夫與富貴交者, 上有稱擧之用, 下有貨財之益. 與貧賤交者, 大有賑貸之費, 小有假借之損. 今使官人, 雖兼桀·跖之惡, 苟結駟而過士, 士猶以爲榮而歸焉, 況其實有益者乎? 使處子雖苞顔·閔之賢, 苟被褐而造門, 人猶以爲辱而恐其復來, 況其實有損者乎?

【官人】 벼슬자리에 있는 자를 통틀어 말한 것.
【跖】 盜跖. 柳下季의 아우. 柳下跖. 흔히 大盜로 일컬어지는 인물.
【顔淵】 顔回. 孔子의 제자.
【閔子騫】 역시 孔子의 제자. 閔損.

옷차림이 남루하면

　그러므로 부귀하면 쉽게 얻을 수 있으나, 빈천하면 적의適宜함을
얻기가 어렵다. 좋은 옷을 입으면 이를 사참奢僭이라 하고, 남루하게
입으면 곤액困厄한 자라 여긴다. 천천히 걸으면 굶주린 자라 여기고,
빨리 걸으면 책임을 피해 도망치는 자라 생각하며, 자주 찾아오지
않으면 거만한 놈이라 여기고, 너무 자주 찾아오면 먹을 것이 없어
찾아오는 것이라 한다. 빈손으로 오면 성의 없다 여기고, 선물을 가져
오면 뭔가 꾸어 갈 것이 있어 온 것이라 하고, 공손함과 겸양을 보이면
능력 없는 자라하고, 의기양양하면 부덕不德한 자라 여긴다. 이것이
재야에 묻힌 자의 멍에요, 빈천한 자의 괴로움이다.


　故富貴易得宜, 貧賤難得適. 好服謂之奢僭, 惡衣謂之困厄,
徐行謂之飢餧, 疾行謂之逃責, 不候謂之倨慢, 數來謂之求食,
空造以爲無意, 奉贄以爲欲貸, 恭謙以爲不肖, 抗揚以爲不德.
此處子之羈薄, 貧賤之苦酷也.


【空造】 빈손으로 찾아 옴. '造'는 '찾아오다'의 뜻.
【奉贄】 예물을 바침.
【羈薄】 속박. 薄은 縛의 가차자.

# 280
## (30-4) 개자추가 숨은 이유

　무릇 낮은 지위에 처한 자는 마치 《시詩》의 〈북문北門〉에서처럼 근심 속에 살게 된다. 안으로는 처와 자식으로부터 힐책을 받고, 밖으로는 사대부들로부터 놀림을 받는다. 좋은 모임에 그에 걸맞은 예를 다하지 못하고, 잔치 상도 많은 사람에 맞게 차려내지 못한다. 재화도 서로 교호交好하기에 부족하고, 세력도 급한 사람의 힘이 되어 주기에 부족하다. 서로 기쁨을 준 사귐이 오래건만 정분이 엷어져 자주 만나지 못하게 되면, 서로 이유도 없이 스스로 소원해지고 만다. 점점 소원해지면 천한 쪽은 갈수록 스스로 비하하여 날로 멀어지고, 귀한 자는 갈수록 자신의 당黨에 힘쓰느라 옛 친구를 잊게 된다.

　무릇 더욱 멀어지고 비천해진 신세로, 게다가 하류下流에 엎드려 있게 되면, 차라리 귀한 자가 자신을 잊어 주기를 날마다 바라게 된다.

　이것이 《시詩》의 〈곡풍谷風〉에서처럼, 속으로 상처를 받고 슬퍼하는 것과 같고, 개자추介子推가 깊은 산속으로 숨어 버린 이유이다.


　夫處卑下之位, 懷〈北門〉之殷憂, 內見謫於妻子, 外蒙譏於士夫. 嘉會不從禮, 餞御不逮衆, 貨財不足以合好, 力勢不足以杖急. 歡忻久交, 情好曠而不接, 則人無故自廢疎矣. 漸疎則賤者逾自嫌而日引, 貴人逾務黨而忘之. 夫以逾疎之賤, 伏於下流, 而望日忘之貴, 此〈谷風〉所爲內摧傷, 而介推所以赴深山也.

【北門】《詩經》邶風의 편명. "憂心殷殷, 終窶且貧, 莫知我艱"이라 함.
【餞御】餞別.
【谷風】《詩經》小雅의 편명.
【介子推】春秋 시대 晉 文公을 모셨던 신하. "子推不信祿, 祿亦不及" 및 '寒食'의
  고사를 남긴 인물. 〈遏利篇〉참조.

# 281
**(30-5)**   이익으로 인해 친소가 달라지는 사귐

　무릇 서로에게 이익이 되면 친해지고, 서로에게 해가 되면 소원해지게 마련이다. 이 까닭으로 오랜 맹세가 깨어지는 것은, 마음속에 상대가 쓸모없다고 여기기 때문이며, 점점 친해지게 되는 것은 틀림없이 이익이 있기 때문이다. 속인들의 사귐에는 이익이 있으면 친함이 생기고, 친함이 쌓이면 사랑이 생기며, 사랑이 쌓이면 무엇이든지 옳다고 하며, 그런 옳다는 대답이 쌓이면 그가 어진 사람이라는 생각이 든다. 정이 이렇게 하여 그를 어질게 보게 되면 자신도 깨닫지 못하는 사이에 속에서 마음으로는 그와 친하게 되며, 입으로는 그를 칭찬하게 된다.

　이익이 없으면 소원함이 싹트고, 소원함이 쌓이면 미움이 생기고, 미움이 생기면 그가 하는 일은 모두 틀렸다는 생각이 든다. 틀렸다는 생각이 생기면 그를 악한 자라 보게 된다. 감정이 진실로 그를 악한 자라고 보게 되면 자신도 모르는 사이에 마음으로 그를 도외시하게 되고, 입으로는 그를 헐뜯게 된다. 이 까닭으로 부귀로 인해서는 방금 사귀었더라도 그 상태가 날로 친부親付하게 되고, 빈천하게 되면 비록 오래 사귄 사이라 할지라도 그 형세가 날로 소원한 쪽으로 나타난다. 이것이 낮은 자리에 처한 자가 궁중의 사람과 경쟁할 수 없는 이유이다.

　그러나 세주世主는 붕우 사이에 생기는 일을 살피지 아니하고, 구차스럽게 귀한 신하의 말만 믿게 되니 이것이 결사潔士가 홀로 숨어 버리는 까닭이요, 간웅姦雄이 당黨을 지어 활개 치게 되는 소이所以이다.

夫交利相親, 交害相疎. 是故長誓而廢, 心無用者也. 交漸而親,
必有益者也. 俗人之相於也, 有利生親, 積親生愛, 積愛生是,
積是生賢, 情苟賢之, 則不自覺心之親之, 口之譽之也.

無利生疎, 積疎生憎, 積憎生非, 積非生惡, 情苟惡之, 則不自
覺心之外之, 口之毁之也. 是故富貴雖新, 其勢日親; 貧賤雖舊,
其勢日疎, 此處子所以不能與官人競也. 世主不察朋交之所生,
而苟信貴臣之言, 此絜士所以獨隱翳, 而姦雄所以黨飛揚也.

【相於】서로 친하게 지냄. 相親, 相厚의 뜻.
【隱翳】간신들에 의해 은폐되고 가려짐. 雙聲連綿語.
【飛揚】《淮南子》精神訓에 "使行飛揚"이라 하고, 高誘 注에 "飛揚, 不從軌道也"
라 함.

# 282
(30-6)

## 송백이 늦게 시들 듯

지난 날 위기魏其에게 몰렸던 빈객들이 무안武安에게 흘러갔고, 장평長平 밑에 있던 관리들이 관군冠軍에게 옮겨 갔으며, 염파廉頗와 적공翟公의 문에는 세력 있을 때는 가득 찼다가 실권하자 텅텅 비고 말았다.

무릇 이상 네 사람의 어짊이 오랫동안 귀하게 서로 은혜를 주고받은 바탕이 있었건만, 그 밑의 문객이 이와 같은데 하물며 빈천한 관계에서의 사귐이랴?

오직 고열古烈의 풍모가 있는 지의志義의 선비만이 그렇지 않을 따름이다. 은혜로 한 번 묶인 바가 되면 종신토록 이를 풀지 않으며, 마음에 한 번 좋아한 바가 있는 한 천해져도 더욱 독실해진다.

《시詩》에는 이렇게 노래하였다.

"훌륭하신 우리 군자                    淑人君子
춧대는 오직 하나,                      其儀一兮
그 마음 곧으시네."                      心如結兮

그러므로 그 해 세밑이 되어 추워진 연후에야 송백松栢이 늦게 시듦을 알 수 있고, 세상이 어려워진 연후에야 그 사람이 얼마나 독실하고 견고한지를 알 수 있는 것이다.

畫像石 〈完璧歸趙圖〉

　昔魏其之客, 流於武安; 長平之吏, 移於冠軍; 廉頗·翟公,
載盈載虛. 夫以四君之賢, 藉舊貴之夙恩, 客猶若此, 則又況乎
生貧賤者哉?

　惟有古烈之風, 志義之士, 爲不然爾. 恩有所結, 終身無解;
心有所矜, 賤而益篤.《詩》云:『淑人君子, 其儀一兮, 心如結兮.』
故歲寒然後知松栢之後彫, 世隘然後知其人之篤固也.

【魏其】漢 景帝 때의 魏其侯 竇嬰을 가리킴.
【武安】漢 武帝 때의 武安侯 田蚡을 가리킴. 景帝 때 竇嬰의 권세가 극에 달하자
　"諸游士賓客爭歸魏其侯"라 하였으나, 武帝 때 이르러 竇嬰이 실권을 잃고 田蚡이
　득세하자, 다시 "天下吏士趨勢利者, 皆去魏其歸武安"이라 함(《史記》魏其武
　安侯列傳 참조).
【長平】漢 武帝 때의 長平侯 衛靑을 가리킴.

【冠軍】冠軍侯 霍去病을 가리킴. 驃騎將軍을 지냄. 漢 武帝 때 衛靑이 匈奴를 멸한 공로로 大將軍이 되었고 霍去病은 그 대장군의 부하였음. 그러나 霍去病의 세력이 날로 커져 "大將軍衛靑日退, 而驃騎日益貴, 擧大將軍故人門下, 多去事驃騎, 輒得官爵"이라 함.《史記》衛將軍驃騎列傳 참조.

【廉頗】戰國시대 趙나라 惠文王의 上卿. 藺相如와 알력으로 '完璧歸趙', '肉袒', '刎頸之交', '兩虎相鬪' 등의 고사를 남긴 인물. 趙나라 孝成王 7년(B.C.259) 秦나라와 長平싸움에 나갔다가 秦의 反間計에 걸려들어 孝成王이 趙括을 廉頗 대신 장군으로 임명하여 대패함. 廉頗가 "失勢時, 故客盡去, 及復用爲將, 客又復至"라 탄식함.《史記》廉頗藺相如列傳 참조.

【翟公】漢 文帝 때의 廷尉. 그가 세력이 있을 때는 빈객이 문 앞에 가득하였으나 면직 당하자 문 밖에 참새 잡는 그물을 놓을 정도로 한산하였다 함. 뒤에 다시 벼슬길에 오르자 빈객이 몰려드는 것을 보고 대문에 "一死一生, 乃知交情; 一貧一富, 乃知交態; 一貴一賤, 交情乃見"이라 써 붙여 놓았다고 함.《史記》汲黯鄭當時傳論 참조.

【古烈】고대 志節이 굳세었던 선비들.

【詩】《詩經》曹風 鳲鳩의 구절. 원문 "其儀一兮"는 첩구임.

【歲寒】《論語》子罕篇의 구절.

# 283
## (30-7)  걸의 개가 요임금을 물듯이

후영侯嬴과 예양豫讓은 자신의 몸을 내어 은혜를 갚았고, 전제轉諸와 형가荊軻는 자신의 목숨을 분격하여 그 용도에 바쳤다. 그러므로 죽는 것은 누구나 할 수 있지만 어떤 경우에 처하는가 하는 것이 어려울 따름이다.

방훈龐勛과 발초發貂는 하루아침 인정을 받았을 뿐이건만, 즉시 의를 위해 보답을 하였다. 그런데 하물며 오랫동안 사귀어 온 관계임에랴?

그래서 추양鄒陽은 "걸桀이 기르는 개도 가히 요堯를 물어 버리라고 시킬 수 있고, 도척盜跖의 문객도 그를 시켜 허유許由를 찌르라고 시킬 수 있다"라고 하였는데 이것이 어찌 허언虛言이겠는가?

荊軻

속사俗士는 천박하고 단견短見하여, 목전의 이익에만 급히 굴어 이익이 있는 일을 보면 먼저 달려가고, 쓸모 없다고 판단되면 물러나 등을 돌리고 만다. 이로써 급히 달려가고자 하는 무리들은 서로 다투어 윗사람을 떠받드느라 아랫사람을 상대할 겨를이 없고, 앞만 보고 내닫느라 뒷사람을 불쌍히 여길 경황조차 없다. 이 까닭으로 한안국韓安國은 능히 전반田蚡에게 오백 금이나 줄줄 알면서 한 사람의 궁한 이는 구휼하지 못하였으며, 적방진翟方進은 순우장淳于長만 칭찬하며 단 하나의 선비도 추천하지 못하였다. 무릇 한안국과 적방진은 전대의 충량한 인물로 알려져 있다. 그런 자도 오히려 그러하거든 하물며 저 말도末塗의 하찮은 재상임에랴?

이것이 간웅姦雄이 당黨을 좇아 나갈 수밖에 없는 이유이며, 처사處士가 더욱 숨고 가려질 수밖에 없는 까닭이다. 명성明聖한 임금이 아니라면 누가 능히 이를 잘 비추어 살필 수 있겠는가?

侯嬴·豫讓, 出身以報恩; 鱄諸·荊軻, 奮命以效用. 故死可爲也, 處之難爾. 龐勛·敎貂, 一旦見收, 亦立爲義報, 況累舊乎? 故鄒陽稱之曰:「桀之狗, 可使吠堯; 跖之客, 可使刺由.」豈虛言哉?

俗士淺短, 急於目前, 見赴有益則先至, 顧無用則後背. 是以欲速之徒, 競推上而不暇接下, 爭逐前而不遑卹後. 是故韓安國能遺田蚡五百金, 而不能賑一窮; 翟方進稱淳于長, 而不能薦一士. 夫安國·方進, 前世之忠良也, 而猶若此, 則又況乎末塗之下相哉? 此姦雄所以逐黨進, 而處子所以愈擁蔽也. 非明聖之君, 孰能照察?

【侯嬴】戰國시대 魏나라 公子 無忌, 즉 信陵君의 식객. 信陵君을 위해 兵符를 훔쳐 군대를 일으켜 秦을 쳐서 趙를 구원함.《史記》信陵君列傳 참조.
【豫讓】春秋 말기 晉나라 荀瑤의 문객. 趙襄子가 韓, 魏와 함께 荀瑤를 쳐 없애자 그의 복수를 대신 갚겠다고 나섰던 인물.「呑炭漆身」의 유명한 고사를 남김. 《戰國策》趙策 및《史記》刺客列傳 참조.

【鱄諸】專諸, 春秋 시대 吳나라 公子 光의 문객으로 주방장이 되어 구운 생선에 비수를 숨겨 吳王 僚를 죽이고 자신도 죽음.《史記》刺客列傳 참조. 鱄은 그와 구운 생선과 관련이 있는 것으로 유감하여 쓴 글자임. 다른 기록에는 모두 '專'으로 되어 있음.

【荊軻】戰國시대 燕나라 太子 丹의 門客. 秦王 政(즉 秦始皇)을 죽이러 갔다가 실패하고 죽음.《戰國策》燕策 및《史記》刺客列傳 참조.

【龐勛】兪樾은 龐涓의 오기로 보았음. 龐涓은 孫臏의 친구로 魏나라 大將軍이 되었던 인물.《史記》孫子吳起列傳 참고.

【敎貂】寺人披. 晉 懷公의 명으로 重耳를 죽이려 하였음. 뒤에 文公이 五霸의 권력자가 되자 그에게 충성하겠다고 숙여 들었음.《左傳》僖公 24년 참조. 그러나 彭鐸은 敎貂는 貂勃이며《戰國策》齊策(六)에 "貂勃嘗惡田單. 安平君聞之, 故爲酒召貂敎, 曰: '單何以得罪於先生, 故常見惡於朝?' 貂敎曰: '跖之狗吠堯, 非貴跖而賤堯也, 狗固吠非其主也.' 安平君任之於王"의 내용이라 보았음.

【鄒陽】漢 景帝 때 梁孝王의 문객. 억울하게 옥에 갇히자 편지를 써서 자신의 의견을 말함.《新序》및《史記》鄒陽傳 참조.

【許由】전설상의 堯나라 高士. 堯임금이 그에게 천하를 양보하자 산으로 들어가 귀를 씻었다함. 흔히 巢父와 병칭됨.

【韓安國】漢 景帝 때 梁 孝王의 太傅이였으나 武帝 때 죄를 얻어 관직을 잃자, 당시 권세가인 田蚡에게 오백 금을 뇌물로 주고 풀려남. 뒤에 다시 北地都尉, 御史大夫에까지 올랐음.《史記》韓長孺傳 참조.

【田蚡】武安侯. 282 주 참조.

【翟方進】漢 成帝 때의 丞相. 외척 淳于長과 결탁하여 자신과 친한 사람이 아니면 추천하지 않았음.《漢書》翟方進傳 참조.

# 284
## (30-8)
## 원망과 은혜

또 무릇 원망과 은혜의 발생은 두 사람이 짝을 이루고 있는 것과 같다. 서로 상대하여 있을 때면 은혜의 정이 서로 마주 향하여, 자신들의 뜻을 지극한 데까지 밀고 올라가 그 정성이 서로를 비추며, 서로의 마음을 관통시켜 골수에까지 미치며, 사랑의 즐거움이 융성하여 서로를 위해 죽는 것도 가벼이 여긴다. 이 까닭으로 후생侯生·예자豫子는 목을 끊고 죽어도 한을 품지 않을 수 있었던 것이다.

그러나 서로가 등지게 되면 심정이 서로 괴리되어 그 서운함이 끝까지 가서는, 갈라져 내달아 동서東西 양끝으로 가서도 마음은 오히려 상쾌하지 않게 된다. 이 까닭으로 진여陳餘와 장이張耳는 늙어서도 서로 공격하여 전멸시키면서도 아무런 고통을 느끼지 않았던 것이다.

이로 말미암아 보건대 교제의 원리는 그 정이 가장 중요한 것이다. 붕우 사이만 그러한 것이 아니다. 임금과 신하, 또는 부부 사이도 역시 이와 같다. 서로 즐거워할 때는 부자父子라도 능히 사이를 떼어 놓지 못한다. 그러나 서로 어그러지고 나면 비록 원수지간이라 할지라도 이 보다 심하지는 않다. 이 까닭으로 성인은 늘 작은 일에 조심하여 그 끝이 돈독하게 마무리 되도록 하는 것이다.


且夫怨惡之生, 若二人偶焉. 苟相對也, 恩情相向, 推極其意, 精誠相射, 貫心達髓, 愛樂之隆, 輕相爲死, 是故侯生·豫子刎

〈張耳斬陳餘圖〉 명각본 《兩漢開國中興志傳》

頸而不恨.

　苟相背也, 心情乖□, 推極其意, 分背奔馳, 窮東極西, 心尚未快,
是故陳餘・張耳老相全滅而無感痛. 從此觀之, 交際之理, 其情
大矣. 非獨朋友爲然, 君臣夫婦亦猶是也. 當其歡也, 父子不能閒;
及其乖也, 怨讎不能先. 是故聖人常愼微以敦其終.

【怨惡】 원망과 미움. 그러나 王宗炎은 '恩怨'으로 보아야 그 아래의 '相對'와
　　의미가 호응된다고 보았음.
【侯生】 侯嬴. 283의 주 참조.
【豫讓】 역시 283의 주 참조.
【乖□】 □는 '互'로 보았음(《潛夫論箋校正》). '互'는 '忤', '迕'와 같은 뜻으로
　　여김. '어긋나다'의 뜻.
【陳餘】 원래 秦末 陳涉이 봉기하였을 때 그의 부하였으나 뒤에 劉邦에게 합류함.
【張耳】 역시 陳涉의 부하. 陳餘와 張耳는 처음에는 刎頸之交의 우정을 약속하였
　　으나 뒤에 원수가 되었으며 결국 陳餘는 張耳에게 죽음을 당함. 《史記》張耳陳餘
　　列傳 참조.

# 285
**(30-9)** 부귀와 빈천

부귀富貴하다고 해서 반드시 그것을 중히 여길 바도 아니며, 빈천貧賤하다고 하여 반드시 그것을 경홀히 여길 바도 아니다. 사람의 마음이란 그 좋아하는 바가 각기 다르고 도량 또한 만 가지·억 가지 차이가 나게 마련이다.

허유許由는 제위帝位조차 사양하였지만, 속인은 현縣의 작은 관직을 두고 다툰다. 맹가孟軻는 만종萬鐘의 녹을 사양하였지만, 소인은 한 되의 음식을 가지고 탐욕을 부린다.

그러므로 "순안鶉鷃은 무리를 지어 하루 종일 쉼 없이 날며 어지럽게 떠돌아도 갈대밭을 넘어서지 못하지만, 홍곡鴻鵠은 높이 날아 서로 헤어지고 만나지 않으면서도 천만 길 높이 솟아 그 뜻은 저 큰 언덕이나 연못에 두고 있다. 또 난봉鸞鳳은 만 길이나 되는 높은 곳을 날아 태청太淸의 가운데를 배회하며 경풍景風을 따라 표요飄颻하며, 때때로 억양抑揚하며 조용히 하되 그래도 자신의 뜻을 다 펴 보지 못한 듯, 꽉꽉 하며 긴 울음을 내며 급히 날개를 치고 날아올라서는 붉은 구름을 가로지르고 두성斗星과 천극성天極星까지 다가와 양로陽露를 호흡하며, 열흘이 넘도록 먹지도 아니하면서 그 뜻은 오히려 겸손함을 있는 그대로 갖추어 보이고 있다"라 한 것이다.

이상 세 종류의 새는 각기 그 하는 바에 편안함을 느끼기 때문이다.

이 까닭으로 백이伯夷는 고사리를 캐 먹으면서도 한恨을 느끼지 않았고, 소보巢父는 나무를 얽어 살면서도 스스로 원하던 일이라 여겼던 것이다.

〈採薇圖〉 南唐 李唐

이로 말미암아 관찰하건대 선비의 지량志量이란 진실로 측량하기 어렵다.

무릇 수없이 많은 군자들이 부귀하다고 해서 빈천한 자에게 교만을 부린다거나, 빈천한 자는 반드시 자기들에게 굴복하리라고 여겨서도 안 될 것이다.


富貴未必可重, 貧賤未必可輕. 人心不同好, 度量相萬億. 許由讓其帝位, 俗人有爭縣職; 孟軻辭祿萬鍾, 小夫貪於升食. 故曰: 「鷦鷯羣游, 終日不休, 亂擧聚跱, 不離蒿苅. 鴻鵠高飛, 雙別乖離, 通千達萬, 志在陂池. 鸞鳳翔翔黃歷之上, 徘徊太淸之中, 隨景風而飄颻, 時抑揚以從容, 意猶未得, 喈喈然長鳴, 蹴號振翼, 陵朱雲, 薄斗極, 呼吸陽露, 曠旬不食, 其意尚猶嘖嘖如也.」 三者殊務, 各安所爲. 是以伯夷採薇而不恨, 巢父木棲而自願. 由斯觀諸, 士之志量, 固難測度. 凡百君子, 未可以富貴驕貧賤, 謂貧賤之必我屈也.

【度量相萬億】《史記》司馬相如列傳에 "人之度量相越, 豈不遠哉?"라 함. 서로의 거리가 아주 멂을 뜻함.

【許由】《莊子》讓王篇에 "堯以天下讓許由, 許由不受"라 함.

【萬鍾】많은 俸祿.《孟子》告子(上)에 "萬鍾則不辯禮儀受之, 萬鍾於我何加焉?" 이라 함.

【鷦鷯】작은 새를 뜻함.

【黃歷】汪繼培는 '萬仞'의 오기로 보았음.《淮南子》覽冥訓에 "鳳凰曾逝萬仞 之上, 翱翔四海之外"라 함.

【太淸】하늘.

【景風】상서로운 바람. 좋은 바람.

【從容】조용. 첩운어.

【斗極】北斗星과 北極星. 고대인들은 그곳을 하늘의 中心이라 여겼음.

【陽露】아침 해뜰 때의 이슬.

【伯夷】고대 孤竹國의 왕자. 叔齊와 병칭됨.《史記》伯夷列傳 참조.

【巢父】고대 전설상의 高士. 許由와 병칭됨. '소보'로 읽음. 皇甫謐의《高士傳》 참조.

【凡百君子】조정의 훌륭한 신하들.《詩經》小雅 雨無正篇 참조.

# 286
(30-10) 가볍건만 들어 올릴 수 없는 덕

《시詩》에는 이렇게 말하였다.

"덕이란 털처럼 가벼운 것이지만          德輶如毛
 그런데도 능히 이를 들어 올리는 자 적네."      民鮮克擧之

세상에 크게 어려운 것이 네 가지가 있으니, 사람들은 이를 실행해 낼 수가 없다. 즉 첫째는 서恕요, 둘째는 평平이요, 셋째는 공恭, 넷째는 수守이다. 무릇 서란 인仁의 본이요, 평은 의義의 본이며, 공은 예禮의 본이며, 수는 신信의 본이다. 이 네 가지가 아울러 바로서야 네 가지 행동이 갖추어지는 것이다. 네 가지 행동을 갖추고 있는 경우에 이를 진현眞賢이라 한다.

《詩》云:『德輶如毛, 民鮮克擧之.』世有大難者四, 而人莫之能行也, 一曰恕, 二曰平, 三曰恭, 四曰守. 夫恕者, 仁之本也; 平者, 義之本也; 恭者, 禮之本也; 守者, 信之本也. 四者並立, 四行乃具, 四行具存, 是謂眞賢. 四本不立, 四行不成, 四行無一, 是謂小人.

【詩】《詩經》大雅 烝民의 구절. 鄭玄 箋에 "人之言云德甚輕, 然而衆人寡能獨擧之以行者, 言政事易耳, 而人不能行者, 無其志也"라 함.

【恕】용서. 관용.《論語》衛靈公에 "其恕乎! 己所不欲, 勿施於人"이라 함.

【守】굳게 지킴.《周易》繫辭傳(下)에 "失其守者, 其辭屈"이라 함.

# 287
## (30-11) 남을 용서하라

　소위 서恕라고 하는 것은 군자 된 사람으로서 상대를 노하되 나에게서 이를 살펴 용서하며, 모든 동작은 자신의 마음속에서 소식消息시키는 것이다. 또 자신에게 없는 것을 아랫사람에게 책임 지우지 않으며, 자신에게 있다고 해서 남을 기롱하지 않는 것이다. 자신에게 감동하여 공경을 좋아함으로써 선비를 예로써 대접하게 되고, 자신에게 감동하여 사랑을 좋아함으로써 사람을 만나도 은혜를 남기게 되는 것이다. "자신이 서고자 하면 남을 세우고, 자신이 현달하고자 하면 남을 현달시켜 주어야 한다." 남이 나를 근심해 주도록 함으로써 남보다 먼저 노고롭게 행하며, 남이 나를 잊을까 두려워함으로써 항상 남의 처지를 염두에 둔다. 무릇 보통 사람은 그렇게 하지 못한다.

　남을 논하되 자신에게서 용서를 베풀지 못하고, 어떤 행동에도 자신의 마음에 살핌이 없다. 자신에게 없는 것을 남에게 책임을 미루고, 자신에게 있는 것이면 남을 기롱한다. 스스로 무례하면서 남으로부터 공경 받기를 바라며, 자신이 은혜를 베풀지 않으면서 남의 사랑만 책責한다. 빈천하면 남이 애초부터 자신을 아껴 주지 않는다고 비난하고, 부유하면 남의 고통을 나 몰라라 한다. 스스로의 행동이 이와 같다면 그것은 인仁이라 칭하기 어렵다.

所謂恕者, 君子之人, 論彼恕於我, 動作消息於心; 己之所無, 不以責下, 我之所有, 不以譏彼; 感己之好敬也, 故接士以禮, 感己之好愛也, 故遇人有恩;『己欲立而立人, 己欲達而達人』; 善人之憂我也, 故先勞人, 惡人之忘我也, 故常念人. 凡品則不然, 論人不恕己, 動作不思心; 無之己而責之人, 有之我而譏之彼; 己無禮而責人敬, 己無恩而責人愛; 貧賤則非人初不我愛也, 富貴則是我之不憂人也. 行己若此, 難以稱仁矣.

【己欲立而立人, 己欲達而達人】《論語》雍也篇의 구절.
【凡品】평범한 인물.

# 288
## (30-12)
# 세속을 따라 뇌동하는 일이 없도록

소위 평平이라고 하는 것은, 안으로는 시구지은鳲鳩之恩을 품고 밖으로는 지시지심砥矢之心을 붙든 채, 선비를 논하되 반드시 그 지행知行을 근거로 하며, 훼예毁譽에는 반드시 그 효과와 응험을 참작해서 하는 것이다. 세속을 따라 뇌동雷同하는 일이 없으며, 성세聲勢를 좇아 편벽된 논의를 하는 경우도 없다. 진실로 잘하는 바가 있으면 그의 빈천을 기롱하지 않으며, 잘못한 일이 있으면 그가 부귀하다고 해서 꺼리지도 않는다. 윗사람에게 아첨하며 아랫사람에게 거만히 굴지도 않으며, 옛 연고는 무시하고 새로운 것만 공경하는 일도 없다.

무릇 범속한 자는 그렇지 못하다. 안으로 처자에게는 치우치게 하고, 밖으로 지우知友에게는 미혹에 빠진다. 얻으면 칭찬하고 원망하면 비방한다. 평론에 표준이 없으며, 기롱과 칭찬에 결과나 응험을 바탕으로 하지 않는다. 구차스럽게 귀한 자에게 아부하여 작당하고, 소문을 절취하여 함께 짖어 댄다. 부귀한 자를 섬기기를 노예처럼 굴고, 빈천한 자를 깔보기를 일꾼 부리듯 한다. 백이면 백 명 모두 병권秉權의 문 앞에는 몰려들지만, 권세 없는 집의 문 앞에는 단 한 사람 찾아오는 자가 없다. 마음가짐이 이와 같다면 이는 의義라 칭하기 어렵다.

所謂平者, 內懷鳲鳩之恩, 外執砥矢之心; 論士必定於知行, 毁譽必參於效驗; 不隨俗而雷同, 不逐聲而寄論; 苟善所在, 不譏

貧賤, 苟惡所錯, 不忌富貴; 不諂上而慢下, 不厭故而敬新. 凡品
則不然, 內偏頗於妻子, 外僭惑於知友; 得則譽之, 怨則謗之;
平議無埻的, 譏譽無效驗; 苟阿貴以比黨, 苟剽聲以羣吠; 事富
貴如奴僕, 視貧賤如傭客; 百至秉權之門, 而不一至無勢之家.
執心若此, 難以稱義矣.

【鳲鳩之恩】鳲鳩(뻐꾹새)가 그 새끼를 사랑하는 것을 비유하여 공평한 사랑을
　뜻함.《詩經》曹風 鳲鳩篇 참조.
【砥矢之心】곧고 바르게 다듬는 것을 뜻함. 砥는 숫돌, 矢는 화살을 말함.《詩經》
　小雅 大東篇에 "周道如砥, 其直如矢"라 함.
【埻的】원래 화살 통과 표적. 여기서는 표준을 뜻함.

# 289
## (30-13)
## 공경과 충심

   소위 공恭이란, 안으로 집안사람에게 오만하게 굴지 않으며, 밖으로 사대부에게 감히 거만하게 굴지 않는 것이다. 천한 사람도 귀하게 여기며 어린 사람도 어른 대하듯 한다. 예에 해당하는 일이라면 먼저 서둘되 그 말은 뒤에 내놓는다. 은혜로운 일에는 답례하지 아니하는 것이 없으며, 예와 공경에는 보답하지 않는 것이 없다. 어진 이를 보면 그 보다 위에 앉으려 하지 않고, 남과 함께 하였을 때는 서로 양보한다. 일은 그 형세에 따라 처리하고 평상시의 삶은 그 누추함도 말없이 따르고, 직위는 낮은 것을 안전히 여기고, 양생養生은 가난한 것을 달게 여긴다.

   그러나 범속한 사람은 그렇게 하지 못한다. 안으로는 처자를 가볍게 여겨 무시하고, 밖으로는 지우知友도 경멸한다. 총명하다면서 진위眞僞를 분별하지 못하고, 심사心思에는 선추善醜를 변별하지 못한다. 어리석으면서도 어진 이에게 오만하게 굴기 좋아하고, 어리면서도 어른을 능멸하기 좋아하고, 은의를 입어도 서로 답례하지 아니하며, 예의와 공경에 서로 보답함이 없다. 어진 이를 보고도 서로 추천하지 아니하며, 모임에서도 능히 양보하지 못한다. 행동에는 안일함만 찾고 평소의 삶에도 편안한 곳만 찾으며, 양생에는 풍성하게 하려고만 들며, 직위는 높은 자리만 다툰다. 남의 겸양을 보면 이를 오히려 비웃고 남의 공경을 보면 도리어 거만을 부린다. 이렇게 하면서도 스스로는 지혜롭다고 떠들고 다니니, 이런 행동을 한다면 충忠이라 일컫기가 어렵다.

所謂恭者, 內不敢傲於室家, 外不敢慢於士大夫; 見賤如貴,
視少如長; 其禮先入, 其言後出; 恩意無不答, 禮敬無不報; 覩賢
不居其上, 與人推讓; 事處其勢, 居從其陋, 位安其卑, 養甘其薄.
凡品則不然, 內慢易於妻子, 外輕侮於知友; 聰明不別眞僞, 心思
不別善醜; 愚而喜傲賢, 少而好陵長; 恩意不相答, 禮敬不相報;
覩賢不相推, 會同不能讓; 動欲擇其佚, 居欲處其安, 養欲擅其厚,
位欲爭其尊; 見人謙讓, 因而嗤之, 見人恭敬, 因而傲之, 如是
而自謂能智慧. 爲行如此, 難以稱忠矣.


【慢易】 거만하게 굴며 쉽게 대함.
【會同】 鄕里의 정기적인 集會.

신의를 지켜라

　소위 수守라고 하는 것은 마음이다. 도량이 있는 선비는 그 정의情意를 정전精專하고, 심사心思를 독도獨覩히 한다. 험허지속險墟之俗에 몰리지도 않으며, 중다지구衆多之口에 미혹되지도 않는다. 총명이 뛰어나서 그 마음 속은 깊은 물을 막을 만 하고 홀로 우뚝 서서도 두려움이 없으며, 세상과 떨어져 살아도 고민함이 없고, 마음이 굳기는 금석과 같으며, 뜻은 가볍게 사해를 넘나들 만 하다. 그러므로 그 마음을 지켜 그 믿음을 성취시킬 수 있는 것이다.

　범속한 기량器量을 가진 자는 그렇지 못하다. 안으로는 지조가 없고 밖으로는 표준이 될 의표儀表가 없다. 옆으로 기울어 똑 바르지 못하고, 세상에 자기와 같은 경우를 구하려 하며, 입으로는 정론定論이 없다. 그 덕을 떳떳이 펴지 못하고, 두 번·세 번 행동을 바꾼다. 이런 것을 잡고 있는 경우라면 이는 신信이라 칭해 주기 어렵다.


　所謂守者, 心也. 有度之士, 情意精專, 心思獨覩, 不驅於險墟之俗, 不惑於衆多之口; 聰明懸絶, 秉心塞淵, 獨立不懼, 遯世無悶, 心堅金石, 志輕四海, 故守其心而成其信. 凡器則不然, 內無持操, 外無準儀; 傾側險詖, 求同於世, 口無定論, 不恆其德, 二三其行. 秉操如此, 難以稱信矣.

【秉心】 뜻과 마음을 바르게 잡고 있음. '秉心塞淵'은 《詩經》 鄘風 定之方中을 볼 것.

【遯世無悶】 《周易》 大過卦의 象辭. 孔穎達 正義에 "明君子於衰難之時, 卓爾 獨立, 不有畏懼, 隱遯於世而無憂悶, 欲有遯難之心, 其操不改"라 함.

【凡器】 凡品과 같음. 범속한 기량을 뜻함.

【不恆其德】 《周易》 恆卦 九三의 爻辭.

【二三其行】 하나에 매달리지 못하고 반복이 계속되는 것.《詩經》 衛風 氓의 구절.

# 291
(30-15)

## 인이 멀리 있는 것이랴

무릇 이상 네 가지 행동이란 그 가볍기는 마치 터럭과 같으나, 그 무겁기는 산과 같아서 군자는 쉽게 여기지만 소인은 어렵게 여긴다. 그래서 공자孔子는 "인仁이란 것이 멀리 있는 것이랴? 내가 인을 행하려 들기만 한다면 이러한 인은 다가오는 것이다"라 하였고, "덕을 아는 자가 적도다"라 하였던 것이다. 세속의 편당偏黨이란 예로부터 당연하였던 것으로 지금만 그러한 것은 아니다. 무릇 수많은 군자들이 다투어 교만과 참월에 기울어 오만에 탐락貪樂함은, 장사꾼이 많은 이익을 남기려고 서로 높여 주는 것과 같다.

구차스럽게 라도 부귀해지려고, 비록 교활함과 악이 쌓였더라도 서로 다투어 추켜올려 주니, 끝내 그 잘못이 보이지 않는다. 그 때문에 구차스럽지만 빈천에 처하여, 공근恭謹히 행하며 다만 불초하다고 여기는 경우, 끝내 그런 자의 진실은 드러나 보이지 않는다. 이것이 곧 속화俗化가 침패浸敗하는 원인이요, 예의禮義가 소쇠消衰해 지는 소이所以이다.

夫是四行者, 其輕如毛, 其重如山, 君子以爲易, 小人以爲難. 孔子曰:『仁遠乎哉? 我欲仁, 斯仁至矣.』又稱『知德者尠』. 俗之偏黨, 自古而然, 非乃今也. 凡百君子, 競於驕僭, 貪樂慢傲,

如賈一倍, 以相高. 苟能富貴, 雖積狡惡, 爭稱譽之, 終不見非;
苟處貧賤, 恭謹, 祇爲不肖, 終不見是. 此俗化之所以浸敗, 而禮
義之所以消衰也.


【孔子曰】《論語》述而篇의 구절.
【知德者尟】《論語》衛靈公篇의 구절. '尟'은 '鮮'과 같으며《論語》에는 '鮮'
　으로 되어 있음.
【如賈一倍】汪繼培는 '如賈三倍'로 보았음.《詩經》大雅 瞻卬篇 참조.

# 세 가지 근심 거리

　세상에 가히 근심해야 할 것이 세 가지가 있으니 그 세 가지란 무엇인가? 답은 이렇다. "실정은 박약한데도 칭찬하는 말은 두터운 것, 생각은 홀략한 데 그 꾸밈은 마치 무엇을 길이 근심해 주는 듯 한 것, 오지도 않을 것을 생각하면서 겉으로 그 기간을 약속하는 것, 이상 세 가지이다." 믿음을 쌓지 않았으면 어진 이를 잃을 것이라는 걱정을 해야 하며, 믿음을 쌓고 나면 남의 잘못에 끼어들게 된다. 이것이 속된 선비로서 가히 심히 싫어해야 할 요소들이다. 이 까닭으로 공자孔子는 말이 행동에 앞서는 것을 미워하였던 것이다.

　《시詩》에는 이렇게 슬퍼하였다.

| | |
|---|---|
| "허풍뿐인 호언장담 | 蛇蛇碩言 |
| 입 밖으로 마구 내고, | 出自口矣 |
| 교묘한 말 음악인 듯 | 巧言如簧 |
| 낯 두껍게 내뱉누나!" | 顔之厚矣 |

　世有可患者三. 三者何? 曰:「情實薄而辭稱厚, 念實忽而文想憂, 懷不來而外克期.」不信則懼失賢, 信之則詿誤人. 此俗士可厭之甚者也. 是故孔子疾夫言之過其行者,《詩》傷『蛇蛇碩言, 出自口矣. 巧言如簧, 顔之厚矣』.

【克期】약속한 기일. 期限. 기일을 약속함.

【孔子疾】《論語》憲問篇에 "子曰: 君子恥其言而過其行"이라 함.

【詩】《詩經》小雅 巧言의 구절.

【蛇蛇】허풍을 떨며 거짓말을 함. '蛇蛇'는 '이이'로 읽음.

【簧】악기. 여기서는 음악처럼 달콤한 유혹의 말을 뜻함.

# 293
## (30-17) 내 이럴 줄 알았더라면

지금 세속의 사귐은 서로 잘 보살펴 주지도 않으면서 굳건하기를 요구하며, 가슴을 쓰다듬으면서 한편으로는 팔뚝을 휘젓는가 하면 심장을 치며 축복과 저주를 함께 한다. 구차스럽게 서로 아껴 주는 척 하지만 그 의義를 말로만 논할 뿐 서로 등지고 마는 날에는, 이미 얻고 나면 그 뿐 서로 버리고 잊어버린다. 가끔 남의 은덕을 입게 되면 자신이 먼저 그를 타고 건너 버리고는, 그를 선발하거나 추천해 주지 않으면서 도리어 그를 훼방하고 만다. 그리고는 자신이 살기 위해 그의 흠집을 드러내고, 공개적으로 자신은 그를 도울 힘도 없으며, 스스로 어찌할 수 없어 불가능하다고 말해 버린다.

《시詩》에는 이렇게 노래하였다.

"내 이럴 줄 알았더라면　　　　　　　知我如此
차라리 태어나지나 않았을 걸."　　　　不如無生

이는 먼저 좋다고 합하였다가 뒤에 어그러지고, 처음은 있으면서 끝이 없는 경우를 두고 한 말이다. 차라리 처음부터 그런 생각이나 갖지 않았더라면 좋았으리라고 스스로 억지로 맹세한다는 뜻이다.

今世俗之交也, 未相照察而求深固, 探懷扼腕, 㧊心祝詛, 苟欲相護論義而已, 分背之日, 旣得之後, 則相棄忘. 或受人恩德, 先以濟度, 不能拔擧, 則因毀之, 爲生瑕釁, 明言我不遺力, 無奈自不可爾.《詩》云:『知我如此, 不如無生.』先合而後忤, 有初而無終, 不若本無生意, 彊自誓也.

【瑕釁】瑕疵. 결점. 雙聲連綿語.
【詩】《詩經》小雅 苕之華의 구절.
【先合而後忤】《淮南子》人間訓에 “聖人先忤而後合, 衆人先合而後忤”라 함.
【有初而無終】처음은 좋으나 끝을 훌륭하게 마무리하지 못함.《詩經》大雅 蕩의 구절. 陳喬樅은《魯詩遺說考》에서《白虎通》諫篇을 인용하여 “詩云: 靡不有初, 鮮克有終, 言人行終始不能若一, 故據其終, 始從可知也”라 하였음.

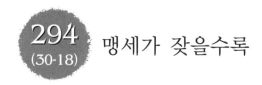

## 294
### (30-18)
## 맹세가 잦을수록

"군자가 자주 맹세할수록          君子屢盟
혼란은 오히려 커져만 가네."          亂是用長

라 하였으니, 대인의 도리란 두루두루 하되 비당比黨을 짓지 아니하며,
미언微言에도 서로 감응함이 있어 마치 부절符節이 맞아떨어지는 듯
하는 것이다. 그런데 어찌 맹세라는 것이 필요하겠는가?
　공자孔子는 "순순恂恂하여 마치 말을 못하는 사람처럼 하였고", 또
스스로 "은은언誾誾言하여 오직 삼가다"라 하였던 것이다. 선비는 그
말을 귀하게 여기며 말 많은 것을 싫어하는 법이다. 그래서 "겉모습과
본질이 훌륭한 연후라야 군자라 할 수 있다"라 하였고, "차라리 불충할지
언정 강의목눌剛毅木訥한 것이 오히려 인에 가깝다"라 하였던 것이다.

『君子屢盟, 亂是用長.』大人之道, 周而不比, 微言相感, 掩若
同符, 又焉用盟? 孔子『恂恂, 似不能言者』, 又稱『誾誾言, 惟謹也.』
士貴有辭, 亦憎多口. 故曰:『文質彬彬, 然後君子』.『與其不忠,
剛毅木訥, 尚近於仁』.

【詩】《詩經》小雅 巧言의 구절.

【周而不比】《論語》爲政篇에 "君子周而不比, 小人比而不周"라 함.

【微言】微言大義. 희미한 말 같으나 큰 뜻이 들어 있음. 孔子의《春秋》 저술의 大旨를 지칭한 말.

【恂恂, 似不能言者. 闍闍言, 惟謹也】《論語》鄕黨篇에 "孔子於鄕黨, 恂恂如也, 似不能言者. 其在宗廟朝廷, 便便言, 唯謹爾"라 하였다.

【文質彬彬, 然後君子】《論語》雍也篇에 "子曰: '質勝文則野, 文勝質則史. 文質彬彬, 然後君子.'"라 함.

【剛毅木訥】《論語》子路篇에 "子曰: 剛毅木訥, 近仁"이라 함.

## 문벌을 앞세우는구나

아, 슬프다! 범속한 지금 사람들은 말은 모나되 행동은 적당히 하며, 입은 바르되 마음은 사악하니, 행동과 말이 오류가 생기고 마음과 입이 서로 위배되고 있다. 옛날을 논의할 때는 백이伯夷·숙제叔弟·원헌原憲·안회顔回를 칭찬하되, 지금을 논할 때는 반드시 그의 관작과 직위를 들먹거린다. 또 담론할 때는 덕의德義가 훌륭한 것이라고 알면서, 공거貢擧나 추천에는 반드시 그 대상자의 문벌을 앞세운다. 벼슬 없는 집안의 자녀는 비록 몸소 안연顔淵이나 민자건閔子騫 같은 행동을 실천하여 그 성품에 노겸勞謙의 바탕이 있으며, 이윤伊尹이나 여상呂尙 같은 재질을 겸비하고 있어 백성을 구제하고 회포懷抱하는 도가 있다고 해도, 그 자질이 이 세상에 드러나 보이지 못할 것임은 역시 명백하도다!

嗚呼哀哉! 凡今之人, 言方行圓, 口正心邪, 行與言謬, 心與口違; 論古則知稱夷·齊·原·顔, 言今則必官爵職位; 處談則知以德義爲賢, 貢薦則必閥閱爲前. 處子雖躬顔·閔之行, 性勞謙之質, 秉伊·呂之才, 懷救民之道, 其不見資於斯世也, 亦已明矣!

伯夷叔齊〈採薇圖〉宋 李唐(畫)

【伯夷】고대 孤竹國의 왕자《史記》伯夷列傳 참조.

【叔齊】伯夷의 아우(前出).

【原憲】孔子의 제자. 가난 속에 지조를 지킴.

【顔淵】顔回. 역시 공자 제자. 학문을 좋아하기로 이름이 높았음.

【閔子騫】역시 공자 제자. 이상 모두《論語》및《史記》의 仲尼弟子列傳 등 참조.

【勞謙】《周易》謙卦 九三 爻辭에 "勞謙, 君子·有終, 吉"이라 함.

【伊尹】殷나라 湯王의 신하.

【呂尙】姜子牙. 姜太公望.《史記》齊太公世家 및 周本紀 참조.

# 31. 명충明忠

본 편은 임금은 명明(英明)을, 신하는 충忠(忠誠)을 근본으로 삼아야
한다는 치국지도治國之道를 논한 것이다. 즉 임금은 법술과 권위로
군림해야 하고, 신하는 충성과 공경으로 그 직무에 충실하되 두
부류의 지향점이 일치해야, 치국의 안녕을 이룰 수 있다는 주장이다.

※ 본 책 〈叙錄〉(36-31)을 참조할 것.

〈駿馬圖〉宋 李公麟(畫)

# 296
## (31-1)

# 영명하다는 칭찬

　임금에 대한 칭찬으로 영명英明함 보다 큰 것이 없고, 신하된 자에게 있어서 명예로써 충성忠誠 보다 아름다운 것이 없다. 이 두 가지 덕은 고래로부터 임금과 신하라면 누구나 바라던 것이다.

　그러나 그 영명함이 계속 이어지지 못하고, 그 충성이 만에 하나도 되지 않는 것은, 결코 우암愚暗하여 군신을 따르지 못하거나 이름이 떨치는 것을 싫어해서 그런 것은 아닐 것이다. 누구나 훌륭함을 구하되, 그 방법이 옳은 도道가 아니기 때문일 뿐이다.

　　人君之稱, 莫大於明; 人臣之譽, 莫美於忠. 此二德者, 古來君臣所共願也. 然明不繼踵, 忠不萬一者, 非必愚闇不逮而惡名揚也, 所以求之道非其道爾.

【繼踵】接踵과 같음. 계속 발뒤꿈치가 이어짐.
【愚闇】어리석고　闇昏함.

# 297
(31-2)  두 사람 마음이 같다면

　무릇 영명英明함이란 아랫사람에 의거해서 이루어지며, 충성忠誠이란 윗사람에 의해서 성취되는 것이다. "두 사람이 마음만 같다면 그 날카롭기가 쇠를 끊을 수 있다"라 하였으니, 능히 이를 알기만 하면 두 가지 명예가 함께 갖추어지게 되는 것이다. 이의 요점은 바로 군주가 명확히 그 법술을 조종하고 스스로 그 권력을 쥐는 데 있을 따름이다. 그 법술이란 아랫사람으로 하여금 거짓을 부리지 못하게 하는 것이며, 권력이란 그 형세가 혼란에 빠지지 않게 하는 것을 말한다. 법술이 진실로 명확해진다면 비록 만 리 밖이나 어둡고 컴컴한 좁은 내부라도 그 신하들은 그 결과를 염려하지 아니할 수가 없고, 권력이 진실로 바르게만 쓰인다면 원근친소遠近親疎나 귀천현우貴賤賢愚를 물론하고, 그 마음이 한 가지로 귀착되지 아니할 수가 없게 된다.

　주周나라 말기에는 그렇게 하지 못하였으니, 그 법술은 괴리되고 그 권력조차 놓쳐 버린 채, 자신에게는 태만하면서 남에게만 의지하였던 것이다. 이 까닭으로 공경公卿은 충성을 생각지 않았고, 백료百僚는 자신의 힘을 다 쏟으려 하지 않았다. 임금은 홀로 그 윗자리에서 은폐되었고, 모든 백성은 그 아래에서 원한과 혼란 속에 묻혀 버렸던 것이다. 그 때문에 마침내 쇠미해져서 침탈당하면서 다시 떨쳐 일어서지 못하였던 것이다.

夫明據下起, 忠依上成. 『二人同心, 則利斷金』. 能知此者,
兩譽俱具. 要在於明操法術, 自握權秉而已矣. 所謂術者, 使下
不得欺也; 所謂權者, 使勢不得亂也. 術誠明, 則雖萬里之外,
幽冥之內, 不得不求效; 權誠用, 則遠近親疎, 貴賤賢愚, 無不
歸心矣. 周室之末則不然, 離其術而舍其權, 怠於己而恃於人.
是以公卿不思忠, 百僚不盡力, 君王孤蔽於上, 兆黎冤亂於下,
故遂衰微侵奪而不振也.


【二人同心】《周易》繫辭傳(上)의 구절. 여기서 二人은 君과 臣을 가리킴.
【法術】《韓非子》說疑에 "凡術也者, 主之所以執也; 法也者, 官之所以師也"라 함.
【兆黎】兆는 '많다'의 뜻. 黎는 黎民, 즉 백성을 뜻함.

# 298
## (31-3) 물 불 앞에 내몰려도

　무릇 제왕帝王된 자는 그 권리가 막중하며 그 위엄 또한 크다. 따라서 한갓 이익을 중시함만 내세워도 족히 선을 권면할 수 있으며, 그 위엄만 내세워도 가히 간악한 무리를 징벌할 수 있다. 이에 중한 권리를 펴서 백성을 유도하고 그 큰 위엄을 쥐고서 백성을 부린다면, 온 세상 사람을 다 들어 흰 칼날 앞에 서게 해도 원한을 사지 아니하며, 물·불 앞에 내몰아도 어려울 것이 없다. 그러니 어찌 그들을 이끌어 함께 다스려도 제대로 되는 일이 없다고 말할 수 있겠는가? 예를 들면 매는 들에 사는 야생의 조류에 불과하다. 그러나 사냥꾼이 이를 부리게 되면 오히려 종일 그로 하여금 분격奮擊하게 해도 감히 태만히 하지 못한다. 그러니 어찌 신하를 가지고 있으면서 그들을 진력하게 부려먹을 수 없다고 말할 수 있겠는가?


　夫帝王者, 其利重矣, 其威大矣. 徒懸重利, 足以勸善; 徒設嚴威, 可以懲姦. 乃張重利以誘民, 操大威以驅之, 則擧世之人, 可令冒白刃而不恨, 赴湯火而不難, 豈云但率之以共治而不宜哉? 若鷹, 野鳥也, 然獵夫御之, 猶使終日奮擊而不敢怠, 豈有人臣而不可使盡力者乎?

【徒懸重利】徒는 한갓, 懸은 懸賞. 한갓 重利만을 賞으로 내걸음.

【冒白刃】번쩍이는 흰 칼날을 무릅쓰고 행함. 무모한 일을 말함.

## 299
(31-4) 도끼자루 맞추듯이

《시詩》에는 이렇게 말하였다.

"도끼자루 베어내네. 도끼자루 베어내네.　　　伐柯伐柯
　그 치수 맞추면 되지 그 법칙 먼데 있으랴."　　其則不遠

　무릇 신명神明의 권술은 모두 임금 자신에게 갖추어져 있는데도,
임금이 이를 가벼이 여기기 때문에, 신하로 하여금 입과 혀를 묶어
두고 감히 말을 하지 못하게 하는 것이다. 이는 이목耳目을 폐색閉塞
시키는 원인이 되며, 총명이 제대로 펴 보이지 못하게 하는 소이所以가
된다. 아랫사람을 통제하는 권리는 날마다 임금 앞에 펼쳐져 있건만,
임금이 이를 버리기 때문에 여러 군신들로 하여금 해이하게 하여 결국
조정을 등지게 한다.

　이는 위덕威德이 널리 비추어지지 못하게 하는 근본 원인이며, 공명
功名이 세워지지 못하게 하는 소이이다.

《詩》云:『伐柯伐柯, 其則不遠.』夫神明之術, 具在君身, 而君
忽之, 故令臣鉗口結舌而不敢言. 此耳目所以蔽塞, 聰明所以
不得也. 制下之權, 日陳君前, 而君釋之, 故令羣臣懈弛而背朝.
此威德所以不照, 而功名所以不建也.

【詩】《詩經》豳風 伐柯의 구절.

【背朝】背亂, 즉 '배반하여 난을 일으키다'의 뜻으로도 봄.《淮南子》要略訓에 "百官背亂, 不知所用"이라 함.

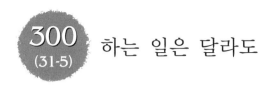

《시詩》에는 이렇게 말하였다.

"그대와 나 하는 일 달라도                    我雖異事
  임금을 섬기는 데도 같은 동료,              及爾同僚
  내 곧 그대에게 좋은 계획 세워도            我卽爾謀
  오만하게 내 말을 흘려들으니 그래서 될까?"   聽我教教

  무릇 측은惻隱이란 사람마다 누구나 가지고 있다. 이 까닭으로 남의
울부짖음을 듣게 되면 처참하고 슬픈 심정으로 상심하지 아니하는 자가
없다. 또 눈으로 위태한 일을 보게 되면 이로 인해 놀라움 속에 달려가
구하려 들지 아니하는 자가 없다. 군신 사이에는 의義가 중하며, 행로行路
에는 예禮가 경輕한 법이다. 그런데도 귀로들은 슬픈 울음이나 눈으로
본 위태로운 일을 만나게 되면 서로 은혜도 덕도 없고, 어짊과 귀함의
관계도 없건만 오히려 이처럼 측은惻隱한 마음을 느끼는데, 하물며 북면
北面하여 신하라 칭하면서 총애를 받고 있는 입장에 있어서랴?


《詩》云:『我雖異事, 及爾同僚. 我卽爾謀, 聽我教教.』夫惻隱
人皆有之, 是故耳聞啼號之音, 無不爲之慘悽悲懷而傷心者;

目見危殆之事, 無不爲之灼怛驚而赴救之者. 君臣義重, 行路
禮輕, 過耳悟目之交, 未恩未德, 非賢非貴, 而猶若此, 則又況於
北面稱臣被寵者乎?


【詩】《詩經》大雅 板의 구절.
【惻隱之心】《孟子》告子(上)에 "惻隱之心, 人皆有之"라 함.
【行路】길을 가다가 만나는 경우.

# 301
(31-6)  신하의 충성을 모르고

　이 까닭으로 충성으로 임금에게 나가고, 나라가 위험한 경우 이를 붙들어 주는 일이란, 어진 이, 불초한 이 관계없이 누구나 원해서 하는 일이다.

　진실로 모두가 이를 원하면서도 행동에 있어 서로 어긋나는 것은, 항상 그 길은 고통스럽고 불리하며 손해만 있고, 그 충성된 간언이 신임을 얻기도 전에 자신부터 망하고 말기 때문이다. 예로부터 오면서 살펴보면 군주를 걱정하고 사랑하여 감히 말을 하는 신하는 그 충성과 믿음이 사실로 드러나기도 전에 이미 좌우에 국안鞠按을 당하는 바 되어, 그 당세에 곧바로 엎어져 버리고, 더욱 나아가 꽉 막혀 어리석고 못난 신하라 낙인찍히고 말았으니, 그런 경우를 어찌 다 숫자로 헤아릴 수 있겠는가?

　효성제孝成帝는 임종할 때까지도 오히려 왕장王章의 충직함을 몰랐고, 효애제孝哀帝도 죽는 날까지 왕가王嘉의 충성됨을 몰랐다.

　그 이후로 어진 이가 있어 비록 임금을 걱정하고 사랑하는 마음과 충성되고 정직한 절의를 가졌다 할지라도, 오히려 침음沈吟하여, 보고 듣고만 있으며 자신의 행동을 조심할 수밖에 없는 자로 변해 버리고 말았던 것이다.

是故進忠扶危者, 賢不肖之所共願也. 誠皆願之而行違者,
常苦其道不利而有害, 言未得信而身敗爾. 歷觀古來愛君憂主
敢言之臣, 忠信未達, 而爲左右所鞠按, 當世而覆被, 更爲否愚
惡狀之臣者, 豈可勝數哉? 孝成終沒之日, 不知王章之直; 孝哀
終沒之日, 不知王嘉之忠也. 此後賢雖有憂君哀主之情, 忠誠
正直之節, 然猶且沈吟觀聽行己者也.


【鞠按】죄인을 鞠問하고 따져봄.

【否愚】否는 '비'로 읽으며, 비색(否塞)의 뜻. 꽉 막히고 어리석음을 말함.

【孝成帝】漢나라 成帝 劉驁.

【王章】字는 仲卿. 成帝 때 京兆尹을 지냈으며, 大將軍 王鳳을 탄핵하다가 도리어
모함을 받아 옥사함. 《漢書》王章傳 참조.

【孝哀帝】漢나라 哀帝 劉欣.

【王嘉】字는 公仲. 哀帝 때 丞相을 지냈으며, 董賢의 侯爵 수여를 반대하다가
옥사함. 《漢書》王嘉傳 참조.

# 302 (31-7)  법을 버리고 권세에 빌붙어

"학은 어미가 보이지 않는 곳에서 울어도, 그 새끼는 이를 알아듣고 대답의 울음을 낸다"라 하였다.

그리고 《시詩》에는 이렇게 노래하였다.

"저 서로 같은 유의 새를 보게나.　　　　相彼鳥矣
　오히려 서로 찾아 같은 울음 울지 않는가."　猶求友聲

그러므로 임금 된 자가 자신을 열어 정성을 다해 현충賢忠을 보여 주지 않으면, 어진 이나 충신 역시 그에게 자신을 펴 보일 수가 없게 된다. 《역易》에는 "임금이 영명하면 모두가 그 복을 받는다"라 하였다.

이로써 충신은 반드시 명군明君을 만나야 그 절의가 드러나며, 양리良吏는 명찰한 임금을 만나야 그 공을 이룰 수 있는 것이다. 임금이 명석하지 못하면 대신은 그 아래에서 숨어 충성의 길을 막아서게 되며, 많은 관리들은 법을 버리고 권귀權貴에 빌붙게 된다.

『鳴鶴在陰, 其子和之』, 『相彼鳥矣, 猶求友聲』. 故人君不開精誠以示賢忠, 賢忠亦無以得達. 《易》曰:『王明並受其福.』

是以忠臣必待明君, 乃能顯其節; 良吏必得察主, 乃能成其功.
君不明, 則大臣隱下而遏忠, 又羣司舍法而阿貴.


【鳴鶴在陰, 其子和之】《周易》中孚괘 九二의 爻辭. 孔穎達의 正義에 "處於幽昧而
　行不失信, 則聲聞于外, 爲同類之所應焉, 如鶴之鳴于幽遠, 則爲其子所和"라 함.
【詩】《詩經》小雅 伐木의 구절. 새들이 같은 울음소리로 친구를 구하고 부른
　다는 내용.
【易曰】《周易》井卦 九三의 爻辭.

# 303
## (31-8) 칼자루를 쥔 황제

무릇 충성된 말은 안녕을 가져다주는 것으로서, 이것이 바쳐지지 아니하면 반드시 위험에 처하게 된다. 또 법금法禁은 나라를 다스리는 것으로서, 이것이 받들어지지 아니하면 반드시 혼란이 일어나게 된다. 이처럼 충성된 말이 바쳐지고 바쳐지지 아니하고, 법이 준수되고 준수되지 아니하고 하는 것은, 그 칼자루가 모두 임금 손에게 쥐어져 있지 신하가 능히 해낼 수 있는 것이 아니다.

이 까닭으로 성인聖人은 모든 것을 자기 스스로에게서 구하였을 뿐, 아랫사람을 책망하는 경우란 없었다.


夫忠言所以爲安也, 不貢必危; 法禁所以爲治也, 不奉必亂. 忠之貢與不貢, 法之奉與不奉, 其秉皆在於君, 非臣下之所能 爲也. 是故聖人求之於己, 不以責下.


【不貢必危】 윗사람에게 상달되지 아니하면 반드시 위험하게 된다는 뜻. 貢은 上達, 進의 뜻.

【法禁】 法律, 引導하는 法과 禁止시키는 法.

# 304
**(31-9)** 요순은 가만히 앉아 있어도

　무릇 남의 윗자리인 임금이 되어 법술이 명확히 행해지고 상벌이 틀림없이 시행되도록 한다면, 비록 아무 말을 하지 않아도 그 형세대로 잘 다스려질 것이다. 그 형세가 틀이 잡히면 임금 스스로도 이를 혼란스럽게 하지 못하게 되는데, 하물며 신하로서야 어찌하겠는가? 그러나 법술이 명확치 못하고 상벌이 기준이 없다면, 날마다 법령을 내린다 해도 그 형세는 스스로 혼란하게 될 것이다. 그렇게 혼란의 형세가 자리 잡고 나면 임금일지라도 스스로 바로 잡지 못하거늘, 하물며 신하인들 어쩔 수 있겠는가? 이 까닭으로 형세를 다스림으로 잡아 놓으면 비록 모든 것을 맡겨도 혼란이 없고, 형세를 혼란으로 이끌어 놓으면 임금 자신이 아무리 부지런하게 굴어도 바로잡을 수가 없게 되는 것이다. 요堯·순舜은 자기 자신을 바로잡으면서 아무런 작위作爲를 부리지 않았어도 오히려 여유가 있었으니, 이것이 다스림의 형세를 이룬 것이다.

　그러나 호해胡亥나 왕망王莽은 쫓아다니기에 바쁘면서도 시간이 부족하였으니, 이는 그 형세를 혼란한 쪽으로 키웠기 때문이다. 그러므로 "무슨 일을 잘 처리하는 자는 그것을 형세에서 구하지, 사람을 책망하는 데에서 구하지 아니한다"라 한 것이다. 이로써 명왕明王은 법도를 잘 살펴 교령敎令을 베풀되, 사사로운 일을 위해 법을 속이는 일을 하지 않는다. 그리고 교령敎令을 베풀되, 사사로운 일을 위해 법을 속이거나 교화敎化를 강요하기 위해 명령에 욕이 되는 일을 하지 않는다.

따라서 신하는 그 말을 공경히 하여 임금이 금하는 일을 잘 받들며, 그 마음을 다해 자신의 직무에 충실히 하게 되는 것이다. 이것은 법술이 명확히 되고 권위가 제 임무를 다함으로써 이룩될 수 있는 일이다.

凡爲人上, 法術明而賞罰必者, 雖無言語而勢自治. 治勢一成, 君自不能亂也, 況臣下乎? 法術不明而賞罰不必者, 雖日號令, 然勢自亂. 亂勢一成, 君自不能治也, 況臣下乎? 是故勢治者, 雖委之不亂; 勢亂者, 雖勉之不治也. 堯舜恭己無爲而有餘, 勢治也; 胡亥·王莽馳騖而不足, 勢亂也. 故曰:「善者求之於勢, 弗責於人.」是以明王審法度而布敎令, 不行私以欺法, 不黷敎以辱命, 故臣下敬其言而奉其禁, 竭其心而稱其職. 此由法術明而威權任也.

【恭己】공경한 태도로 자신을 묶고 다스림.
【無爲】아무런 作爲가 없음.《論語》衛靈公篇에 "無爲而治者, 其舜也與! 夫何爲哉? 恭己正南面而已矣"라 함.
【黷敎】제멋대로 함. '黷'은 '독'으로 읽음.

# 305
## (31-10) 권력은 남에게 빌려줄 수 없다

　무릇 법술이 치도가 된다는 것은 정미하면서도 신비로운 일이다. 말로는 설명하기 부족하지만 이를 실행해 보면 어디나 적용되고도 남음이 있다. 남음이 있음으로 해서, 능히 사해四海를 겸하고 어두운 구석까지 비칠 수 있는 것이다. 권위가 형세를 이룬다는 것은 이를 강하게 하여 확대하면, 귀천에 관계없이 그것을 조종하는 자가 중重하게 된다. 중하게 됨으로써 능히 군주로서의 위엄을 틀어쥐고 당세를 순종하게 하는 것이다. 이로써 명석한 군주는 남에게 자신의 권술을 보여 주거나 아랫사람에게 그 권술을 빌려 주지도 않는다.

　공자孔子는 "권세는 남에게 빌려 줄 수 없다"라 하였다. 이 까닭으로 성인은 인仁의 문제는 드러내어 보이고, 용用의 문제는 감추어 숨기고는 신령스럽게 백성을 교화시키되, 백성으로 하여금 따르는 것이 마땅하다고 여기게 해 놓는다. 그 연후에야 그 다스림을 이루고 자신의 공적을 성취시켰던 것이다. 그 공과 업적이 백성에게 효과가 나서 그 아름다운 명예가 세상에 퍼진 후에야 임금은 이에 명석하다는 칭찬을 듣게 되고, 신하는 충성하다는 칭함을 얻게 된다. 이것이 소위 말하는 임금의 명석함이란 아랫사람에 의거하여 이룩되며, 신하의 충성이란 위로 임금에 의해서만 이루어지고, 두 사람이 한 마음이 되면 그 날카롭기가 쇠붙이도 끊을 수 있다라는 것이다.

夫術之爲道也, 精微而神, 言之不足, 而行有餘; 有餘, 故能兼四海而照幽冥. 權之爲勢也, 健悍以大, 不待貴賤, 操之者重; 重, 故能奪主威而順當世. 是以明君未嘗示人術而借下權也. 孔子曰:『可與權.』是故聖人顯諸仁, 藏諸用, 神而化之, 使民宜之, 然後致其治而成其功. 功業効於民, 美譽傳於世, 然後君乃得稱明, 臣乃得稱忠. 此所謂明據下作, 忠依上成, 二人同心, 其利斷金也.

【孔子曰】《論語》子罕篇의 구절. '권력은 남에게 빌려줄 수 없다'는 뜻으로 풀이하였음.
【藏諸用】權術의 사용은 감추고 仁德은 드러내어 보여야 한다는 뜻.《周易》繫辭傳(上)의 구절. 孔穎達 正義에 "言道之爲體, 顯見仁功, 衣被萬物, 是顯諸仁也. 謂潛藏功用, 不使物知, 是藏諸用也"라 함.
【使民宜之】《周易》繫辭傳(下)의 구절. 正義에 "言所以通其變者, 欲使神理微妙而變化之, 使民各得其宜"라 함.

# 32. 본훈本訓

본훈本訓이란 만물의 본원本源에 대한 해석으로, 우주 본원을 탐구한 철학 논문이다. 그는 원기元氣를 내세워 이러한 천변만화의 구현을 도道에 두고 있다. 그는 화기생인和氣生人을 주장하여 사람의 행동이 하늘을 움직일 수 있다고 보았으며, 결국 이러한 관념을 정치에 대한 평론으로 귀결시키고 있다.

❋ 본 책 〈叙錄〉(36-32)을 참조할 것.

〈朱雀燈〉 서한 山西 출토

# 306 (32-1) 원기와 음양, 그리고 양의

옛날 세상 태소太素 때에는 원기元氣가 요명窈冥하여 어떤 형태나 조짐도 없었으며, 만정萬精이 합병하여 혼돈混沌 속에 하나가 되어, 제압할수도 통어統御할 수도 없었다. 이러한 상태가 오래 되다가 돌연히 스스로변화하여 청탁淸濁이 분화되어, 음양陰陽으로 나뉘었다. 음양은 모두실체가 있어 그 실체는 양의兩儀를 낳고, 천지가 일울壹鬱하고 만물이화순化淳하여 화기和氣가 사람을 낳아, 이를 통어하고 다스리게 되었다.

上古之世, 太素之時, 元氣窈冥, 未有形兆, 萬精合幷, 混而爲一, 莫制莫御. 若斯久之, 翻然自化, 淸濁分別, 變成陰陽. 陰陽有體, 實生兩儀, 天地壹鬱, 萬物化醇, 和氣生人, 以統理之.

【太素】천지의 未分化 상태의 混沌 단계. 天地를 형성하는 原始基本物質.
《列子》天瑞篇에 "太素者, 質之始也"라 함.
【元氣】천지 미분화 상태의 氣.《漢書》律曆志(上)에 "太極元氣, 涵三爲一"
이라 함. 三은 天·地·人을 가리킴.
【窈冥】깊고 심원함.
【兩儀】《周易》의 원리에 의하면 太極이 兩儀(陰陽)를 낳고, 兩儀가 四象을,
四象이 八卦를, 다시 八卦가 64卦로 발전한다고 봄.

【壹鬱】 絪縕과 같음. 雙聲連綿語. 陰陽 二氣가 交和하여 作用하는 상태.《周易》
繫辭傳(下)에 "天地絪縕, 萬物化醇"이라 하였고, 孔穎達 正義에 "絪縕, 相附著之義,
言天地無心, 自然得一, 唯二氣絪縕, 共相和會, 萬物感之, 變化而精醇也"라 함.

【化醇】 化淳과 같음. 앞의 주 참조.

【和氣】 中和之氣. 天地 陰陽이 조화를 이루어 생기는 氣.

# 307
## (32-2)
## 천지와 음양의 배합

이 까닭으로 천天은 양陽에 그 본을 두고, 지地는 음陰에 본을 두며, 사람은 중화中和를 본으로 삼는다. 이 삼재三才는 각각 그 업무가 다르지만 서로 의지하여 이루어 나가고, 각각 그 도에 순응하여 화기和氣가 다가오고, 기형機衡이 형평을 이루게 되는 것이다.

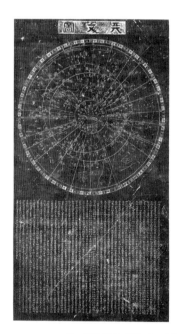
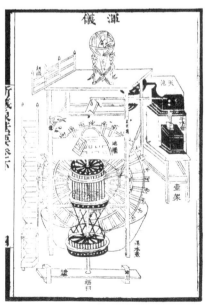

좌: 〈天文圖〉(碑) 우: 〈水動儀象臺圖〉(渾儀)《新儀象法要》

是故天本諸陽, 地本諸陰, 人本
中和. 三才異務, 相待而成, 各循其
道, 和氣乃臻, 機衡乃平.

【三才】 天·地·人을 가리킴.
【機衡】 璇機와 玉衡. 원래로 北斗星을 말함.
뒤에 天體의 모형이며 천문을 측정하는 기구
를 일컫는 말로 됨.

齊彦槐(1774~1841) 제작 〈天球儀〉

# 308
## (32-3)
# 사람이 하는 일

　천도天道를 시施라 하며, 지도地道를 화化라 하고, 인도人道를 위爲라 한다. 위爲는 대체로 소위 말하는 음양에 감통感通하여 진이珍異를 이룸을 일컫는다. 사람의 행동이 천지를 감동시키는 것은, 비유컨대 수레 위에서 말을 몰아 달리고, 쑥으로 지붕을 만든 배를 타고 노를 저어 가는 것과 같다. 비록 그 배나 수레가 태우고 싣고 가는 일을 하지만, 그러나 역시 어디로 갈 것인가는 사람에게 달린 것이다. 공자孔子는 이렇게 말하였다.

　"건괘乾卦 육효六爻는 때때로 육룡六龍을 타고 하늘을 통어統御한다."
　"언행이란 군자가 천지를 감동시키는 소이이니, 어찌 가히 조심하지 않을 수 있겠는가?"

　이로 말미암아 보건대 하늘이란 다만 어떤 징조만 드러내어 보이는 것이며, 사람이 그 훈업勳業을 차례대로 이룰 뿐이다.

　《서서書》에는 "하늘의 공업功業을 인간이 대신한다"라 하였으니, 이는 마치 대개 위정자가 그 정치를 순리대로 하여 천기를 화和하게 하고, 그 공적을 이룰 수 있게 하는 것과 같다.


　天道曰施, 地道曰化, 人道曰爲. 爲者, 蓋所謂感通陰陽而致珍異也. 人行之動天地, 譬猶車上御馳馬, 蓬中擢舟船矣. 雖爲所覆載, 然亦在我何所之可. 孔子曰：『時乘六龍以御天』,『言行,

君子所以動天地也, 可不愼乎?』從此觀之, 天□其兆, 人序其勳,
《書》故曰:『天工人其代之.』如蓋理其政以和天氣, 以臻其功.


【施】 베풀어 줌. 天道는 風雨霜雪 등을 내려 주며, 사람은 남녀 관계를 통하여
　생육함을 말함.
【化】 化育. 만물을 받아 길러 성장 시켜줌. 地道.
【感通】 옛사람들은 인간의 言行이 天地에 감응한다고 여겼음.
【蓬中】 쑥 등으로 배의 지붕을 만든 것. 《廣韻》에 "蓬織竹夾箸覆舟也"라 함.
【擢】 權의 오기임.
【覆載】 하늘은 덮어 주고 땅은 실어 줌. 《禮記》〈中庸〉에 "天之所覆, 地之所載"
　라 함.
【孔子曰】 앞부분은 《周易》 乾卦 象辭의 구절. 正義에 "時乘六龍以御天者, 此二
　句申明乾元乃統天之義, 言乾之爲德, 以依時乘駕六爻之陽氣以控御于天體"라 함.
　뒷부분은 《周易》 繫辭傳(上)의 구절. 正義에 "言行雖初在于身, 其善惡積而不已,
　所感動天地, 豈可不愼乎?"라 함.
【書】 《尙書》 皐陶謨의 구절. 天功은 天工으로 되어 있음. 뜻은 제왕이 하늘을
　대신하여 백성을 다스림을 말함.

# 309
(32-4)

## 사시와 오행

이 까닭으로 도의 공용功用이란 기氣 보다 큰 것이 없다. 도道란 기의 뿌리이며, 기란 도의 부림[使]이다. 반드시 그 뿌리가 있어야 그 기가 생겨나며, 반드시 부림이 있어야 변화가 그에 맞추어 이루어지게 된다. 그러므로 도가 물건이 됨에는 지극히 신기하고 미묘하며, 그것이 공功이 됨에는 지극히 강하고 크다. 하늘이 이로써 움직이고 땅이 이로써 조용하며, 해가 이로써 빛을 내고 달이 이로써 밝은 것이다. 사시四時와 오행五行, 귀신과 백성, 억조億兆 만물, 변이와 길흉이 어찌 이 기氣가 그렇게 하는 것이 아닌 것이 있겠는가?


是故道德之用, 莫大於氣. 道者, 氣之根也; 氣者, 道之使也. 必有其根, 其氣乃生; 必有其使, 變化乃成. 是故道之爲物也, 至神以妙; 其爲功也, 至彊以大. 天之以動, 地之以靜, 日之以光, 月之以明, 四時五行, 鬼神人民, 億兆醜類, 變異吉凶, 何非氣然?


【道德】道와 德. 道는 우주의 本源이며, 德은 이의 實行과 作用이라 함. 그러나 '德'자는 衍文으로 보기도 함.
【四時五行】자연 순환과 그 고리. 四時는 春夏秋冬, 五行은 金・木・水・火・土를 말함.

# 310
## (32-5) 우주 질서와 원기

  그러나 그 질서가 어그러지고 깨어지면, 하늘이 아무리 높아도 기氣가 이를 찢어 버리며, 땅이 아무리 커도 기가 이를 동요시키며, 산이 아무리 무거워도 기가 이를 옮겨 버리며, 물이 잘 흘러도 기가 이를 끊어 버리며, 해와 달이 신령스러워도 기가 이에 일식·월식을 일으키며, 별들이 허공에 떠 있어도 기가 이를 떨어뜨려 버린다.

  아침에 해가 떠도 어둡게 하며, 밤이 되어도 □□함이 있으며, 큰바람이 수레를 날리고 나무를 뽑으며, 번개가 얼음이 되고 샘물이 뜨거워져 펄펄 끓고, 기린과 교룡·난새와 봉새의 영명함과 모적蝥蠈·연황蝝蝗의 재해가 나타나니, 이 모두 기氣 때문에 생기는 일이 아닌 것이 없다.


  及其乖戾, 天之尊也氣裂之, 地之大也氣動之, 山之重也氣徙之, 水之流也氣絶之, 日月神也氣蝕之, 星辰虛也氣隕之, 旦有晝晦, 宵有□□, 大風飛車拔樹, 債電爲冰, 溫泉成湯, 麟龍鸞鳳, 蝥蠈蝝蝗, 莫不其之所爲也.


【乖戾】어그러져 常에 어긋남을 말함.
【蝕之】日蝕과 月蝕으로 그 형상을 보임.
【債電】噴電과 같음. 번개가 뿜어 나옴.

【晝晦】한 낮이 어두운 경우.

【宵有】王宗炎은 그 다음에 '夜明'이 탈락된 것이라 보았음. 위의 '晝晦'와 상대된 뜻이 있어야 의미가 연결된다고 하였음.

【溫泉成湯】《西京雜記》에 "寒水極陰而有溫泉"이라 함.

【麟龍鸞鳳】네 가지 모두 古代의 상징적인 瑞物. 상상의 동물. 四靈.《禮記》禮運篇에 "麟鳳龜龍, 謂之四靈"이라 함.

【蝥蟊蟓蟥】모두 농사에 해로운 해충. 곡식의 어린 싹을 갉아먹는 벌레와 메뚜기 종류. '모적연황'으로 읽음.

# 311
## (32-6) 정기와 감동

이로 말미암아 보건대 기운氣運의 감동感動이란 역시 큰 것이다. 무엇이든지 변화시킬 수 있으니, 그 어느 물건이 이에 거역할 수 있겠는가? 그 변하는 바가 신기하니, 기가 움직이게 하는 것이다. 이러한 때에 정기正氣가 가해지는 것은 인간에게만 그러한 것이 아니며, 백곡과 초목, 금수와 어별도 모두가 입으로 그 기를 먹으며, 소리는 그 귀로 들어 마음에 감응을 일으킨다. 남녀가 이를 듣고 정신精神에 이를 베풀고, 이로써 배태胚胎의 조짐이 있게 된다. 인류가 처음 배태될 때 가기嘉氣로써 그 성품을 길러 아름다움이 그 가운데에 있고, 사지四肢가 퍼지며 혈맥에 흐르게 되는 것이다. 이 까닭으로 심성心性·지의志意·이목耳目·정욕精欲으로써 정렴貞廉·결회潔懷가 이행履行되지 아니 하는 것이 없다.

이는 오제五帝·삼왕三王이 능히 법상法象을 만들어 백성을 위배됨이 없게 하고, 자신의 덕을 닦아 세상이 스스로 교화되게 할 수 있었던 근본 원리였던 것이다.


以此觀之, 氣運感動, 亦誠大矣. 變化之爲, 何物不能? 所變也神, 氣之所動也. 當此之時, 正氣所加, 非唯於人, 百穀草木, 禽獸魚鼈, 皆口養其氣. 聲入於耳, 以感於心, 男女聽, 以施精神. 資和以兆胚, 民之胎, 含嘉以成體. 及其生也, 和以養性, 美在

其中, 而暢於四肢, 實於血脈, 是以心性志意, 耳目精欲, 無不貞
廉潔懷履行者. 此五帝三王, 所以能畫法像而民不違, 正己德
而世自化也.


【氣運】氣의 운행.

【變化】《周易》繫辭傳(下)의 正義에 "變化云爲者, 易旣備含諸事, 以是之故,
物之或以漸變改. 或頓從化易, 或口之所云, 或身之所爲也"라 함. 따라서 본문의
"變化之爲"는 "變化云爲"의 오기로 보임.

【正氣】우주만물의 正當한 氣.

【聲入於耳, 以感於心】《左傳》昭公 21년에 "故和聲入于耳而藏于心"이라 함.

【暢於四肢】肢는 支, 肢와 같음.《周易》坤卦 文言傳에 "美在其中, 而暢於四支"
라 함.

【法象】象刑. 상징적인 형벌. 옷이나 얼굴에 문신이나 그림. 형태의 구분을 통해
계도하는 것. 畫는 '그리다, 만들다'의 뜻.

# 312
(32-7)  법령과 형벌

   이 까닭으로 법령과 형벌이라고 하는 것은, 이에 백성을 다스리고
이치를 바로잡는 것일 뿐, 큰 교화를 이루어 승평升平이나 태평太平을
이루기에는 아직 부족하다. 무릇 삼왕三王의 절적絶迹을 찾아내어 오제
五帝·삼황三皇의 지극한 업적을 이루려 한다면, 반드시 먼저 그 원기를
찾아내고 그 근본을 본으로 삼아, 도를 부흥시켜 화평을 이루고, 순수
淳粹한 기로써 크고 훌륭한 백성을 생육시킨 다음, 덕의德義의 표상을
밝히고 신후信厚한 마음을 진작시켜야 한다. 그 후에야 교화가 아름다워
지고, 공적이 성취될 수 있는 것이다.


   是故法令刑賞者, 乃所以治民事而致整理爾, 未足以興大化
而升太平也. 夫欲歷三王之絶迹, 臻帝·皇之極功者, 必先原元
而本本, 興道而致和, 以淳粹之氣, 生敦龐之民, 明德義之表,
作信厚之心, 然後化可美而功可成也.


【升平】 昇平. 태평한 시대.
【三王】 夏·殷·周 삼대의 개국 聖王인 禹·湯·文, 武를 가리킴.
【五帝】 《史記》 五帝本紀에 黃帝·顓頊·帝嚳·堯·舜을 들고 있음.

【三皇】 고대 五帝 이전의 임금들. 天皇氏, 地皇氏, 人皇氏를 지칭하기도 하나 《尙書大傳》에는 燧人氏・伏羲氏・神農氏를 들고 있음. 이 三皇과 五帝에 대해서는 뒤의 〈五德志〉와 〈志氏姓〉편을 볼 것.

【比可美而功可成】 比는 化의 오기. 化는 化育, 敎化, 造化, 理化, 治化의 뜻.

# 33. 덕화德化

본 편은 도덕교화道德教化에 대한 것으로, 그는 이것을 무세치민 撫世治民의 근본으로 보고 논리를 전개하였다. 즉 심心을 본본本으로, 행行을 말末로 보아 통치자가 민심을 교화하는 것으로써 치도治道의 근본을 삼아야 한다는 주장이다.

● 본 책 〈叙錄〉(36-33)을 참조할 것.

〈牛耕圖〉(魏晉) 磚畫 1972 嘉峪關 戈壁灘 출토

# 313
## (33-1) 통치와 도덕교화

　임금의 통치로서 도道보다 큰 것이 없고 덕德보다 더 중한 것이 없으며, 교敎보다 더 아름다운 것이 없고 화化보다 더 신묘한 것이 없다. 도란 그것을 지탱해 나가는 것이며, 덕이란 그것을 함양하는 것이며, 교란 그것을 알게 하는 것이며, 화란 그것을 이루게 하는 것이다.

　백성에게는 습성이 있고 감정이 있으며, 변화가 있고 풍속이 있다. 정성情性이란 마음이며 근본이다. 화속化俗이란 행동이며 말류末流이다. 말류는 근본에서 생겨나며, 행동이란 마음에서 비롯된다. 이 까닭으로 훌륭한 임금은 세상을 쓰다듬되, 그 근본을 먼저하고 그 말末을 뒤로 하며, 그 마음을 순종하게 하고 그 행동을 이치대로 한다. 심정心精이 진실로 바르게 되면 간사함이 생겨날 수 없고, 사악함이 빌붙을 데가 없게 된다.


　人君之治, 莫大於道, 莫盛於德, 莫美於敎, 莫神於化. 道者, 所以持之也; 德者, 所以苞之也; 敎者, 所以知之也; 化者, 所以致之也. 民有性, 有情, 有化, 有俗. 情性者, 心也, 本也; 化俗者, 行也, 末也. 末生於本, 行起於心. 是以上君撫世, 先其本而後其末, 順其心而理其行. 心精苟正, 則姦匿無所生, 邪意無所載矣.

【苞之】 苞는 包와 같음. 包容함.

【心精】 心情과 같음.

【姦匿】 匿은 慝의 속자. '특'으로 읽음.

# 314
## (33-2)
### 교화의 중요함

무릇 화化란 백성의 마음을 변화시킬 수 있으니, 이는 비유컨대 정치가 백성의 몸을 변화시키는 것과 같다. 덕스러운 정치가 백성에게 가해지면 모두들 깨끗이 씻고 아름다운 모습에 건강하고 장수하게 된다. 그러나 악한 정치가 베풀어지면 모두들 피곤에 지쳐 등이 굽고 다리를 절며, 요절하거나 온갖 병으로 죽게 된다.

그래서 《상서尚書》에는 "천수를 다 누리는 것"을 찬미하였고, "횡액으로 단명하거나 요절하는 것"을 좋지 않게 여겼던 것이다.

나라에 밝음을 상하게 하는 정치가 있으면 백성들은 눈에 병이 생기고, 청각을 해치는 정치가 있으면 백성은 귀에 병이 생기며, 어진 이를 상하게 하는 정치가 베풀어지면 어진 이들이 횡액橫厄으로 요절하는 경우가 많다.

무릇 형체와 골간骨幹이란 굳고 딱딱한 것이다. 그런데도 오히려 정치에 의해 이런 변화를 겪거늘, 하물며 지극히 정미精微하여 가히 양호養護할 수도 없는 심기心氣야 어떠하겠는가?

《시詩》에는 이렇게 말하였다.

"수북이 자란 길 옆 저 갈대들,   敦彼行葦
 양이나 소조차 밟지 말라.    羊牛勿踐履
 가늘고 길게 자라난 모습,    方苞方體
 곱기도 고와라. 그 잎 아들아들."  惟葉柅柅

"솔개 날아올라 하늘을 찌를 듯,　　　　　　　鳶飛戾天

물고기는 못에서 뛰어 오르네.　　　　　　　魚躍于淵

훌륭하고 아름다운 우리 군자가　　　　　　　愷悌君子

어찌 백성을 교화하지 않으랴?"　　　　　　　胡不作人

공류公劉는 후덕하여 그 은혜가 초목에까지 미쳤고, 양이나 소 육축六畜조차 오히려 그 덕에 감응하여 그 어짊이 길가의 풀조차 차마 밟지 않았거늘, 하물며 백성으로서 교화를 입지 못할 자가 있을 수 있겠는가? 군자로서 그 고상한 덕을 수양하면, 그 은혜가 위로는 나는 새에게까지, 아래로는 물 속의 고기에조차 미쳐서 기쁘고 즐겁게 여기지 아니하는 것이 없다. 하물며 그 밑에 있는 선비와 서민으로서 어질게 되지 않을 자가 있겠는가?

夫化變民心也, 猶政變民體也. 德政加於民, 則多滌暢姣好堅彊考壽; 惡政加於民, 則多罷癃尪病夭昏札瘥. 故《尚書》美「考終命」, 而惡「凶短折」. 國有傷明之政, 則民多病目; 有傷聰之政, 則民多病耳; 有傷賢之政, 則賢多橫夭. 夫形體骨幹爲堅彊也, 然猶隨政變易, 又況乎心氣精微不可養哉?

《詩》云: 『敦彼行葦, 羊牛勿踐履. 方苞方體, 惟葉柅柅.』又曰: 『鳶飛戾天, 魚躍于淵. 愷悌君子, 胡不作人?』公劉厚德, 恩及草木, 羊牛六畜, 且猶感德, 仁不忍踐履生草, 則又況於民萌而有不化者乎? 君子修其樂易之德, 上及飛鳥, 下及淵魚, 無不歡忻悅豫, 則又況士庶而有不仁者乎?

【堅彊】彊은 强의 本字. 굳고 셈.
【罷癃】꼽추 등의 殘疾을 말함.
【尪病】다리가 굽어지는 병. 尪은 '왕'으로 읽음.
【夭昏】夭는 어른이 되기 전에 죽는 것. 昏은 태어난 지 석 달을 넘기 전에 죽는 것이라 함.
【札瘥】札은 瘟役을 만나 죽는 병. 瘥는 小疫病의 일종.
【凶短折】《尙書》洪範에 "五福, ……五曰考終命. 六極, 一曰凶短折"이라 함.
【詩】앞부분은《詩經》大雅 行葦의 구절. 뒷부분은《詩經》大雅 旱麓의 구절.
【公劉】后稷의 후손이며 周 文武의 선조.《史記》周本紀 참조.
【民萌】民氓. 백성.

# 315
**(33-3)** 하늘에 매인 모든 것

성인은 이런 도리를 깊이 알아 모두가 자신을 바르게 닦는 것으로 그 표준을 삼고, 예와 의를 명확히 하는 것으로 교육을 삼아, 일이 생기기 전에 그 덕기德氣를 온화하게 하며, 그들을 어린이 웃음 짓듯 편하게 해준 후에 그 표의表儀를 단정하게 하였다. 인간이란 태내胎內에서부터 이미 중화中和를 모아 성장하며, 태어나서는 방정方正을 세워 자라게 되는 것이다.

이 까닭으로 인의仁義의 마음과 염치廉恥의 지기로써 뼈가 성장하고 맥이 통하여 전체 몸과 함께 자라야, 조악하고 더러운 기와 사음邪淫의 욕망이 없어지게 되는 것이다. 그리하여 비록 대황大荒 밖에 추방당하거나 유명幽冥의 속에 묶여 있다 할지라도 끝내 예를 위배하는 행동이 없게 되며, 위망危亡의 땅에 내던져지거나 봉악鋒鍔의 위엄威嚴에 얽매이더라도, 끝내 구차스럽게 살아나려는 마음을 갖지 않게 된다. 온 세상 사람들이 모두 이와 같이 행동한다면 어찌 잃는 것이 있겠으며, 간란姦亂한 백성이 생겨나 벌을 주어야 할 경우가 생기겠는가?

"하늘에 매인 모든 것,　　　　　　　上天之載
　소리도 없고 냄새도 없으나,　　　無聲無臭
　문왕文王이 그 표준이 되니　　　　儀形文王
　만방이 이를 믿고 따르네."　　　　萬邦作孚

이는 희씨姬氏가 먼저 훌륭한 미덕을 보이고 그 뒤에 형벌로 이를 바로잡았음을 말한 것이다.


聖深知之, 皆務正己以爲表, 明禮義以爲敎, 和德氣於未生
之前, 正表儀於咳笑之後. 民之胎也, 合中和以成; 其生也, 立方
正以長. 是以爲仁義之心, 廉恥之志, 骨著脈通, 與體俱生, 而無
麤穢之氣, 無邪淫之欲. 雖放之大荒之外, 措之幽冥之內, 終無
違禮之行; 投之危亡之地, 納之鋒鍔之間, 終無苟全之心. 擧世
之人, 行皆若此, 則又烏所得亡, 夫姦亂之民而加辟哉?
『上天之載, 無聲無臭, 儀形文王, 萬邦作孚.』此姬氏所以崇美
於前, 而致刑措於後也.


【咳笑】 어린아이의 근심 없는 천진한 웃음. '孩笑'와 같음.
【麤穢】 麤는 粗와 같음. 조악함. 穢는 '더럽다'의 뜻.
【大荒】 아주 멀고 아득한 곳.
【幽冥】 어둡고 캄캄함. 흔히 감옥 등 유폐된 경우를 뜻함.
【鋒鍔】 송곳 끝과 칼날. 무서운 형벌을 뜻함.
【苟全】 구차스럽게 온전함을 도모함.
【詩】 《詩經》 大雅 文王의 구절. 鄭玄 箋에 "天之道難知也, 耳不聞聲音, 鼻不聞
   香臭, 儀法文王之事, 則天下咸信而順之"라 함.
【姬氏】 周王室의 성씨. 여기서는 文王·武王의 뒤를 이은 成王. 康王 때의 태평을
   뜻함. 《史記》 周本紀에 "成康之際, 天下安寧, 刑錯四十餘年不用"이라 함.

# 316
(33-4)  백성의 마음부터 다스려야

　이 까닭으로 훌륭한 성인은 백성의 일을 다스리기에 힘을 쓰는 것이
아니라, 백성의 마음을 다스리기에 힘쓰는 것이다. 그래서 "송사의
문제라면 나도 남과 같으나 꼭 해야 될 일이 있다면 그 송사 자체가
없도록 하겠다"라 하였고, "덕으로써 인도하고 예로써 이를 가지런하게
하겠다"라 하였던 것이다.

　그 성정性情을 두터이 하기에 힘쓰고, 그 의무를 명확히 하며 백성이
서로 친하게 한다면, 서로 상해傷害하는 뜻이 생겨나지 않을 것이며,
의를 생각하고 행동한다면 간사한 마음이 생겨나지 않을 것이다. 이와
같이 되는 일이란 법률로도 시킬 수 없으며, 형벌로도 그렇게 할 수
없다. 이는 다만 교화敎化로써만이 가능한 것이다.

　성인은 덕과 예를 아주 존중하면서 형벌은 낮추었다. 그 때문에
순舜임금은 먼저 설契로 하여금 오교五敎를 공경하여 받들도록 한 후,
그 뒤에 고요皐陶로 하여금 오형삼거五刑三居를 제정토록 하였던 것이다.

　따라서 무릇 법을 세우는 일이란 백성의 단점을 엿보아 그 과오를
주벌誅罰하는 것이 아니라, 간악함을 예방하여 재앙과 패란으로부터
구제해 주며, 음란함과 사악함을 점검하여 정도正道로 끌어들이려는
데에 있을 따름이다.


　是故上聖不務治民事而務治民心. 故曰:『聽訟, 吾猶人也. 必也
使無訟乎!』『導之以德, 齊之以禮』, 務厚其情而明則務義,

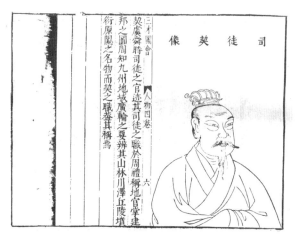

司徒 설(契) 《三才圖會》

民親愛則無相害傷之意, 動思義則無姦邪之心. 夫若此者, 非法律之所使也, 非威刑之所彊也, 此乃教化之所致也. 聖人甚尊德禮而卑刑罰, 故舜先勅契以敬敷五教, 而後命皐陶以五刑三居. 是故凡立法者, 非以司民短而誅過誤, 乃以防姦惡而救禍敗, 檢淫邪而內正道爾.

【聽訟~使無訟乎】《論語》顔淵篇의 孔子의 말.
【導之以德, 齊之以禮】《論語》爲政篇의 구절.
【契】商나라 시조 高辛氏 帝嚳의 아들로 舜임금 때 司徒가 되어 백성을 교화함. 契은 '설'로 읽음. 《史記》殷本紀 및 《孟子》참조.
【五教】五常之教. 즉 父義, 母慈, 兄友, 弟恭, 子孝의 원리와 그 덕목을 말함.
【五刑】墨, 劓, 荆, 宮, 大辟의 여섯 가지 형벌.
【三居】죄의 경중에 따라 遠近의 차이를 두어 추방하는 유배의 형벌.《尙書》堯典에 "大罪四裔, 次九州之外, 次千里之外"라 함.

# 317
## (33-5)
# 거푸집에 따라 그릇 모양이 결정되듯

《시詩》에 이렇게 말하였다.

"본래부터 타고난 백성의 마음,　　　　民之秉夷
　훌륭한 그 덕을 사모함일쎄."　　　　好是懿德

그러므로 백성에게 본디 마음이 있음은 마치 나무를 심되 그 동산이 있어야 함과 같다. 화기和氣를 만나면 그 나무가 무성히 자라 열매를 맺지만, 수재나 한발을 만나면 말라 버리거나, 못된 풀이 대신 무성하게 되는 것이다. 백성이 좋은 교화를 입으면 사람은 선비나 군자와 같은 마음을 갖게 되지만, 악정惡政을 입게 되면 간란姦亂한 생각을 품게 된다. 따라서 훌륭한 분의 천민天民 양육은 마치 양공良工이 누룩이나 메주를 만드는 것과 같다. 시작할 때 그 시기에 맞추어 한온寒溫을 적당히 해 주면 일음一蔭의 누룩과 메주가 훌륭하게 되어 많은 양을 얻을 수 있지만, 어리석은 졸공拙工이 잘못 다루면, 그 일음 안의 누룩과 메주는 모두 냄새나고 부패하여 결국 다 버려야 한다.

그런데 지금 육합六合은 일음一蔭이며 검수黔首의 무리들은 오히려 콩이나 보리와 같다. 그런데 그 변화를 어떻게 주느냐 하는 것은 오로지 지도자에게 달려 있다. 훌륭한 관리를 만나면 모두가 충성과 믿음을 간직하고 인후仁厚를 실천하며, 악리惡吏를 만나게 되면 모두가 간사한 마음을 품고 천박淺薄한 행동을 하게 된다. 충후忠厚가 쌓이면 태평을 이루게 되고, 간박姦薄함이 쌓이면 위망危亡을 부르게 된다.

이 까닭으로 성제聖帝·명왕明王은 모두가 덕화德化를 돈독히 하고, 형벌을 얇게 하였던 것이다. 덕이란 자신을 수양하는 것이며, 위엄이란 사람을 다스리는 방법이다. 세상에 아주 뛰어난 사람과 아주 어리석은 사람은 그 수가 많지 않다. 오히려 중용中庸의 백성이 많은 법이다. 이런 중간층이 세상에 태어남은 마치 녹는 쇠붙이가 용광로 속에 있는 것과 같다. 이는 주물의 거푸집에 따라 변화하여 어떻게 다루느냐에 따라 모난 것·둥근 것·얇은 것·두꺼운 것 등이 고루 만들어져 그 용제鎔制에 따라 형태가 생겨날 따름이다.


《詩》云:『民之秉夷, 好是懿德.』故民有心也, 猶爲種之有園也. 遭和氣則秀茂而成實, 遇水旱則枯槁而生蘖. 民蒙善化, 則人有士君子之心; 被惡政, 則人有懷姦亂之慮. 故善者之養天民也, 猶良工爲麴蘖也. 起居以其時, 寒溫得其適, 則一蔭之麴蘖盡美而多量. 其愚拙工, 則一蔭之麴蘖皆臭敗而棄捐. 今六合亦由一蔭也, 黔首之屬, 猶豆麥也, 變化云爲, 在將者爾. 遭良吏則皆懷忠信而履仁厚, 遇惡吏則皆懷姦邪而行淺薄. 忠厚積則致太平, 姦薄積則致危亡. 是以聖帝明王, 皆敦德化而薄威刑. 德者, 所以修己也; 威者, 所以治人也. 上智與下愚之民少, 而中庸之民多. 中民之生世也, 猶鑠金之在鑪也, 從篤變化, 惟冶所爲, 方圓薄厚, 隨鎔制爾.

【詩云】《詩經》大雅 烝民의 구절. 鄭玄 箋에 "民所執持有常道, 莫不好有美德
之人"이라 함.

【麴豉】누룩과 메주. 豉는 '시'로 읽음.《齊民要術》에 "作豉法, 先作暖蔭屋,
坎地深三二尺, 密泥塞戶牖, 勿今風及蟲泉入也"라 하였고, "作麥麴法, 其房欲得
板戶, 密泥塗之"라 함.

【一蔭】하나의 蔭屋을 말함. 누룩이나 메주를 발효시키기 위하여 마련된 그늘
지고 어두운 방. 앞의《齊民要術》내용을 참조할 것.

【六合】天地 四方의 여섯 방위.

【中庸之民】지혜나 능력이 중간쯤인 사람.

【鑠金】쇠붙이를 녹임. 鑠은 爍과 같으며 '삭'으로 읽음.

# 318 (33-6) 역대 제왕들의 통치술

　이 까닭으로 세상의 선함과 악함, 그리고 풍속의 야박함과 후함은 모두가 임금에게 달려 있다. 가장 높은 성인은 덕기德氣를 화和하게 함으로써 민심을 교화시키고, 의표儀表를 바르게 함으로써 무리를 통솔한다. 그러므로 능히 백성으로 하여금 이웃집이 나란히 이어지듯 많은 수를 봉封할 수 있었으니, 요堯·순舜이 바로 그런 분이다.

　그 다음 정도의 성인이라면 몸소 도덕을 실천하여 자애慈愛를 돈독히 하며, 교훈을 아름답게 하여 예양禮讓을 숭상한다. 그럼으로써 백성으로 하여금 다툼이 없게 하고 형벌을 제정한다. 문왕文王·무왕武王이 바로 그런 분이다.

　그 다음으로는 호오好惡를 분명히 하고 법금法禁을 드러내 보이며, 상벌을 공평히 하고 아부나 사사로움이 없도록 한다. 그럼으로써 백성들로 하여금 간사함을 베어 없애고 공정한 곳으로 내달리게 하며, 약란弱亂을 관리하여 치강治彊을 이루어 낸다. 바로 중흥中興 시대가 그 예이다.

　천하를 다스리는 자가 스스로 오음汙淫에 빠져 정욕대로 방자히 굴며, 백성 다스리는 일에는 태만하면서 주락酒樂에는 서둘러 즐기려 든다든지, 못된 아이는 가까이 하고 현재賢才는 멀리하며, 아첨하는 자는 친히 여기고 정직한 자는 멀리하고, 또 부세賦稅를 무겁게 하고 공 없는 자에게 상을 주는 등 자신만의 희로喜怒의 감정을 마구 내보여 무고한 자를 다치게 한다면, 그 정치는 어그러지고 그 백성은 깨어지며,

그 자신은 몸을 망치고 그 나라를 잃게 되고 마는 것이니, 유왕幽王·여왕厲王이 바로 그런 인물이다.


是故世之善否, 俗之薄厚, 皆在於君. 上聖和德氣以化民心, 正表儀以率羣下, 故能使民比屋可封, 堯舜是也. 其次躬道德而敦慈愛, 美敎訓而崇禮讓, 故能使民無爭心, 而致刑錯, 文武是也. 其次明好惡而顯法禁, 平賞罰而無阿私, 故能使民辟姦邪而趨公正, 理弱亂以致治彊, 中興是也. 治天下, 身處汙而放情, 怠民事而急酒樂, 近頑童而遠賢才, 親謟諛而疏正直, 重賦稅以賞無功, 妄加喜怒以傷無辜, 故能亂其政以敗其民, 弊其身以喪其國者, 幽厲是也.


【善否】 선함과 악함. 비(否)는 비색(否塞)의 뜻. 꽉 막혀 교화시킬 수 없는 상태를 말함.

【中興】 周 宣王을 가리킴.《毛詩序》에 "烝民, 尹吉甫美宣王也, 任賢使能, 周室中興焉"이라 함.

【頑童】 완악한 인간. 도덕을 모르는 자.《國語》鄭語에 "侏儒戚施, 實御在側, 近頑童也"라 함.

【幽·厲】 西周 말기의 포악한 두 임금 幽王과 厲王을 가리킴.

# 319
## (33-7) 세 사람 중에 스승될 이 있으리

　공자孔子는 "세 사람이 간다면 그 중에 반드시 나의 스승이 있다. 그 중에 훌륭한 자를 택해 이를 따르고 그렇지 못한 자는 내가 그런 잘못을 버리면 된다"라 하였다.
　그리고 《시詩》에는 이렇게 말하였다.

"마땅히 은나라를 거울로 삼아라.　　　　宜鑒於殷
　스스로 힘써 복을 받으라."　　　　　　自求多福

　이 까닭으로 세상의 임금 된 자는 진실로 능히 육합六合 안의 모든 사람을 통틀어 모두가 방후方厚한 정을 품고 천박淺薄한 악을 버리며, 각각 공정公正한 마음을 받들어, 간험姦險한 속셈을 없애도록 하여야 한다.
　그렇게 하면 복희씨伏羲氏·신농씨神農氏의 풍속이 다시 눈앞에 나타날 것이며, 인용란봉麟龍鸞鳳이 다시금 교외郊外에 몰려들게 될 것이다.

畵像磚 〈鳳凰〉

孔子曰:『三人行, 必有我師焉. 擇其善者而從之, 其不善者,
我則改之.』《詩》美『宜鑒於殷』,『自求多福』. 是故世主誠能使
六合之內, 擧世之人, 咸懷方厚之情, 而無淺薄之惡, 各奉公正
之心, 而無姦險之慮, 則羲農之俗, 復見於玆, 麟龍鸞鳳, 復畜於
郊矣.


【孔子曰】《論語》 述而篇의 구절.
【詩】《詩經》 大雅 文王의 구절.
【羲·農】 전설 속의 三皇인 伏羲氏와 神農氏.
【麟龍鸞鳳】 고대 전설상의 상서로운 짐승.《白虎通》 封禪篇에 "德至鳥獸, 則鳳
　凰翔, 鸞鳥舞, 麒麟臻"이라 함.

# 34. 오덕지五德志

　본 편은 오덕五德에 대한 기록으로, 오덕이란 금金·목木·수水·화火·토土를 말한다. 왕부는 오행五行이 상생상대相生相代하여 고대 제왕帝王의 세계가 흥성하고 쇠체衰替하였다고 보고, 이를 나름대로 추적, 정리하여 자신의 의견을 피력하고 있으며, 중국 상고사上古史 연구에 많은 자료를 제공하고 있다.

✹ 본 책 〈叙錄〉(36-34)을 참조할 것.

畵像石(漢) 〈龍戲圖〉 山東 沂南 출토

# 320
## (34-1) 천지개벽과 삼황

　아주 오랜 옛날, 천지가 개벽하고 삼황三皇이 차례로 나와 각각 자신의
명칭과 시호를 세워 그 세대의 기년紀年으로 삼았다. 천명天命이 오대五代
를 지나 정삭正朔이 세 번 반복되었다. 신명神明이 감응하여 제왕을
낳아 그로 하여금 흥하여 나라를 일으키게 하였다. 그러나 오만하게
굴다가 망하기도 하고, 악행이 누적되어 멸하기도 하였다. 신의 뜻은
미미하나 정묘精妙하며, 하늘의 명은 그 끝을 알 수 없다. 그래서 혹
제왕 중에는 다른 데에 의탁해서 태어나기도 하고 혹은 아버지 몸체를
이어 받아 길러지기도 한다.

　태호씨太皞氏 이전은 너무 오래이지만 그 이후의 일은 자못 기록들이
남아 있다. 비록 아주 정밀하게 생각해본다 해도, 따져 보면 다시금
오류가 있게 마련이다. 그 때문에 옛 기록을 살펴서 이 오덕지五德志를
저술한다.

　自古在昔, 天地開闢. 三皇迭制, 各樹號諡, 以紀其世. 天命五代,
正朔三復. 神明感生, 爰興有國. 亡於嫚以, 滅於積惡. 神微精以,
天命罔極. 或皇馮依, 或繼體育. 太皞以前尚矣. 迪斯用來, 頗可
紀錄. 雖一精思, 議而復誤. 故撰古訓, 著五德志.

좌: 人皇氏 우: 地皇氏《三才圖會》

좌: 天皇氏 우: 盤古氏《三才圖會》

【天地開闢】神話 傳說에 흔히 盤古가 천지를 개벽한 후에 세상이 생겼다 함.

【三皇】燧人氏・伏羲氏・神農氏. 또는 天皇氏・地皇氏・人皇氏를 들기도 함.

【天命五代】五行家들은 金・木・水・火・土의 五德을 하늘로부터 받아 세상을 다스렸다고 하며 王朝의 순환도 오행으로 설명함.

【正朔】一年의 시작하는 첫 날과 첫 시간. 夏나라는 正月을 正. 해뜰 때를 朔으로 하였고, 殷은 12월을 正, 닭 우는 시간을 朔으로, 그리고 周나라는 11월을 正, 子正을 朔으로 삼았음. 이 때문에 曆法이 세 번 바뀜.

【繼體】대를 이어 내려감.

【太皞】伏羲氏를 가리킴.

【古訓】故訓과 같음. 옛날의 기록이나 남겨진 遺訓.

# 321
## (34-2) 삼황과 오제

세상에 전해지는 삼황三皇·오제五帝에 대해 흔히 복희씨伏羲氏·신농씨
神農氏를 이황二皇으로 여기고 있으나, 그 나머지 하나는 혹은 수인씨燧人氏라고도 하고, 혹은 축융씨祝融氏라고도 하며, 또는 여왜씨女媧氏라고도 하여, 어느 것이 옳고 그른지 아직 알 수가 없다.

畫像石 〈伏羲, 女媧, 東王公〉

내가 듣기로는 고대에 천황씨天皇氏·지황씨地皇氏·인황씨人皇氏가 있다고 하여 혹은 이를 이르는 것이라 여기고 있으나, 역시 감히 명확하다고 할 수는 없다. 이러한 몇 가지 내용은 오경五經에 조차도 정확한 문장이 없다. 그래서 대략 《주역周易》 계사繫辭에 의거하여 보면 복희씨伏羲氏 이래로 계속 어진 이가 이어져 비록 많이 거론되었지만, 그것도 반드시 정확한 것은 아니다. 그러나 약간은 이를 바탕으로 여기 저기 널리 찾아 함께 어느 것이 사실인지를 찾아 볼 수는 있다.

世傳三皇五帝, 多以爲伏羲·神農爲二皇; 其一者, 或曰燧人, 或曰祝融, 或曰女媧. 其是與非, 未可知也. 我聞古有天皇·地皇· 人皇, 以爲或及此謂, 亦不敢明. 凡斯數, 其於五經, 皆無正文. 故略依《易·繫》, 記伏羲以來, 以遺後賢. 雖多未必獲正, 然罕 可以浮游博觀, 共求厥眞.

【二皇】伏羲氏와 神農氏를 가리킴.《淮南子》原道訓의 高誘 注 참조.
【燧人】고대 三皇의 하나로 인간에서 불의 사용법을 처음 가르쳤다 함.《風俗通》
　皇霸篇 및《白虎通》號篇 참조.
【祝融】고대 씨족 집단, 南方의 神.
【女媧】역시 고대 씨족 집단. 천지가 무너지려 하였을 때 거북이의 네 발로
　하늘을 받쳐 기둥으로 삼았다 함. 媧는 '외, 왜, 와' 등으로 읽음.
【天皇·地皇·人皇】이를 三皇으로 보는 견해는《初學記》9에 인용된《春秋緯》
　를 볼 것.

# 복희씨와 팔괘

 뇌택雷澤에 거인의 발자국이 나타나자 화서華胥가 이를 밟고 따라 갔다가 복희伏羲를 낳았다. 그는 상相이 일각日角으로서 세상에는 태호 太皡라고 불렸다. 그는 진陳 땅에 도읍을 정하였고, 목덕木德에 용龍을 기紀로 삼았다. 그래서 용사龍師를 만들어 용龍 자로 이름을 붙였다. 팔괘八卦를 지었으며 실을 묶어 그물을 만들어 물고기를 잡았다.


 大人迹出雷澤, 華胥履之生伏羲. 其相日角, 世號太皡. 都於陳. 其德木, 以龍紀, 故爲龍師而龍名. 作八卦, 結繩爲網以漁.


【雷澤】못 이름. 雷夏澤이라고도 하며, 지금의 山東省 濮城縣에 있었다 함.
【華胥】인명. 伏羲氏의 어머니.
【日角】고대 觀相法에서 左額의 뼈가 튀어나와 해(日)처럼 둥근 것을 日角, 右額의 뼈는 月角이라 하여 帝王의 相이라 여겼음.
【陳】땅 이름. 고대 小國 이름. 太皡가 도읍으로 삼았던 곳. 지금의 河南省 淮陽.
【龍紀】龍 자를 넣어 시간과 제도의 기본을 삼음. 百官의 長들에게 龍의 글자를 넣어 명칭을 삼음. 다음 장의 '火紀', 혹 '火師而火名' 등도 모두 같은 예임.

# 323
(34-4)

전욱과 팔원

뒤에 제곡帝嚳이 그를 이었다가 전욱씨顓頊氏에게 넘겨주었다. 그의 상相은 재간載干으로 그 호를 고신씨高辛氏라 하였다. 그 본질이 신령神靈하고 덕행을 바르게 닦아 해와 달을 맞이하였으며, 하늘의 법칙에 순응하여, 능히 삼진三辰을 풀어 백성을 그 주기周期에 맞추어 살 수 있도록 하였다. 〈육영六英〉이라는 음악을 지었다. 당시에 재자才子 여덟이 있었으니, 바로 백분伯奮·중감仲堪·숙헌叔獻·계중季仲·백호伯虎·중웅仲雄·숙표叔豹·계리季狸이다. 이들은 충숙忠肅하고 공의恭懿

帝嚳高辛氏《三才圖會》

로우며, 선자宣慈하고 혜화惠和로와 천하 사람들이 팔원八元이라 일컬었다.

後嗣帝嚳, 代顓頊氏. 其相戴干, 其號高辛. 厥質神靈, 德行祇肅, 迎送日月, 順天之則, 能敍三辰以周民. 作樂〈六英〉. 世有才子八人: 伯奮·仲堪·叔獻·季仲·伯虎·仲雄·叔豹·季狸, 忠肅恭懿, 宣慈惠和, 天下之人謂之八元.

【戴干】干은 盾. 머리에 방패를 이고 있는 것과 같은 相. 이러한 설명은 대개
　漢代 '緯書'에서 나온 것임.

【三辰】日・月・星.《禮記》祭法에 "帝嚳能鈇星辰以著衆"이라 하여, 백성들이
　四時의 순행에 맞추어 生業에 종사할 수 있도록 하였음.

【六英】帝嚳 시대의 음악.《周禮》春官 大司樂의 賈公彦 疏에《樂緯》를 인용하여
　"帝嚳之樂曰六英"이라 하였으며, 그 注를 인용, "六英者, 六合之英"이라 함.

【八元】앞에 거론한 여덟 사람. 人名을 기록에 따라 異體字, 通假字로 되어
　있는 경우가 많음.

# 324
(34-5)

# 거인의 발자국을 밟고 잉태된 후직

뒤에 강원姜嫄에게 이어졌다. 그는 대인의 발자국을 밟고 따라 갔다가 희기姬棄를 낳았다. 그 희기의 상相은 피이披頤하였으며, 요堯의 사도司徒가 되었었다. 그 뒤 다시 농사짓는 일을 주관하자 농사와 곡식이 훌륭하게 자랐다. 요가 수재水災를 만나자 온 백성이 그의 힘으로 구제되었다. 그 때문에 뒤에 순舜임금은 그를 명하여 후직后稷이라 하였다. 당초에 열산씨烈山氏가 천하를 다스리고 있을 때, 그 아들이 주柱였는데, 그 역시 백곡百穀을 잘 길렀다. 그 때문에 그를 세워 직稷의 임무를 맡겼으며, 하夏나라 이전까지는 그를 제사 지내고 있었다. 그러다가 주周나라가 흥하게 되자 희기(후직)를 이에 대신하여 지금까지 희기를 제사 지내게 되었다.

後嗣姜嫄, 履大人迹生姬棄. 厥相披頤, 爲堯司徒, 又主播種, 農植嘉穀. 堯遭水災, 萬民以濟. 故舜命曰后稷. 初, 烈山氏之有天下也, 其子曰柱, 能植百穀, 故立以爲稷, 自夏以上祀之. 周之興也, 以棄代之, 至今祀之.

后稷(姬棄)《三才圖會》

【姜嫄】周나라 시조 后稷의 어머니.

【披頤】汪継培는《太平御覽》368에 인용된《春秋元命苞》의 "后稷岐頤自求, 是謂好農, 蓋象角亢, 載上食穀"을 들어 '岐頤'로 보았고, 王宗炎은 "詩, 大雅, 生民, 克岐克嶷, 岐嶷卽岐頤也, 岐者, 頭骨隆起而岐出, 嶷嶷然高, 故象角亢"이라 하여 '岐嶷'로 보았음. 머리뼈가 융기하여 튀어나온 관상을 뜻함.

【司徒】고대 기록에 堯임금 때 契은 司徒의 직책을, 后稷은 司馬의 직책을 맡겼던 것으로 되어 있음.

【烈山氏】고대 씨족으로 들이나 산에 불을 놓아 농사짓는 법을 개발한 집단.

【柱】姬棄(后稷)의 아들.

【稷】姬棄를 가리키는 말이나 원래에 農業을 담당하는 관직의 칭호였음.

【至今祀之】이상의 이야기는《左傳》昭 29년 및《禮記》祭法을 참조할 것.

# 325 (34-6) 태임이 문왕을 낳다

태임太姙은 꿈속에 어떤 키 큰 사람이 자신에게 감응하여 문왕文王을 낳았다. 문왕의 상은 사유四乳로 서백西伯이 되었으며, 기岐에서 발흥하였다. 우虞・예芮의 송사를 판결해 주고 나서, 비로소 명성을 얻어 천명을 받게 되었다. 무왕武王은 상相이 병치駢齒로서 은殷을 이겨 주紂를 없애고 나서 주周나라의 도道를 성취시켰다.

희姬성으로 따로 봉封을 받은 이들이 많으니, 바로 관管・채蔡・성成・곽霍・노魯・위衛・모毛・담聃・고郜・옹雍・조曹・등滕・필畢・원原・풍酆・순郇은 모두가 문왕의 적친嫡親이다. 그리고 우邘・진晉・응應・한韓은 무왕武王의 적친이며, 범凡・장蔣・한邢・묘茆・조祚・제祭성은 주공周公의 후대이다.

그런가 하면 주周・소召・괵虢・오吳・수隨・빈邠・방方・앙卬・식息・반潘・양養・활滑・호鎬・궁宮・밀密・영榮・단丹・곽郭・양陽・봉逢・관管・당唐・한韓・양楊・고觚・난欒・감甘・인우鱗虞・왕씨王氏 등은 모두가 희성姬姓이다.

太姙夢長人感己, 生文王. 厥相四乳. 爲西伯, 興於岐. 斷虞・芮之訟而始受命. 武王駢齒, 勝殷過劉, 成周道. 姬之別封衆多, 管・蔡・成・霍・魯・衛・毛・聃・郜・雍・曹・滕・畢・原・酆・

郇, 文之昭也. 邘·晉·應·韓, 武之穆也. 凡·蔣·邢·茆·胙·祭, 周公之胤也. 周·召·虢·吳·隨·邵·方·卬·息·潘·養·滑·鎬·宮·密·榮·丹·郭·楊·逢·管·唐·韓·楊·瓠·欒·甘·鱗虞·王氏, 皆姬姓也.

【太姙】 季歷의 아내이며 文王(姬昌, 西伯 昌)의 어머니.

【岐】 지금의 陝西省 岐山縣 동북.

【四乳】 젖이 네 개라는 뜻으로 보이나 그 相을 구체적으로는 알 수 없음.

【虞芮】 고대 周나라 근처에 있던 작은 나라. 이들 두 나라에 분쟁이 생겨 이에 文王의 덕을 듣고 판결을 부탁하러 왔다가 周나라 백성의 겸양하는 예를 보고 부끄럽게 여기고 되돌아갔다는 고사. 《史記》 周本紀 참조.

【武王】 文王의 아들. 姬發. 周公 旦의 형이며 殷을 멸함. 聖君으로 알려짐.

【駢齒】 앞니가 나란함. 相을 표현하는 용어.

【勝殷遏劉】 遏은 '막다, 그치게 하다'의 뜻. 劉는 쇄(殺), '줄이다'의 뜻. '은나라를 이겨 악을 막고 못된 자를 죽여 없애다'의 뜻. 殷의 紂를 쳐 없앤 사실을 뜻함. 《詩經》 周頌 武를 참조할 것.

【文之昭】 文王의 昭. 昭는 고대 宗法 제도에서 宗廟나 그곳에 모시는 神의 차례에 따라 이름을 정한 것임. 즉, 始祖神은 가운데, 그리고 父, 子 혹 祖, 父를 차례로 昭, 穆으로 하되, 왼쪽을 昭, 오른쪽을 穆이라 함. 여기서는 封侯가 된 자들이 文王, 武王의 후손이라는 뜻.

【武之穆】 위의 주 참조.

【姓】 이상에 열거한 여러 姓氏들은 다른 기록에는 모계의 경우 '女'가, 지역의 경우 '邑(阝)'이 추가되는 등, 동음 통가, 異體字로 쓰는 경우가 흔함. 《左傳》 僖公 24년에는 郕(成), 邢(邗), 茅(茆), 胙(祚) 등이 있으며, 그 외에 虢(郭), 楊(陽), 瓠(狐), 鱗虞(鮮虞) 등도 같은 예임.

# 326
## (34-7)
# 염제 신농씨

    한 마리의 신룡神龍이 있었는데 그 머리를 상양산常羊山으로 내밀자, 임사任姒가 감응하여 적제赤帝 괴외魁隗를 낳았다. 스스로 호를 염제炎帝라 하였고 세상에서는 그를 신농씨神農氏라 부른다.

    복희씨伏羲氏의 뒤를 이었으며, 화덕火德으로 왕 노릇하였기 때문에 화사火師를 만들어 화火 자를 넣어 관명을 삼았다. 처음으로 나무를 베어 쟁기를 만들었으며, 나무를 굽혀 보습과 가래를 만들었다. 정오에 시장을 열어 천하 백성을 모이게 하고, 천하의 물건을 모으게 한 다음 서로 교역하고 물러나 각기 자기 일을 계속하게 하였다.


    有神龍首出常羊, 感任姒, 生赤帝魁隗. 身號炎帝, 世號神農, 代伏羲氏. 其德火紀, 故爲火師而火名. 是始斲木爲耟, 揉木爲耒耟. 日中爲市, 致天下之民, 聚天下之貨, 交易而退, 各得其所.


【常羊】 중국 고대 전설 속의 산 이름.
【任姒】 炎帝 神農氏의 어머니.
【揉木】 나무를 불로 구부려 필요한 연장의 형태를 만드는 것.

## 327
### (34-8) 당요

　그 뒤를 이은 이는 경도慶都로서, 용씨龍氏 계열과 혼인 관계를 맺어 이요伊堯를 낳았다. 그 눈썹은 여덟 가지 무늬가 있었으며, 세상에서는 이를 당唐이라 불렀다. 〈대장大章〉이라는 음악을 지었으며 비로소 왕위를 선양하였다. 무왕武王이 은殷나라를 이기고 나서, 그 후손을 주鑄 땅에 봉해 주었다.

堯임금 宋 馬麟(畫)

後嗣慶都, 與龍合婚, 生伊堯. 代高辛氏. 其眉八彩. 世號唐. 作樂〈大章〉. 始禪位. 武王克殷, 而封其胄於鑄.

【伊堯】堯임금. 慶都가 龍 토템집단과 결혼하여 낳음. 唐 땅을 근거로 하여 唐堯라 부름. 《淮南子》 修務訓의 高誘 注에 "堯母慶都, 蓋天帝之女. 寄伊長孺家, 年二十無夫, 出觀於河. 有赤龍負圖而至, 奄然陰雲, 赤龍與慶都合而生堯"라 함.
【大章】大彰으로도 쓰며 堯임금 때의 음악. 《禮記》 樂記의 注에 "言堯德章明也"라 함.
【鑄】祝으로도 쓰며 옛 지명. 지금의 山東省 肥城縣 남쪽.

# 328
## (34-9)
# 유씨의 시조 유계

함시含始가 붉은 구슬을 삼켰는데, 그 구슬에는 "옥영이 한을 낳다"라고 새겨져 있었다. 이에 용이 이 함시라는 여인에게 감응하여 유계劉季가 흥하게 된 것이다.


含始吞赤珠, 剋曰『玉英生漢』, 龍感女媼, 劉季興.


【含始】人名. 玉英. 女媼. 劉邦의 먼 선대.
【剋】刻. 雙聲轉注로 쓴 것.
【漢】그 다음의 '皇'자가 빠짐. 漢皇, 즉 漢나라를 이을 皇帝.《藝文類聚》98에
《詩含神霧》를 인용하여 "含始吞赤珠, 刻曰玉英生漢皇"이라 함.
【劉季】劉邦. 漢高祖. 이상의 이야기는《史記》高帝本紀를 참조할 것.

# 329
## (34-10)  황제 헌원씨

　큰 번개가 추성樞星을 에워싸 온 들판을 밝게 비추었다. 그리고 그것이 부보符寶를 감응시켜 황제黃帝 헌원軒轅을 낳았다. 그는 염제씨炎帝氏를 이어 받았으며, 그 상相은 용안龍顔이었고 토덕土德을 행하여 운운으로써 기紀를 삼아, 운사雲師를 만들고 운운자로 관직의 명칭을 삼았다. 〈함지咸池〉라는 음악을 지었으며, 이 때부터 비로소 의상衣裳의 제도가 생겨났다.


　大電繞樞炤野, 感符寶, 生黃帝軒轅. 代炎帝氏. 其相龍顔, 其德土行. 以雲紀, 故爲雲師而雲名. 作樂〈咸池〉. 是始制衣裳.


【樞星】별 이름. 北極星.
【符寶】人名. 黃帝의 어머니.
【咸池】원래 해가 져서 밤에 쉬는 곳. 여기서는 황제 때의 음악 이름.《漢書》
　禮樂志에 "咸池, 言包容浸潤也"라 함. 池는 施와 같은 뜻.

## 순임금

　그 뒤를 이은 이가 악등握登이다. 큰 무지개를 보고 그에 감응하여 중화重華 우순虞舜을 낳았다. 그는 눈동자가 두 겹이었으며 요堯를 섬겼다. 요가 그에게 왕위를 선양禪讓하면서 이렇게 말하였다.

　"그대 너 순아! 하늘의 역수가 너의 몸에 내렸다. 공손히 그 바른 도를 잡아라. 사해의 백성들을 곤궁에 처하게 하면 하늘의 복을 영원히 이어지도록 못하리라."

　이에 요의 문조文祖에서 그 명을 받게 되었다. 세상에서는 그 나라를 우虞라 불렀으며, 그는 〈구소九韶〉라는 음악을 지었고, 다시 우禹에게 선양하였다. 무왕武王이 은殷을 이긴 다음, 순의 후대인 호공胡公·규만·만滿을 진陳 땅에 봉해 주었고 무왕의 원녀元女 대희大姬를 호공에게 시집을 보냈다.

　後嗣握登, 見大虹, 意感生重華虞舜. 其目重瞳. 事堯, 堯乃禪位, 曰:『格爾舜! 天之歷數在爾躬. 允執厥中, 四海困窮, 天祿永終.』乃受終於文祖. 世號有虞. 作樂〈九韶〉. 禪位於禹. 武王克殷, 而封胡公嬀滿於陳, 庸以元女大姬.

帝舜 有虞氏《三才圖會》

【握登】舜의 어머니.

【重華】舜의 이름.

【格爾舜~天祿永終】《論語》堯曰篇의 구절.

【文祖】堯임금의 文德을 기린 祖廟.《尙書》舜典 참조.

【九昭】舜임금 때의 음악.

【胡公·嬀·滿】모두 舜의 후손.

【大姬】武王의 첫째 딸. 문장 끝에 '配之'가 탈락된 것으로 봄.《左傳》襄公
　25년에 "庸以元女大姬配胡公, 而封諸陳"이라 함.

# 331
## (34-12)  소호 금천씨

무지개만한 큰 별이 화저華渚에 떨어졌다. 여절女節이 꿈에 이를 접하고 백제白帝 지청양摯靑陽을 낳았으며, 세상에서는 그를 소호少皞라 불렀다. 황제씨皇帝氏의 뒤를 이어 곡부曲阜에 도읍을 정하였으며, 금덕金德으로 정치를 폈다. 그가 들어서자 마침 봉황鳳皇이 나타났으므로, 조鳥로써 기紀를 삼았다. 그래서 봉조씨鳳鳥氏를 역정歷正으로, 현조씨玄鳥氏는 사분司分하는 자로, 백조씨伯趙氏는 사지司至하는 자로, 청조씨靑鳥氏는 사계司啓하는 자로, 단조씨丹鳥氏는 사폐司閉하는 자로 삼았고, 다시 축구씨祝鳩氏는 사도司徒로, 저구씨雎鳩氏는 사마司馬로, 시구씨尸鳩氏는 사공司空으로, 상구씨爽鳩氏는 사구司寇로, 골구씨鶻鳩氏는 사사司事로 삼았다. 이 오구五鳩는 백성을 편안히 하는 직책을 담당하였으며, 오치五雉는 다섯 공정工正으로 기구를 만들어 백성이 교역하고 사용토록 하였던 것이다.

鳳凰(畫像磚) 河南 鄧縣 출토. 墓室壁 浮彫像

이 때에 비로소 서계書契가 생겼
으며, 이로써 백성을 다스려 만민의
상황을 살필 수 있었다. 당시 재자
才子가 넷이 있었으니, 중重·해該·
수修·희熙였다. 모두가 금金·목木
및 수水에 해당한 업무를 맡아, 중重
은 구망勾芒, 해該는 누수蓐收, 수修
는 현명玄冥이라는 직급으로 그 업
무에 충실하여 대대로 그 직책을
지켜, 궁상窮桑의 소호씨 공덕을 성
취시켰다.

刺繡(唐) 〈立鳳蓮花紋〉 도쿄 국립박물관 소장

大星如虹, 下流華渚, 女節夢接, 生白帝摯青陽. 世號少皞. 代皇
帝氏, 都於曲阜. 其德金行. 其立也, 鳳皇適至, 故紀於鳥. 鳳鳥
氏歷正也, 玄鳥氏司分者也, 伯趙氏司至者也, 青鳥氏司啓者也,
丹鳥氏司閉者也. 祝鳩氏司徒也, 鴡鳩氏司馬也, 尸鳩氏司空也,
爽鳩氏司寇也, 鶻鳩氏司事也. 五鳩, 鳩民者也. 五雉爲五工正,
利器用, 夷民者也. 是始作書契, 百官以治, 萬民以察. 有才子四人,
曰重, 曰該, 曰修, 曰熙, 實能金木及水, 故重爲勾芒, 該爲蓐收,
修及熙爲玄冥. 恪恭厥業, 世不失職, 遂濟窮桑.

【華渚】 지명. 구체적으로는 알 수 없음.
【女節】 少皞 金天氏의 어머니로 알려짐.
【白帝】 서쪽. 金의 제왕. 이름은 摯. 자는 靑陽. 곧 少皞를 말함.

【曲阜】지금의 山東省 曲阜市. 뒤에 魯나라의 도읍이 됨.

【鳳鳥氏】鳥로써 紀를 삼아 官職名을 정한 것.

【歷正】시간, 계절의 正時를 맡아 다스림.

【司分】分을 맡음. 즉 시간, 계절의 春分, 秋分을 담당함. 그 다음의 司至, 司啓, 司閉등도 같음. 分, 至, 啓, 閉는 節氣를 뜻함.《左傳》僖公 15년에 "凡分, 至, 啓, 閉, 必書云物"이라 하고 杜預 注에 "分, 春秋分也; 至, 冬夏至也; 啓, 立春, 立夏; 閉, 立秋, 立冬"이라 함.

【伯趙】새 이름. 伯勞氏라고도 씀.

【鳩民】'백성을 모아 편안히 살게 하다'의 뜻. 鳩는 聚와 같음.

【夷民】夷는 '도량형을 정하여 공평하게 하다'의 뜻. 夷는 公의 뜻. 이 문장의 '利器用' 다음에 '正度量'이 빠진 것으로 봄.《左傳》昭公 17년 참조.

【扈民】백성의 잘못을 바로잡아줌을 뜻함.《左傳》昭公 17년에 "九扈爲九農正, 扈民無淫者也"라 함. 扈는 止의 뜻.

【書契】文字.《周易》및《說文解字叙》에 "神農氏結繩爲治, 而統其事, 庶業萋繁, 飾僞萌生, 黃帝之史倉頡, 見鳥獸蹏迒之迹. 初造書契"라 함.

【勾芒】木正.

【蓐收】金正.

【玄冥】水正.

【窮桑】지명. 少暤 金天氏의 근거지. 濟窮桑은 少暤씨의 공덕을 성취시켰다는 뜻. '濟'는 '成'의 뜻.

# 332
## (34-13) 우임금

소호씨 뒤를 이은 이가 수기修己이다. 유성流星을 보고 감응하여 백제白帝 문명文命, 즉 우禹를 융戎 땅에서 낳았다. 그의 귀는 참누參漏하였으며 요堯임금이 그를 사공司空으로 삼아, 수토水土를 평평히 하며 산천山川을 다스리고, 구주九州를 구획하며 구공九貢을 제정토록 하였다. 그의 공이 이루어지자 요임금은 그에게 현규玄珪를 내려 주어, 그의 공덕을 하늘에 고하게 하였다. 순임금이 이에 자리를 양위하니, 이는 마치 요임금이 순임금에게 조칙을 내려 자리를 물려준 예와 같았다.

우임금이 즉위하자 〈대하大夏〉라는 음악을 만들었으며, 세상에서는 그를 하후夏后라 불렀다.


後嗣修己, 見流星, 意感生白帝文命戎禹. 其耳參漏. 爲堯司空, 主平水土, 命山川, 畫九州, 制九貢. 功成, 賜玄珪, 以告勳於天. 舜乃禪位, 命如堯詔, 禹乃卽位. 作樂〈大夏〉. 世號夏后.


【修己】 인명 禹임금의 어머니.
【文命】 禹임금의 이름. 戎 땅에서 태어남.
【參漏】 觀相學에서 귓구멍이 셋인 경우를 말한다 함.
【九貢】 중국 천하를 九州로 나누어 각각 貢物의 표준을 정한 것.

【玄珪】 검은 색의 옥. 典禮 쓰이는 玉器.

【大夏】 禹임금 시대의 음악.《周禮》春官 大司樂의 "大夏" 注에 "大夏, 禹樂也, 禹治水傳士, 言其德能大中國也"라 함.

# 333 (34-14)  우임금의 후손들

　우禹임금은 그 자리를 아들 계啓에게 물려주었고, 계의 아들 태강太康
과 중강仲康이 계속해서 뒤를 이었다. 이들 두 사람에게 형제가 다섯이었
으나 모두가 덕이 없어 제사帝事를 감당할 수 없었다. 그리하여 모두가
제위를 잃고 낙수洛水 가로 피해 살았으니, 그 곳을 오관五觀이라 한다.


　傳嗣子啓. 啓子太康·仲康更立. 兄弟五人, 皆有昏德, 不堪
帝事, 降須洛汭, 是謂五觀.


【太康】周나라의 임금.
【仲康】太康의 아우로 역시 周의 왕이 됨.
【降須洛汭】降은 임금의 자리에서 내려오다. 즉 "왕의 자리를 잃다"는 뜻. 須는
　待, '기다리다'의 뜻. 洛은 洛水. 汭는 물가 굽은 땅. 태강과 중강이 失政으로
　왕위를 잃고 형제 다섯과 함께 낙수 가의 굽은 곳에 유폐되어 때를 기다림.
【五觀】觀은 지명. 다섯 형제가 관 땅에서 살았던 곳.

# 334
## (34-15) 하나라의 국세

　계啓의 손자 상相이 임금 자리를 이었으나 하夏나라의 국세는 나로 쇠약해졌다. 이에 후예后羿가 서鉏땅으로부터 궁석窮石이란 곳으로 옮겨 왔다. 그리고 하나라 백성을 모아 하나라 정치를 대신하면서 상相을 멸망시켜 버렸다. 그러나 그 때 상의 비妃 후민后緡이 마침 임신 중이었는데, 갇혔던 골방에서 나와 유잉有仍이란 곳으로 도망하여 소강少康을 낳았다. 유위국有爲國에서는 소강에게 목정牧正이란 벼슬을 주었다.


　孫相嗣位, 夏道浸衰. 於是后羿自鉏遷於窮石, 因夏民以代夏政, 滅相. 妃后緡方娠, 逃出自竇, 奔於有仍, 生少康焉. 爲仍牧正.


【相】子啓의 孫子. 이름이 相이었음.
【鉏】고대 小國이름. 땅이름. 지금의 河南省 滑縣.
【窮石】지명. 지금의 河南省 孟縣, 혹은 霍丘縣, 혹은 山東省 德州市 근처라고도 함.
【滅相】《左傳》哀公 元年의 기록에 의하면 相은 寒浞에게 멸망당하였다고 함.
【后緡】相의 아내.
【有仍】지명. 지금의 山東省 微山縣 서북쪽이라 함.
【牧正】가축을 기르는 일을 관장하는 지위.
【少康】夏나라를 다시 일으킨 임금.《史記》夏本紀 참조.

유궁후예有窮后羿는 자신의 활 솜씨를 믿고 백성의 일은 돌보지 않은
채 사냥에만 탐닉하였다. 그리고 현신賢臣 무라武羅·백인伯因·웅곤
熊髡·방어尨圉를 버리고 한착寒浞을 등용하였다. 한착은 백명씨柏明氏 참
讒의 자제로서 백명씨가 미워하여 내쫓은 인물인데, 후예가 이를 맞이
하여 그런 자를 믿고 일을 시켰던 것이다. 이미 재상이 되자 한착은
안으로는 아첨으로 사랑을 차지하고 밖으로는 뇌물을 뿌려 백성을
제멋대로 다스렸다.

우예虞羿가 사냥을 나가자 거짓 방법으로 자신의 권력을 세워 나라를
탈취하였다. 그의 위세에 눌린 내외가 모두 그에게 굴복하였다. 후예는
그럼에도 오히려 개전의 정을 보이지 않음에, 그가 사냥으로부터 돌아
오자, 나라 사람들이 나서서 그를 삶아 죽인 다음 그 국물을 후예의
아들에게 먹이려 하였다. 이들은 차마 먹지 못하고 궁窮 땅의 성문에서
자살해 버렸다.


羿恃己射也, 不修民事, 而淫於原獸; 棄武羅·伯因·熊髡·
尨圉, 而用寒浞. 浞·柏明氏讒子弟也. 柏明氏惡而棄之. 夷羿
收之, 信而使之. 以爲己相. 浞行媚於內, 施賂於外, 愚弄於民,
虞羿於田, 樹之詐匿, 以取其國家, 外內咸服. 羿猶不悛, 將歸自田,
家衆殺而烹之, 以食其子. 子不忍食諸, 死於窮門.

【有窮后羿】有窮氏 부족의 우두머리인 后羿. 后羿는 이름이며 활의 명수였고, 그 아내 嫦娥가 달로 도망한 '嫦娥奔月'의 고사를 낳음.

【武羅·伯仁·熊髡·尨圉】네 사람 모두 有窮后羿의 신하.

【寒浞】有窮后羿의 신하. 柏明氏 집단 출신. 뒤에 相을 죽이고 나라를 어지럽힘.

【虞羿於田】羿가 사냥을 나간 틈을 속임. 虞는 '속이다(欺)'의 뜻.

【匿】특(慝)의 簡字로 여김.

【窮門】有窮氏 집단이 사는 지역의 國門.

# 336
## (34-17) 한착

후예后羿의 신하인 미靡가 유격씨有鬲氏 땅으로 도망하였다. 한착寒浞은 마침 후예의 아내를 취하여 교澆와 희豷라는 두 아들을 낳았으며, 역시 자신의 교활한 속임수를 믿고 백성에게 덕을 베풀지 않았다. 그리고 아들 교로 하여금 군대를 이끌고 짐관씨斟灌氏와 짐심씨斟尋氏를 멸하도록 한 후, 희는 과過 땅에, 교澆는 과戈 땅에 봉하였다. 그리고 신하 초椒를 시켜 소강少康을 찾아내도록 하였다. 그런데 소강은 유우씨有虞氏 땅으로 도망하여 포정관胞正官을 하고 있었다. 유우씨 군주 사思는 자신의 두 딸을 소강에게 주어 윤綸땅을 다스리게 하였는데, 그 곳은 토지가 일성一成, 무리가 일려一旅 밖에 되지 않는 작은 곳이었지만 소강은 덕을 베풀며 자신의 계획을 준비하고 있었다. 그리하여 옛 하夏나라 군중을 모으고 그에 맞게 관직을 마련하였다.

미靡는 유격有鬲으로부터 이미 망한 짐관·짐심 두 나라 유민을 모아 한착을 벌하고 소강을 추대하였다. 소강은 이에 여애女艾를 시켜 교澆를 유인해 오도록 하고, 후저后杼를 시켜 희를 유인토록 하여, 드디어 과過·과戈 두 나라도 없앤 다음, 우禹나라의 업적을 부흥시켰다. 그리고는 하夏나라를 하늘에 제사 지내고는 옛 문물을 잃지 않아, 십칠세十七世를 거쳐 걸桀에 이르러 천하를 잃게 된다.

靡奔於有鬲氏. 泹因羿室生澆及豷, 恃其讒慝詐僞, 而不德
於民, 使澆用師, 滅斟灌及斟尋氏, 處豷於過, 處澆於戈, 使椒求
少康. 逃奔有虞, 爲之胞正. 虞思妻以二妃, 而邑諸綸, 有田一成,
有衆一旅, 能布其德, 而兆其謀, 以收夏衆, 撫其官職. 靡自有鬲
收二國之燼, 以滅泹, 而立少康焉. 乃使女艾誘澆, 使后杼誘豷,
遂滅過‧戈, 復禹之績, 祀夏配天, 不失舊物. 十有七世而桀亡
天下.

【靡】夏나라의 신하.

【有鬲氏】고대의 氏族. 고대에는 지역‧집단의 경우는 氏를, 母系血統의 경우
　에는 姓(대개 女子가 들어간 姓, 姜, 姬, 姚, 嬀…등)을 씀.

【澆‧豷】寒泹과 后羿의 사이에서 태어난 두 아들. 豷는 豷로도 씀.

【過‧戈】둘 모두 땅 이름.《左傳》襄公 4년에 “處澆於過, 處豷於戈”라 함.

【少康】소강이 有仍國에서 虞國으로 도망함.

【胞正】음식을 준비하는 관직의 장. ‘庖正’으로 써야 맞음.《左傳》哀公 元年에
　“爲之庖正”이라 하였고, 注에 “庖正, 掌膳羞之官”이라 함.

【虞思】有虞氏. 즉 虞나라의 군주. 思는 이름.

【綸】지명. 지금의 河南省 登封縣 서남쪽.

【一成】方圍 10리를 一成이라 함.

【一旅】500명을 한 단위로 一旅라 함.

【女艾】小康의 신하.

【后杼】小康의 아들.

# 무왕이 은을 멸하고

주周 무왕武王이 은殷을 멸하고 나서 하후씨夏后氏의 후손을 기杞 땅에 봉해 주었고, 그 중에 어떤 이는 증繒 땅을 봉해 주기도 하였다. 또 소호씨少皞氏의 후손은 기祁 땅에 봉해 주었다.

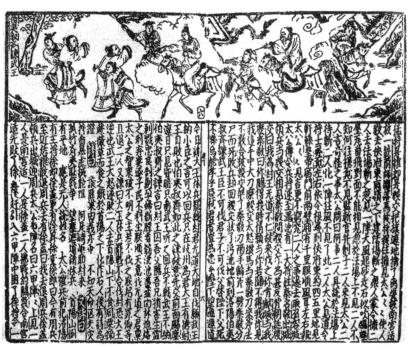

武王伐紂 元《全相平話五種》삽화

武王克殷, 而封其後於杞, 或封於繒, 又封少皥之胄於祁.

【武王】周나라 姬發. 文王의 아들. 殷紂를 멸함.
【杞】지명. 小國이름. 지금의 河南省 杞縣.
【繒】지금의 山東省 棗莊市 동쪽.
【祁】王宗炎은 郯의 誤記라 보았음. 지금의 山東省 郯城縣.《左傳》昭公 17년에
"郯子來朝, 昭子問: 少昊氏鳥名官何故? 郯子曰: 吾祖也, 我知之"라 함.

**338**
(34-19) 뭍에서 배를 끌 정도의 힘

교(澆)는 재주와 힘이 무리를 덮을 만하였으나, 그 용무(勇武)를 믿다가
마침내 망해 버렸다. 그래서 남궁괄(南宮适)은 "유궁후예는 활을 잘 쏘았고,
오(奡)는 뭍에서 배를 끌 정도의 힘이었지만 모두가 좋은 죽음을 얻지
못하였다"라 하였던 것이다.


　澆才力蓋衆, 驟其勇武而卒以亡. 故南宮括曰:「羿善射, 奡盪舟,
俱不得其死也.」


【南宮括】孔子의 제자. 南宮适로도 씀. 인용된 그의 말은 《論語》憲問篇에 실려
　　있음.
【奡】澆를 말함. 疊韻假借로 쓴 것. '오'로 읽음.

# 339
**(34-20)** 사성의 분화

사姒성은 많은 씨氏로 나뉘었으니, 바로 하후씨夏后氏·유호씨有扈氏·유남씨有南氏·짐심씨斟尋氏·박유씨泊溟氏·신씨辛氏·포씨褒氏·비씨費氏·과씨戈氏·명씨冥氏·회씨繪氏이며, 모두가 우禹의 후손이다.


姒姓分氏, 夏后·有扈·有南·斟尋·泊溟·辛·褒·費·戈·冥·繪, 皆禹後也.


【皆禹後也】본문의 11개 氏는 氏族 집단의 이름. 땅 이름과 관련이 있음.

전욱 고양씨와 팔개

요광搖光이란 별이 달처럼 깨끗하게 비추어 여추女樞의 유방지궁
幽防之宮에 감응하여, 이로써 여추가 흑제黑帝 전욱顓頊을 낳았다. 그의
상相은 병간駢幹으로 스스로는 호를 고양씨高陽氏라 하였고, 세상에서는
그를 공공씨共工氏라 부른다. 소호씨少皥氏의 뒤를 이었으며, 수덕水德
으로 정치를 펴서 수水로써 기기紀를 삼았다. 그 까닭으로 수사水師를
만들어 모든 관직명에 수水자를 넣어 불렀다.

소호씨少皥氏가 쇠약해질 때 구려九黎가 난을 일으키자, 중重과 여려黎을
시켜 이들을 토벌하여 종식시켰다. 해와 달을 상징하여 동서남북으로
뻗쳐 나갔으며, 〈오영五英〉이라는 음악을 지었다. 당시 재자才子가 여덟
이었는데 바로 창서蒼舒·퇴개隤凱·도연擣演·대림大臨·방강尨降·정견
庭堅·중용仲容·숙달叔達이다. 모두가 성스러움과 총명함이 있었으며,
훌륭하고 성실하여 천하 사람들이 이들을 팔개八凱라 불렀다. 공공씨의
아들은 구룡勾龍이었는데, 능히 구주九州의 토지를 정리하여 그를 후토
后土라 불렀다. 죽은 후 토지신 사社가 되어 천하가 그를 제사 지낸다.

搖光如月正白, 感女樞幽防之宮, 生黑帝顓頊. 其相駢幹. 身號
高陽, 世號共工. 代少皥氏. 其德水行, 以水紀, 故爲水師而水名.
承少皥衰, 九黎亂德, 及命重黎討訓服. 歷象日月, 東西南北. 作樂

〈五英〉. 有才子八人: 蒼舒・隤凱・擣演・大臨・尨降・庭堅・
仲容・叔達, 齊聖廣淵, 明允篤誠, 天下之人, 謂之八凱. 共工氏
有子曰勾龍, 能平九土, 故號后土, 死而爲社, 天下祀之.


【搖光】瑤光. 별 이름.
【女樞】顓頊의 어머니라 함.
【幽防】幽方. 宮室 이름.
【骿幹】肋骨이 서로 연접하여 붙어 있음.
【共工】《淮南子》原道訓에 "共工與高辛爭爲帝"라 하였고, 兵略訓에는 "共工爲
　水害, 故顓頊誅之"라 하여 설이 다름.《左傳》昭公 17년, 29년에 共工의 사건이
　실려 있음.
【九黎】少昊氏의 제후.
【重】하늘을 다스리는 관직(司天之官)이었다 함.
【黎】땅을 다스리는 관직(司地之官)이었다 함.
【及命重黎討訓服】汪継培는 이 문장 뒤에 脫文이 있다 하였음.《大戴禮記》
　五帝德에 "顓頊乘龍而至四海, 北至於幽陵, 南至於交趾, 而濟於流沙, 東至於
　蟠木. 動靜之物, 大小之神, 日月所照, 莫不砥礪"라 함.
【五英】顓頊 시대의 음악. '五莖'이 옳다고 봄.《周禮》春官 大司樂의 賈公彦
　疏에《緯書》를 인용하여 "顓頊之樂曰五莖"이라 하였고, 그 注에 "能爲五行之道
　立根莖"이라 함. 그러나《白虎通》禮樂篇에는 오히려 '六莖'이라 하였음.
【八凱】八愷와 같음. 愷는 和合, 和諧의 뜻. 본문 위의 여덟 명을 말함.
【后土】共工氏의 아들 勾龍. 뒤에 土地神 社가 됨.
【社】土地神. 稷은 穀神. 이에 왕조가 건립되면 토지와 곡식의 신을 모시는
　'社稷'을 세움.

# 341
## (34-22)

# 제비 알을 먹고 낳은 설

제곡帝嚳의 둘째 아내 융간娀簡 적狄이 제비의 알을 삼키고 설契을
낳았다. 설은 요堯임금의 사도司徒가
되었는데, 그 직책은 백성을 친속시
키고 오품五品을 준수하게 하는 것이
었다.

娀簡吞燕卵生子契, 爲堯司徒,
職親百姓, 順五品.

玄鳥賜喜 淸 蕭雲(畫)

【娀簡】契의 어머니인 簡狄. 有娀氏의 여
자이며, 帝嚳의 次妃로 알려짐. '玄鳥卵
生'의 神話를 낳음.
【司徒】백성의 敎化를 맡은 관직.
【五品】五常. 즉 父義, 母慈, 兄友, 弟恭,
子孝의 덕목.

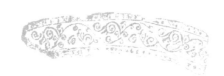

# 342
## (34-23) 은탕 천을의 출생

부도扶都가 흰 기氣가 달을 꿰뚫는 모습을 보고 감응하여 흑제黑帝 자리
子履를 낳았다. 자리는 상相이 사주四肘
로서 스스로는 탕湯이라 하였고, 세상
에서는 은殷이라 불렀다. 천하를 태평
시대로 이끌었다.

帝乙(商)

扶都見白氣貫月, 意感生黑帝
子履, 其相二[四]肘. 身號湯, 世
號殷, 致太平.

【扶都】人名. 殷湯의 어머니.
【子履】湯 임금의 이름. 湯은 '天乙', 혹은
  '履'라는 이름이 있었음.
【四肘】觀相學에서 한 팔에 팔꿈치가 둘
  이 있는 것. 두 팔에 4개의 주(肘)가 있는 형상.

# 343
## (34-24) 은 고종 무정과 부열

　뒤에 은殷나라가 쇠약해지자 무정武丁이 태어나 즉위하였다. 그는 묵묵히 말이 없었으며, 삼 년 동안이나 기도한 끝에 현인을 얻어 그를 사師로 삼는 꿈을 꾸게 되었다. 이에 꿈에서 깨자 사람을 시켜 그 꿈속의 인물을 찾으려고 사방 누추한 곳까지 뒤져 부열傳說을 얻게 되었다. 그는 마침 서미胥靡로서 바위에 붙어 성을 쌓고 있는 일을 하고 있었다. 무정은 그를 찾아 대공大公을 삼아 조석으로 그의 의견을 들으며, 자신이 게을러지지 않을까 경계하였다.

殷 高宗(武丁) 《三才圖會》

　그리고 이렇게 말하였다.

　"내가 만약 쇠붙이라면 너를 나의 숫돌로 삼으리라. 내가 큰 냇물을 건너려 한다면 너를 배와 노로 삼으리라. 만약 큰 가뭄을 만나면 너를 단비로 여기리라. 너의 마음을 열어 남의 마음을 살찌게 해 주렴. 마치 약을 복용할 때 그 약이 훌륭하지 못하면 그 병을 고칠 수 없는 것과 같고, 만약 맨발로 뛰면서 땅을 잘 살피지 않으면 그 다리에 상처를 입는 것과 같다. 너는 하나씩 나를 가르쳐 주려무나. 나를 버리지 말라!"

그래서 능히 중흥中興을 이루어 고종高宗이라 칭할 수 있게 된 것이다. 그 뒤 제신帝辛에 이르러 나라가 망하였으며, 천하 사람들은 그 제신을 주紂라 부른다.

後衰, 乃生武丁. 卽位, 默以不言, 思道三年, 而夢獲賢人以爲師. 乃使以夢像求之四方側陋, 得傅說, 方以胥靡築於傅巖. 升以爲大公, 而使朝夕規諫. 恐其有憚怠也, 則勑曰:「若金, 用汝作礪; 若濟巨川, 用汝作舟楫; 若時大旱, 用汝作霖雨. 啓乃心, 沃朕心. 若藥不瞑眩, 厥疾不瘳; 若跣不視地, 厥足用傷. 爾交修余, 無棄!」故能中興, 稱號高宗. 及帝辛而亡, 天下謂之紂.

【武丁】 殷湯의 아들. 高宗. 殷의 中興祖.《說苑》등 참조.
【胥靡】 '노예'를 뜻함.
【傅巖】 지명. 虞와 虢사이에 있었다 함. 혹은 '노예로서 바위에 붙어 성 쌓는 힘든 일을 하다'의 뜻으로도 봄. 그 때문에 그의 이름을 부열(傅說)이라 부른 것임.
【大公】 당시의 큰 벼슬. 재상. 相尹.
【若金~無棄】《尙書》 說命篇의 孔安國 傳에 "開汝心以沃我心, 如服藥必瞑眩極 其病乃除. 欲其出切言以自警, 跣必視地, 是乃無害, 言欲使爲己所聽"이라 함.

# 344
(34-25) 미자와 기자

무왕武王은 은殷의 신하인 미자微子 계啓를 송宋 땅에 봉하고 기자箕子를
조선朝鮮에 봉하였다.


武王封微子於宋, 封箕子於朝鮮.


【微子】 紂王의 庶兄. 武王이 殷의 제사를 잇도록 宋에 봉하였음. 이름은 啓.
《史記》宋微子世家 참조.
【箕子】 紂王의 叔父. 武王이 朝鮮에 봉하였다고 함.《史記》朝鮮列傳 참조.
【朝鮮】 고대 韓半島 및 중국 東北 일대의 나라.

345
(34-26) 자성의 분화

자성子姓은 여러 씨氏로 나뉘었으니, 은씨殷氏·시씨時氏·래씨來氏·송씨宋氏·륵씨扐氏·소씨蕭氏·공동씨空同氏·북단씨北段氏 등이다. 이들은 모두 탕湯의 후손들이다.

子姓分氏, 殷·時·來·宋·扐·蕭·空同·北段, 皆湯後也.

【皆湯後也】《史記》 殷本紀에 의하면 舜이 契에게 子氏 姓을 내렸으며 武王은 殷을 멸한 후 微子를 宋에 봉하였는데, 역시 子姓으로 되어 있음. 본문에 거론된 성씨에 대해 汪継培는 '扐'은 '黎', '北段'은 '北殷'의 오기라 하였음.

⊛ 〈五德志〉를 바탕으로 五行과 帝王의 관계를 보이면 다음과 같다.

　ⓐ 木德 – 東 – 靑帝 – 春 　— 太皞 伏羲氏 帝嚳 高辛氏　　　 棄 – 周
　ⓑ 火德 – 南 – 赤帝 – 夏 　— 炎帝 神農氏　　　　　　　　 堯 – 唐
　ⓒ 土德 – 中 – 黃帝 – 季夏— 黃帝 軒轅氏　　　　　　　　 舜 – 虞
　ⓓ 金德 – 西 – 白帝 – 秋 　— 少昊 金天氏　　　　　　　　 禹 – 夏
　ⓔ 水德 – 北 – 黑帝 – 冬 　— 顓頊 高陽氏　　　　　　　　 契 – 商

⊛ 그 외에 이들의 氏, 名 등을 다음 장 〈지씨성(志氏姓)〉과 연관지어 모아 보면 다음과 같다.

ⓐ 天皇氏(木德). 地皇氏(火德). 人皇氏

ⓐ 有巢氏(構木爲巢, 食木實)

ⓐ 燧人氏(始鑽燧, 敎人火食)

ⓐ 太昊 伏羲氏(風姓, 木德, 龍紀)

ⓐ 女媧氏(風姓, 木德)

ⓐ 그 뒤의 風姓：共工氏. 太庭氏. 柏皇氏. 中央氏. 歷陸氏. 驪連氏. 赫胥氏.
　尊盧氏. 混沌氏. 昊央氏. 朱襄氏. 葛天氏. 陰康氏. 無懷氏 등 15世.

ⓐ 炎帝 神農氏(姜姓, 火德) 帝承, 帝臨, 帝則, 帝百, 帝來, 帝襄, 帝楡 8世(陳→
　曲阜).

ⓐ 黃帝 軒轅氏(土德, 姬姓, 公孫姓)

ⓐ 少昊 金天氏 黃帝의 아들. 鳥紀, 金德.

ⓐ 顓頊 高陽氏 少昊의 아들 水德

ⓐ 帝嚳 高辛氏 少昊의 손자, 亳에 도읍. 木德

ⓐ 帝堯 陶唐氏, 伊祁姓, 제곡의 아들. 火德.

ⓐ 帝舜 有虞氏. 姚姓. 土德.

ⓐ 禹 夏后氏. 姒姓.

畫像石 〈伏羲, 女媧〉

# 35. 지씨성志氏姓

지씨성志氏姓은 씨氏와 성姓을 기록하였다는 뜻이다. 이는 특이하게 각 족속의 성씨姓氏에 대해 그 본원本源과 유변流變을 밝혀 중국의 민속학·성씨학·역사학 등에 아주 귀중한 자료로 평가받고 있다. 특히 지명地名·국명國名·관명官名 등 초기 성씨의 출현에 대해 과학적인 시각으로 접근함으로써 중국 성씨에 대한 연구에 전범이 될 뿐만 아니라, 고대사古代史 연구에도 큰 도움을 주고 있다.

✸ 본 책 〈叙錄〉(36-35)을 참조할 것.

〈伏羲와 女媧〉(畵像石) 東漢 山東 嘉祥縣 武梁祠

# 346
## (35-1)
# 고대 성씨의 기원

　옛날 성왕聖王은 천지를 관찰하고 신명神明을 궁구하여. 명력命歷의 거취를 알아보고 군신群臣의 덕업을 살펴 성姓과 씨氏를 내려 주거나 명명하였으니, 이는 그 공과 덕을 현창하기 위함이었다.

　전해 오기로 백성은 그에 맞게 관직이 백 가지가 있었고, 왕공의 자제는 천 가지가 있었으니 세세로 그 관직을 들어 그 사물에 맞게 성을 내려 주었다. 이것이 곧 백성百姓이다. 이리하여 성에는 그 품직品職이 열 가지이며 이를 왕에 맞추어 천 가지 품직이라 말하는 것이다.

　옛날 요堯임금은 설契에게 자子성을 내려 주었고, 기棄에게는 희姬성을 내려 주었다. 우禹에게는 사姒성을 내려 주었으며, 그의 씨氏는 유하有夏였다. 백이伯夷는 강姜성으로 그 씨는 유려有呂였다. 그 다음 삼대三代로 내려오면서 관직에 대대로 공이 있으면 그에 맞는 관족官族이 있게 되었고, 봉읍封邑을 받은 경우도 역시 이와 같았다.

　후세에 그 족속이 미미해지고 쇠말해진다 해도 역시 그 관직이나 봉읍으로 성姓을 삼았으면 더 이상 이를 바꾸지 않았다. 따라서 더러는 본래의 성을 이어 받기도 하고, 또 더러는 그 씨호氏號나 읍호邑號를 성으로 삼기도 하며, 또는 나라 이름, 작위 이름, 관직 이름, 자字, 맡은 일, 거주 지역, 혹은 자신의 표지標志를 이어 받기도 하였다.

　이를테면 오제五帝・삼왕三王 때는 소위 말하는 호號를 썼으며, 문文・무武・소昭・경景・성成・선宣・대戴・환桓 등은 시諡이다. 그리고 제齊・노魯・오吳・초楚・진秦・진晉・연燕・조趙는 그 나라를 일컫는 것이며, 왕씨王氏・

후씨侯氏·왕손王孫·공손公孫 등은 그 작위爵位를 말한 것이다.

　그런가 하면 사마司馬·사도司徒·중항中行·하군下軍 등은 그 관직에서 유래된 것이며, 백유伯有·맹손孟孫·자복子服·숙자叔子 등은 자字를 이어 받은 것이다. 그리고 무씨巫氏·장씨匠氏·도씨陶氏는 그 직업의 일을 말한 것이며, 동문東門·서문西門·남궁南宮·동곽東郭·북곽北郭 등은 사는 곳을 성으로 삼은 예에 해당한다. 그리고 삼오三烏·오록五鹿·청우青牛·백마白馬 등은 특정한 표지를 성으로 삼은 것이다. 무릇 이러한 성씨姓氏는 모두가 그 속한 근원이 있으나 일일이 다 따져 보기는 어렵다.


　昔者, 聖王觀象於乾坤, 考度於神明, 探命歷之去就, 省羣臣之德業, 而賜姓命氏, 因彰德功. 傳稱民之徹官百, 王公之子弟千, 世能聽其官者, 而物賜之姓, 是謂百姓. 姓有徹品十, 於王謂之千品.

　昔堯賜契姓子, 賜棄姓姬, 賜禹姓姒, 氏曰有夏, 伯夷爲姜, 氏曰有呂. 下及三代, 官有世功, 則有官族, 邑亦如之. 後世微末, 因是以爲姓, 則不能改也. 故或傳本姓, 或氏號邑謚, 或氏於國, 或氏於爵, 或氏於官, 或氏於字, 或氏於事, 或氏於居, 或氏於志.

　若夫五帝三王之世, 所謂號也; 文·武·昭·景·成·宣·戴·桓, 所謂謚也. 齊·魯·吳·楚·秦·晉·燕·趙, 所謂國也. 王氏·侯氏·王孫·公孫, 所謂爵也. 司馬·司徒·中行·下軍, 所謂官也. 伯有·孟孫·子服·叔子, 所謂字也. 巫氏·匠氏·陶氏, 所謂事也. 東門·西門·南宮·東郭·北郭, 所謂居也. 三烏·五鹿·青牛·白馬, 所謂志也. 凡厥姓氏, 皆出屬而不可勝紀也.

【觀象】자연물질의 變化와 특징을 관찰함.

【命歷】天命과 歷數. 자연의 순환.

【因彰德功】《白虎通》姓名篇에 "所以有氏者何? 所以貴功德, 賤伎力, 或氏其官, 或氏其事. 聞其氏卽可知其德, 所以勉人爲善也"라 함.

【謂之千品】《國語》楚語의 구절. 이는 楚나라 大夫 觀射父가 楚 昭王에게 회답한 말. "徹百官"에 대해 韋昭 注에는 "徹, 達也. 自以名達於上者, 有百官也"라 함. "物賜之姓"에 대해서는 韋昭 注에 "物, 事也. 以功事賜之姓"이라 하였으며, "姓有 徹品十"에 대해서 역시 韋昭 注에 "謂一官之職, 其寮屬徹於王者十品, 百官故有 千品也"라 하였다.

【官族】《國語》楚語 韋昭 注에 "官有世功. 則有官族, 若司馬·太史之屬是也" 라 함.

【標志】토템 등의 숭배대상이나 목적대상. 또는 기록되어온 사건 등.

【諡】諡號. 고대 제왕. 귀족. 대신. 혹은 지위 있는 사람이 죽은 후, 그의 생전 사적이나 공덕을 기려 붙여 주는 칭호.

【不可勝紀】이상의 씨성 표기문자는 통가, 이체자 등의 기록이 다르기도 함.

# 347
## (35-2)
# 성씨와 조상

위후衛侯는 동성同姓인 형邢나라를 멸망시켰고, 소공昭公은 같은 성씨인 오왕吳王의 딸을 아내로 맞아 모두가 같은 조상이라고 비판하였다. 근대 이래로는 그러한 일로 해서 반드시 비판받는 것은 아니다.

고대의 사성賜姓은 대체적으로 동조同祖인가를 따져 보는 데에 쓰이지만 그 나머지의 성씨는 확정을 짓기가 어렵다.

주실周室이 쇠미해지자 오吳·초楚가 왕호를 참칭하였고, 그 뒤 칠국七國으로 내려오면서 모두가 왕을 칭하였다. 그러므로 왕씨王氏·왕손씨王孫氏·공손씨公孫氏니 하는 것과 그 씨호氏號나 관호官號는 나라마다 다 있어, 천 팔백 나라를 헤아려 보면 그 시호·관호는 수만 가지나 된다. 따라서 그 시조가 모두 같다고 할 수는 없다. 손씨孫氏성만 하더라도 더러는 왕손씨王孫氏의 반열班列일 가능성이 있고, 또는 그 밖의 여러 손씨의 반열일 수도 있다. 그러므로 더러는 같은 조상이면서 다른 성씨도 있고, 같은 성씨지만 다른 조상일 수도 있다. 역시 복잡하게 뒤섞여 변화를 거쳐 생겨난 것이다. 더러는 어머니 성을 따르기도 하고, 또는 원수를 피해 성씨를 바꾸기도 하였던 것이다. 이처럼 일률적으로 어느 성씨인가 하는 것은 성인만이 알 수 있다. 지금 백성이 서로 흩어져 섞인 지 오래되어 그 발음조차 일정치 않다. 사람은 태어나면서부터 자신의 조상을 중시한다. 그러므로 대략적으로 확연한 것들만 골라 이에 선비들이 덜고 뺄 수 있도록 거론해 보겠다.

衛侯滅邢, 昭公娶同姓, 言皆同祖也, 近古以來, 則不必然, 古之賜姓, 大諦可用, 其餘則難. 周室衰微, 吳楚僭號, 下歷七國, 咸各稱王, 故王氏·王孫氏·公孫氏, 及氏諡官, 國自有之, 千八百國, 諡官萬數, 故元不可同也, 及孫氏者, 或王孫之班也, 或諸孫之班也, 故有同祖而異姓, 有同姓而異祖, 亦有雜厝, 變而相入, 或從母姓, 或避怨讎, 夫吹律定姓, 惟聖能之, 今民散久, 鮮克達音律, 天主尊正其祖. 故且略紀顯者, 以待士合揖損焉,

【衛侯滅邢】 모두가 천자의 本家이나 서로 싸웠던 사건의 나열임. 《左傳》僖公 25년 참조.

【吳楚僭號】 昭公이 同姓의 아내를 맞이함. 魯(周公)와 吳(泰伯)는 그 시조가 같은 姬氏였다. 魯 昭公이 吳王의 딸 孟子를 부인으로 맞이하자 《春秋》哀公 2년에 이를 기록하면서 성을 표기하지 않는 것으로 비판하였으며, 《論語》에도 이 사실이 실려 있다.

【諸孫】 여러 孫氏. 즉 公孫氏·孟孫氏·叔孫氏 등.

【吹律定姓】 소리에 의해 그 성을 확정함. 《白虎通》姓名에 "聖人吹律定姓以紀其族"이라 함.

# 348
(35-3)

## 풍성 복희씨

복희伏羲는 성이 풍風이다. 그 후손으로 봉을 받은 나라가 임任·숙宿·수구須胊·전유顓臾 넷이다. 이들은 태호太皞와 제수濟水를 제사지내는 일과 동몽산東蒙山을 주관하는 일을 맡았었다. 노魯 희공僖公의 어머니는 성풍成風으로 아마 수구須胊의 딸이었을 것이다. 그리고 노나라 계씨季氏가 전유顓臾를 치려 하자 공자孔子가 이를 같은 성씨라고 기롱하였던 것이다.

伏羲姓風, 其後封任·宿·須胊·顓臾四國, 實司大皞, 與有濟之祀, 且爲東蒙主. 魯僖公母成風, 蓋須胊之女也, 季氏欲伐顓臾, 而孔子譏之.

伏羲氏

【任】 지명. 지금의 山東省 任城縣.

【宿】 지명. 지금의 山東省 平縣 근처.

【須朐】 역시 지금의 山東省 平縣 근처.

【顓臾】 지금의 山東省 費縣 서북쪽. 季氏가 이를 치려하자 孔子가 말린 내용이 《論語》季氏篇에 실려 있음.

【濟水】 물 이름. 고대 제사의 대상인 사독(四瀆)의 하나.

【東蒙】 蒙山. 東蒙山. 지금의 山東省 蒙陰縣 남쪽.《論語》季氏篇 참조.

【季氏】 春秋 시대 魯나라 大卿. "季氏伐顓臾"는《論語》季氏篇 참조.

# 349 (35-4) 강태공의 조상

염제炎帝의 후손으로서 사악四嶽 중의 하나인 백이伯夷가 있었다. 그는 요堯임금의 전례典禮로서 백성의 소송을 판결하고 형법을 만들었다. 그로 인해 그는 신申과 여呂땅에 봉을 받았다. 그 후예가 여상呂尙을 낳았는데 바로 문왕文王의 사師가 되어 은殷나라를 멸하고 제齊땅에 봉을 받은 강태공姜太公이다. 그 외에 염제의 후손으로 허許땅·상向땅, 또는 기紀·신申 땅에 봉을 받은 이가 있다. 신성申城은 지금의 남양군南陽郡 완현宛縣 북서산北序山의 아래에 있다.

《시詩》에는 이렇게 말하였다.

"훌륭한 신백을 불러,     亹亹申伯
왕께서 제후의 일 맡기시었네.     王薦之事
저 서序땅을 내려 주시며,     于邑于序
남쪽 나라에 법도를 세우게 하셨네."     南國爲式

완현 서쪽 삼십 리에 여성呂城이 있고 허許는 영천潁川에 있다 하였으니, 지금의 허현許縣이 바로 그 곳이다. 강융씨姜戎氏는 이수伊水·낙수洛水 사이에 있었으나 진晉 혜공惠公 때에 육혼현陸渾縣으로 이주시켰다. 주州· 박薄·감甘·희戲·노露·이怡씨 및 제齊나라의 국씨國氏·고씨高氏·양씨襄氏·습씨隰氏·사강씨士強氏·동곽씨東郭氏·옹문씨雍門氏·자아씨子雅氏·

자미씨子尾氏·자양씨子襄氏·자연씨
子淵氏·자건씨子乾氏·공기씨公旗氏·
한공씨翰公氏·하씨賀氏·노씨盧氏는
모두가 강姜 성이다.

炎帝苗冑, 四嶽伯夷, 爲堯典
禮, 折民惟刑, 以封申·呂, 裔生
尙, 爲文王師, 克殷而封之齊, 或
封許·向, 或封於紀, 或封於申,
申城在南陽宛北序山之下, 故詩
云:『亹亹申伯, 王薦之事, 于邑
于序, 南國爲式.』宛西三十里有
呂城, 許在潁川, 今許縣是也, 姜
戎居伊·洛之閒, 晉惠公徙置陸
渾, 州·薄·甘·戲·露·怡, 及齊
之國氏·高氏·襄氏·隰氏·士

〈神農採藥圖〉

强氏·東郭氏·雍門氏·子雅氏·子尾氏·子襄氏·子淵氏·
子乾氏·公旗氏·翰公氏·賀氏·盧氏, 皆姜姓也.

【四嶽】 中原을 가운데로 사방의 山에 제사의 임무를 부여받은 重臣.
【伯夷】 四嶽 중의 하나. 周初의 伯夷, 叔齊와는 다른 인물임.
【折】 소송을 판결함.
【申】 지명. 지금의 河南省 南陽縣 북쪽.
【呂】 역시 河南省 南陽縣 서쪽.
【呂尙】 姜氏. 호는 太公. 자는 子牙. 姜太公.

【齊】지금의 山東省 淄博市 臨淄.

【許】지금의 河南省 許昌市 근처.

【向】'상'. 지금의 山東省 莒縣 남쪽.

【紀】지금의 山東省 壽光縣 경내.

【北序山】《漢書》地理志의 南陽郡 注에 北筮山이 있어 이곳이 아닌가 함.

【詩】《詩經》大雅 嵩高의 구절.

【申伯】周 宣王 때의 卿. 申나라 군주.

【穎川】秦漢때의 郡이름. 지금의 河南省 중부 및 남부 일대를 관할하는 구역이었음.

【伊洛】伊水와 洛水. 지금의 河南省을 흐르는 두 물줄기.

【陸渾】지명. 지금의 河南省 嵩縣 동남쪽.

# 350
## (35-5) 황제의 스물다섯 아들들

　황제黃帝는 아들이 스물다섯이 있었는데 열두 반열로 나뉘었다. 즉
희姬·유酉·기祁·기己·등滕·점葳·임任·구拘·희釐·길姞·현儇·의衣씨가
그들이다.

　춘추春秋 시대에 기해祁奚라는 인물이 있어 자신의 아들과 원수를
천거한 일로 그 충직함이 알려진 사람이 있다. 거자莒子는 성이 기己씨
였으며, 하夏나라가 흥할 때 임해任奚라는 이가 하나라의 거정관車正官
벼슬로 있다가 설薛 땅에 봉해 졌다. 그 뒤 그는 비邳 땅으로 옮겨
그 후손인 중올仲虺이 계속 설 땅에 살면서 탕湯의 좌상左相이 되었다.

　왕계王季의 비妃 태임太任 및 사謝·장章·창昌·채采·축祝·결結·천泉·
비卑·우遇·광대狂大씨 등은 모두가 임씨任氏이다.

　길씨姞氏의 딸이 후직后稷의 원비元妃가 되어 주周나라 선조들을 번성
시켰다. 길씨姞氏는 연燕 땅에 봉해 졌었다. 뒤에 정鄭나라에 연길燕姞이
라는 천한 첩이 있어 꿈에 신이 그에게 난초를 주면서 이렇게 말하였다.
"나는 백조伯儵로서 너의 조상이다. 이를 주어 나라를 갖게 하리니
남에게 향기를 내어 사랑을 받으리라." 정鄭 문공文公이 연길을 보고
난초를 주면서 자신을 받들도록 하였다. 뒤에 연길이 자신의 꿈 얘기를
하면서 이렇게 말하였다.

　"첩은 재주가 없사오나 다행스럽게 아기를 가졌습니다. 믿지 못하시
겠거든 감히 난초를 징험해 보소서." 문공이 "좋다" 하였으며, 드디어
정鄭 목공穆公을 낳았다. 이 길씨의 지파로는 감闞·윤尹·채蔡·광光·

〈黃帝蚩尤戰鬪圖〉

노魯·옹雍·단斷·밀수密須씨 등이 있다.

한漢나라 때에 이르러 하동河東에 질도郅都라는 사람이 있었고, 여남汝南에 질군장郅君章이란 인물이 있어, 이 길姞과 질郅과 같은 음音의 성씨로써 글씨만 다를 뿐이다. 그 두 사람은 당대에 유명하였던 인물들이다.


黃帝之子二十五人, 班爲十二: 姬·酉·祁·己·滕·葴·任·拘·釐·姞·儇·衣氏也. 當春秋, 晉有祁奚, 擧子薦讎, 以忠直著. 莒子姓己氏. 夏之興, 有任奚爲夏車正, 以封於薛, 後遷於邳, 其嗣仲虺居薛, 爲湯左相, 王季之妃大任, 及謝·章·昌·采·祝·結·泉·卑·過·狂大氏, 皆任姓也.

姞氏女爲后稷元妃, 繁育周先. 姞氏封於燕, 有賤妾燕姞, 夢神與之蘭曰:「余爲伯鯈, 余爾祖也. 以是有國香, 人服媚.」及文公見姞, 賜蘭而御之. 姞言其夢, 且曰:「妾不才, 幸而有子, 將不信, 敢徵蘭乎?」公曰:「諾.」遂生穆公, 姞氏之別, 有闞·尹·蔡· 光·魯·雍·斷·密須氏, 及漢, 河東有郖都, 汝南有郖君章, 姓音 與古姞同, 而書其字異, 二人皆著名當世.

【祁奚】 春秋 시대 晉나라 대부. 晉 悼公 3년에 늙어 퇴위하면서 자신의 원수인 解狐를 추천하였고, 다시 뒤에는 자신의 아들을 추천하여 親疏 구별이 없음을 보임. 《左傳》 襄公 3년 및 《說苑》, 《新序》 등 참조.

【車正】 수레를 담당하는 관직.

【薛】 지금의 山東省 微山縣 서북쪽.

【邳】 지금의 江蘇省 邳縣.

【元妃】 正婦人. 元配夫人.

【燕】 여기서는 南燕을 가리킴. 지금의 河南省 汲縣.

【文公】 鄭 文公. 春秋 시대 鄭나라 군주.

【遂生穆公】 이상의 이야기는 《左傳》 宣公 3년을 볼 것.

【河東】 지금의 山西 남부, 황하의 동쪽 일대.

【汝南】 지금의 河南省 上蔡縣 일대.

# 351
**(35-6)** 사마천의 선조

　소호씨少皞氏의 시대가 쇠미해지자 구려九黎가 난을 일으켰다. 전욱
顓頊이 나라를 이어 받자 이에 남정南正 중重을 시켜 하늘의 사무를
맡아 신의神意를 알아보게 하고, 화정火正 려黎를 시켜 땅의 사무를
살펴 백성의 뜻을 살피게 한 다음, 옛 상법常法을 회복하여 서로 침해하지
못하게 하였다. 이를 일컬어 절지천통絶地天通이라 한다. 무릇 여黎는
전욱씨顓頊氏의 후계인 오회吳回이다. 그는 고신씨高辛氏의 화정火正이
되어, 천명지덕天明地德을 빛나게 하여 사해四海를 밝힌 인물로, 그 때문
에 이름을 축융祝融이라 한다. 그 후로
삼묘三苗는 구려九黎 이전의 덕을 회복하
였으며, 요堯도 계속해서 중과 여의 후손
을 등용하여 옛 유업을 잊지 않도록 하였
으며, 희백羲伯으로 하여금 그 업무를 잇
도록 한 것이 그것이다.

司馬遷

　그러므로 중려씨는 계속해서 천지天地
를 관장하는 씨족이 되어, 각각 그 주된
업무로 나뉘었다가 삼대三代를 거쳐 정程
땅에 봉해졌다. 주周나라 세대에 이르러
선왕宣王 때 대사마大司馬가 되었다.

　《시詩》에는 이렇게 찬미하고 있다.

顓頊 高陽氏《三才圖會》

司馬遷 清 上官周(畫) 〈晚笑堂畫傳〉

“왕께서 대신에게 이르시기를,
　정백휴보程伯休父를 사마로 삼으셨다네.”

王謂尹氏
命程伯休父

　중려의 후대는 뒤에 그 직위를 잃고 진晉나라로 가서 사마의 벼슬을 하였는데, 사마천司馬遷은 스스로 자신이 그 후손이라 하였다.


　少皞氏之世衰, 而九黎亂德, 顓頊受之, 乃命南正重司天以屬神, 命火正黎司地以屬民, 使復舊常, 無相浸瀆, 是謂絶地天通. 夫黎, 顓頊氏裔子吳回也. 爲高辛氏火正, 淳燿天明地德, 光四海也, 故名祝融. 後三苗復九黎之德, 堯繼重·黎之後, 不忘舊者, 羲伯復治之. 故重黎氏世序天地, 別其分主, 以歷三代, 而封於程. 其在周世, 爲宣王大司馬, 詩美『王謂尹氏, 命程伯休父』. 其後失守, 適晉爲司馬, 遷自謂其後.

【南正】고대 五官의 하나. 木正官.

【火正】火正官. 火星에게 제사 지내며 불에 관한 것을 담당함.

【絶地天通】人神相通의 관계가 끊어짐. 이상의 내용은《國語》楚語를 볼 것.

【程】지금의 陝西省 咸陽縣 서북쪽. 혹은 河南省 洛陽縣 동쪽이라고도 함.

【詩】《詩經》大雅 常武의 구절. 程伯休父는 周 宣王 때의 大司馬였으며 司馬氏로
 성씨가 이어짐.

【司馬遷】《史記》의 저자.《史記》太史公自序를 볼 것.

# 352
(35-7) 축융 후손들의 성씨

축융祝融의 후손은 여덟 성으로 나뉘었다. 즉, 기己·독禿·팽彭·강姜·운妘·조曹·사斯·미芈가 그것이다. 기己성의 후손으로 요숙안颺叔安이란 자가 있고, 그 후손의 아들로 동보董父라는 자가 있었는데, 용龍을 아주 좋아하였다. 그는 용의 성질을 잘 살펴 그 용들을 먹이고 길렀다. 그리하여 많은 용들이 그에게 귀의해 오자 이에 그 용을 기르는 방법으로 제순帝舜을 받들어 모시게 되었고, 동董의 성을 하사 받고, 씨를 환룡豢龍이라 하였으며, 종천豵川에 봉을 받았다. 종이豵夷와 팽성彭姓의 시위豕韋는 모두가 용을 길들이는 데 뛰어 났던 자들이다. 환룡씨豢龍氏는 충간忠諫을 하다가 걸桀에게 죽음을 당하고 말았다.

무릇 축융의 자손으로 기성己姓은 곤오昆五·적籍·호扈·온溫·동董으로 나뉘었다.


祝融之孫, 分爲八姓: 己·禿·彭·姜·妘·曹·斯·芈. 己姓
之祠颺叔安, 其裔子曰董父, 實甚好龍, 能求其嗜欲, 以飲食之,
龍多歸焉. 乃學擾龍, 以事帝舜. 賜姓曰董, 氏曰豢龍, 封諸豵川,
豵夷·彭姓豕韋, 皆能馴龍者也, 豢龍逢以忠諫, 桀殺之, 凡因
祝融之子孫, 己姓之班, 昆吾·籍·扈·溫·董.

【芈】楚나라의 성씨. '미'로 읽음.

【董父】고대 龍을 잘 길렀던 인물.

【豢龍氏】關龍逢(關龍逄)으로도 부르며 桀王에게 죽음.

# 353
## (35-8) 일부 성씨의 멸망

　독성禿姓의 종이朡夷와 환룡豢龍은 하夏나라 때 멸망하였으며, 팽성彭姓의 팽조彭祖·시위豕韋·제계諸稽는 상商나라 때 멸망하였고, 강성姜姓의 회인會人은 주周나라 때 멸망하였다.


　禿姓朡夷·豢龍, 則夏滅之, 彭姓彭祖·豕韋·諸稽, 則商滅之, 姜姓會人, 則周滅之.


【會人】汪繼培는 '舟人'의 잘못으로 보았음.《國語》鄭語에 "禿姓舟人, 則周滅之"라 함.
【周滅之】이상《國語》鄭語를 볼 것.

# 354
(35-9) 멸망한 나라와 그 성씨들

운성妘姓의 후대는 언鄢·회會·노路·핍양偪陽 등지에 봉을 받았다. 언鄢은 중임仲任을 아내로 맞아 탐욕스럽고 인색하여, 어진 이·능력 있는 이를 업신여기다가 그 나라를 망치고 말았다. 그리고 회會는 하수河水와 이수伊水 사이에 있었는데, 그 임금이 교만하고 인색하였으며 작위와 봉록을 깎아 버리자 신하들이 원망을 하였고, 상하가 제 임무를 다하지 못하였다. 당시 시인詩人이 이를 걱정하여 그 때문에 〈고구羔裘〉라는 글을 지어 그 고통을 불쌍히 여겼으며, 〈비풍匪風〉을 지어 임금이 교화를 펴기를 바랐던 것이다. 그런데도 회중會仲이 이를 깨닫지 못하자 중씨重氏가 이를 토벌해 버렸다. 그리하여 회나라는 상하가 서로 합일하지 못하고 법도 실행되지 못하여 끝내 멸망을 당하고 만 것이다.

노路나라 군주는 이름이 영아嬰兒였는데 진晉나라 성공成公의 누이를 부인으로 맞았으나, 풍서酆舒가 정권을 잡자 그를 학대하였다. 이에 진晉나라 대부 백종伯宗이 노하여 그 노나라를 멸망시키고 말았다.

그리고 순앵무자荀罃武子는 핍양을 멸망시켰고, 조성曹姓이 봉을 받은 곳은 주邾 땅이었는데, 주안자邾顏子의 지파가 따로 소주小邾라는 나라를 일으켰으나, 모두가 초楚나라에게 멸망당하고 말았다.

妘姓之後, 封於鄢·會·路·偪陽. 鄢取仲任爲妻, 貪冒愛恡,
蔑賢簡能, 是用亡邦. 會在河·伊之間, 其君驕貪嗇儉, 滅爵
損祿, 羣臣卑讓, 上下不臨, 詩人憂之, 故作〈羔裘〉, 閔其痛悼也.
〈匪風〉, 冀君先教也, 會仲不悟, 重氏伐之, 上下不能相使, 禁罰
不行, 遂以見亡. 路子嬰兒, 娶晉成公姊爲夫人, 酆舒爲政而虐之,
晉伯宗怒, 遂伐滅路, 荀罃武子伐滅偪陽, 曹姓封於邾; 邾顏子
之支, 別爲小邾, 皆楚滅之.


【鄢】 지명. 지금의 河南省 鄢陵縣.
【會】 鄶. 고대 小國이름. 지금의 河南省 鄭州市 남쪽.
【路】 潞. 지금의 山西省 潞城縣 동북쪽.
【偪陽】 지금의 山西城 棗莊市 남쪽.
【羔裘】 《詩經》 檜風의 편명.
【匪風】 역시 《詩經》 檜風의 편명.
【會仲】 會나라 군주.
【路子】 潞나라 군주. 이름은 嬰兒.
【成公】 《左傳》 宣公 15년에는 景公으로 되어 있음.
【酆舒】 노나라 집정 대신. 景公의 누이를 죽임.
【伯宗】 晉나라 대부.
【荀罃】 智罃. 春秋 시대 晉나라 대부. 시호는 武. 《左傳》 襄公 10년 참조.
【邾】 지금의 山東省 鄒縣.

# 355
(35-10)  미성의 후손

미성羋姓의 후손으로 웅엄熊嚴이 있었다. 성왕成王이 그를 초楚 땅에
봉하였는데 이가 곧 육웅鬻熊이며, 따로 육자鬻子라 불렀다. 아들 넷을
두었으니 백상伯霜·중설仲雪·숙웅叔熊·계순季紃이었다. 계순이 형荊
나라를 이어 받았고, 그 나머지는 혹 기夔, 또는 월越 땅에 봉을 받았다.
기夔의 자손이 축융과 육웅의 제사를 받들지 않자 초나라가 이를 멸망
시켜 버렸다.

미성의 공족으로는 초계씨楚季氏·열종씨列宗氏·투강씨鬪强氏·양신씨

良臣氏·기씨耆氏·문씨門氏·후씨侯氏·계융
씨季融氏·중웅씨仲熊氏·자계씨子季氏·양
씨陽氏·무구씨無鉤氏·위씨蔿氏·선씨善氏·
양씨陽氏·소씨昭氏·경씨景氏·엄씨嚴氏·
영제씨嬰齊氏·내씨來氏·내섬씨來纖氏·즉
씨卽氏·신씨申氏·조씨詗氏·심씨沈氏·하
씨賀氏·함씨咸氏·길백씨吉白氏·오씨伍氏·
심첨씨沈灄氏·여추씨餘推氏·공건씨公建
氏·자남씨子南氏·자경씨子庚氏·자오씨子
午氏·자서씨子西氏·왕손王孫·전공씨田公
氏·서견씨舒堅氏·노양씨魯陽氏·흑굉씨黑
肱氏이며 이들은 모두가 미성羋姓이다.

周 成王(姬誦)《三才圖會》

羋姓之裔熊嚴, 成王封之於楚, 是謂粥熊, 又號粥子. 生四人, 伯霜·仲雪·叔熊·季紃. 紃嗣爲荊子, 或封於夔, 或封於越. 夔子不祀祝融·粥熊, 楚伐滅. 公族有楚季氏·列宗氏·鬬强氏·良臣氏·耆氏·門氏·侯氏·季融氏·仲熊氏·子季氏·陽氏·無鉤氏·蒍氏·善氏·陽氏·昭氏·景氏·嚴氏·嬰齊氏·來氏·來纖氏·卽氏·申氏·訽氏·沈氏·賀氏·咸氏·吉白氏·伍氏·沈瀸氏·餘推氏·公建氏·子南氏·子庚氏·子午氏·子西氏·王孫·田公氏·舒堅氏·魯陽氏·黑肱氏, 皆羋姓也.

【成王】周 成王. 武王의 아들로 어려서 왕이 되어 周公 旦의 섭정을 받음.
【楚】지금의 湖北省 南漳縣에서 일어나 처음 丹陽에 도읍을 정하였다가 뒤에 郢(지금의 江陵)으로 옮김.
【荊子】荊은 楚의 별칭. 여기서는 楚나라 군주를 가리킴.
【夔】지금의 湖北省 秭歸縣.
【越】지금의 浙江省 紹興縣.
【陽氏】《離騷序》에 「三閭之職, 掌王族三姓, 曰昭·屈·景」이라 함.
【訽氏】汪繼培는 鉤氏의 오기로 보았음. 《廣韻》에 《風俗通》을 인용하여 "鉤姓, 楚大夫元鉤之後"라 함.
【咸氏】箴氏의 오기. 《元和姓纂》에 "箴氏, 楚大夫箴尹鬬克黃之後. 子孫以官爲氏"라 함.

## 초나라의 성씨

초계楚季라는 자는 왕자王子 오敖의 증손曾孫이다. 분모盆冒가 낳은 위장蔿章이란 자는 왕자 무구無鉤이다. 그리고 영윤令尹 손숙오孫叔敖는 바로 위장의 아들이며, 좌사마左司馬 수戍는 장왕莊王의 증손曾孫이다. 그리고 섭공제량葉公諸梁은 수의 셋째 동생이며, 초나라 대부 신무외 申無畏는 그 씨를 달리하여 문씨文氏라 하였다.

楚季者, 王子敖之曾孫也, 蚡冒生蔿章者, 王子無鉤也, 令尹 孫叔敖者, 蔿章之子也. 左司馬戍者, 莊王之曾孫也. 葉公諸梁者, 戍之第三弟也, 楚大夫申無畏者, 又氏文氏.

【蚡冒】 인명. '蚡冒'로도 씀.
【孫叔敖】 楚나라의 유명한 슈尹. '兩頭蛇', '陰德陽報' 등의 고사를 남김. 《列女傳》 참조.
【戍】 본문의 "戍之第三弟也"의 弟는 子의 오기임.
【葉公諸梁】 沈諸梁을 말함. 《論語》에 보이는 葉公임. 《元和姓纂》에 《風俗通》을 인용하여 "楚沈尹生諸梁, 食采於葉, 因氏焉"이라 함.

# 357
## (35-12) 주와 달기

처음에 은殷나라 주紂는 유소씨有蘇氏의 딸 달기妲己를 총애하다가 나라를 망쳤다.

주周 무왕武王 때에 소분생蘇忿生이 사구司寇가 되어 온溫 땅에 봉해졌으며, 그 후손으로 낙읍洛邑에 소진蘇秦이란 자가 있었다.

初, 紂有蘇氏以妲己女而亡殷, 周武王時, 有蘇忿生爲司寇而封溫, 其後洛邑有蘇秦.

【妲己】紂임금의 寵姬. 殷의 멸망에 악한 짓을 한 여인으로 거론됨.
【封溫】汪繼培는 여기에 脫誤가 있는 것으로 보았음.《國語》晉語에 "史蘇曰: 殷辛伐有蘇, 有蘇氏以妲己女焉. 妲己有寵, 於是乎與膠鬲比而亡殷"이라 함.
【溫】고대 小國의 이름. 지금의 河南省 濟原縣 서남.
【洛邑】洛陽. 東周시대의 도읍.
【蘇秦】張儀와 더불어 戰國 시대 최고의 유세가. 策士.《史記》蘇秦列傳 및《戰國策》참조.

# 358
## (35-13) 팔개

고양씨高陽氏 시대에 재자才子가 여덟이 있었으니, 바로 창서蒼舒·퇴개隤凱·도연檮戭·대림大臨·방강尨降·정견庭堅·중용仲容·숙달叔達로서, 천하 사람들이 그들을 팔개八凱라 불렀다.


高陽氏之世, 有才子八人: 蒼舒·隤凱·檮戭·大臨·尨降·庭堅·仲容·叔達, 天下之人, 謂之八凱.


【高陽氏】 顓頊을 배출한 씨족 집단.
【八凱】 여덟 명의 뛰어난 인물. 愷士.

# 359
**(35-14)** 고요의 후손

고양씨의 후손으로 고요皐陶가 있어 순舜을 섬겼다. 순임금은 그에게 "고요야! 만이가 우리나라를 괴롭히고 도적이 활개를 치고 있으니, 너를 옥관獄官으로 삼는다"라 하였다. 그의 아들 백예伯翳는 백성의 뜻을 잘 살펴 순舜과 우禹를 보좌하였으며, 조수鳥獸를 잘 순치시켜, 순임금이 그에게 영嬴이라는 성을 하사하였다.

秦始皇

後嗣有皐陶, 事舜. 舜曰: 「皐陶! 蠻夷滑夏, 寇賊姦宄, 女作士.」 其子伯翳, 能議百姓以佐舜禹, 擾馴鳥獸, 舜賜姓嬴.

【女作士】《尙書》舜典의 구절. '滑'은 '猾'로 되어 있음. 孔安國 箋에 "攻劫曰寇, 殺人

曰賊, 在外曰姦, 在內曰宄"라 함.

【伯翳】舜과 禹를 보좌한 인물.《國語》鄭語에 "伯翳能議百物以佐舜"이라 하였
고, 韋昭 注에 "百物, 草木鳥獸也. 議使各得其宜"라 함.

【嬴】秦나라의 姓氏로 秦始皇의 이름이 嬴政임.

고요(皐陶)《三才圖會》

# 비중과 악래

고요의 후대에 중연仲衍이 있었다. 새의 모습에 사람 말을 하는 상相이었으며, 하夏나라 임금 태무大戊의 마부가 되었다. 그 뒤에 다시 비중費仲이 있었고, 그 비중은 악래惡來와 계승季勝을 낳았다.

무왕武王이 주紂를 없앨 때 악래도 함께 죽여 버렸다.


　後有仲衍, 鳥體人言, 爲夏帝大戊御. 嗣及費仲, 生惡來·季勝. 武王伐紂, 幷殺惡來.


【夏帝】殷帝의 오기임.
【大戊】殷나라 임금 太戊. 大는 '태'로 읽음.
【惡來】殷紂를 敎唆하여 악행을 저지르도록 한 인물. 武王이 殷을 벌할 때 함께 참살함.

# 361
(35-16) 조나라의 선조 조보

　계승季勝의 후예로 조보造父가 있었다. 수레를 잘 다루어 주周 목왕穆王을 섬겼다. 목왕이 서쪽으로 놀러가서 돌아오는 것을 잊자 서언徐偃이 난을 일으켰다. 그러자 조보가 목왕을 태우고 수레를 몰아 하루에 천 리를 달려, 그 난을 정벌하였다. 목왕은 조보를 조성趙城에 봉하여 이로써 조趙가 성씨가 되었다.

　그 뒤 그 직무를 잃었다가 조숙趙夙에 이르러 진晉나라에 벼슬하여 경대부卿大夫가 되었으며, 다시 십일 대를 지나 열후列侯가 되고, 5세世를 지나 무령왕靈王이 나타났고, 다시 오세 후에 조나라는 망하였다.

　공숙씨恭叔氏·한단씨邯鄲氏·자욕씨訾辱氏·영제씨嬰齊氏·누계씨樓季氏·노씨盧氏·원씨原氏는 모두가 조趙·영嬴씨 성이다.


　季勝之後有造父, 以善御事周穆王. 穆王遊西海忘歸, 於是徐偃作亂, 造父御, 一日千里, 以征之. 王封造父於趙城, 因以爲氏. 其後失守, 至於趙夙, 仕晉卿大夫, 十一世而爲列侯, 五世而爲武靈王, 五世亡趙. 恭叔氏·邯鄲氏·訾辱氏·嬰齊氏·樓季氏·盧氏·原氏, 皆趙嬴姓也.

【造父】周 穆王, 즉 穆天子의 八駿馬를 잘 몰던 인물. 뒤에 趙나라로 이어짐. 趙父로도 쓰며, 모두 '조보'로 읽음.

【徐偃】고대 나라. 집단 이름.《搜神記》에 그 왕의 전설이 실려 있음.

【趙城】지금의 山西省 趙城縣 경내.

# 362
## (35-17) 진시황의 선대

악래惡來의 후손으로 비자非子라는 인물이 있었다. 가축을 잘 길러 주周 효왕孝王이 그를 진秦 땅에 봉하였다. 대대로 그 땅을 다스려 서추 대부西陲大夫가 되었으니, 견수汧水 가의 진정秦亭이 그 곳이다. 그 후에 제후의 반열에 서서 □세에 왕을 칭하게 되었으며, 다시 6세를 지나 시황始皇이 한단邯鄲에서 태어났다. 그래서 그를 조정趙政이라 부르는 것이다.

그 외에 양梁·갈葛·강江·황黃·서徐· 거莒·요蓼·육六·영英은 모두가 고요의 후손이며, 종리鍾離·운엄運掩·토구菟裘· 심량尋梁·수어修魚·백치白冥·비렴飛廉· 밀여密如·동관東灌·양良·시時·백白·파 巴·공파공파公巴公巴·섬剡·부復·포蒲는 모두가 영嬴성이다.

秦始皇

惡來後有非子, 以善畜, 周孝王封之 於秦, 世地理以爲西陲大夫, 汧秦亭 是也. 其後列於諸侯, □世而稱王, 六世而始皇生於邯鄲, 故曰趙政,

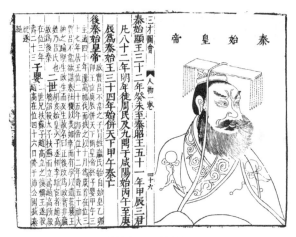

秦始皇《三才圖會》

及梁·葛·江·黃·徐·莒·蓼·六·英, 皆皐陶之後也. 鍾離·
運掩·菟裘·尋梁·修魚·白冥·飛廉·密如·東灌·良·時·
白·巴·公巴公巴·剡·復·蒲, 皆嬴姓也.


【汧水】渭水의 支流.

【秦亭】秦城. 지금의 甘肅省 張家川 동쪽. 정은 행정단위의 명칭. 彭鐸은 이
　　구절이 "四世, 宣王以爲西陲大夫, 地理志秦亭是也"라 되어야 한다고 보았음.

【□世】□ 빈 칸에 程本에는 '五'로 되어 있으나, 이는 '十五'가 옳다고 여김.
　　《史記》十二諸侯年表, 六國年表 및 《漢書》地理志에 모두 '二十五'로 되어 있음.

【趙政】秦始皇의 姓名이 '嬴政'임.

【公巴公巴】이 4자는 衍文으로 봄.(彭鐸)

## 도당씨의 분화

제요帝堯의 후손은 도당씨陶唐氏이다. 그 후대에 다시 유루劉累가 있었다. 용을 잘 길렀으며 공갑孔甲이 그에게 어룡씨御龍氏라는 성을 내려 주어 시위豕韋의 후손이 하던 일을 대신하도록 하였다. 그 뒤 주周나라에 이르러 당두씨唐杜氏가 있었으며, 주나라가 쇠미해지자 습숙자隰叔子란 이가 있어, 주나라 혼란을 피해 진晉나라로 들어가 아들 여輿를 낳아 이李가 되었다. 그리하여 그는 조정을 바로잡아 조정안에 이간하는 관리가 사라졌고, 그로 인해 사씨士氏성을 받아 사공司空 벼슬까지 하게 되었으며, 나라를 바르게 다스려 실패가 없었다. 그래서 다시 사공司空이라는 성씨를 갖게 되었고, 수隨 땅을 식읍으로 받아 수씨隨氏라고도 하였다. 사위士蔿의 후손에 회會가 있었는데, 그는 진晉나라 문공文公·양공襄公을 보좌하여 제후들 중에 간악한 경卿이 없어졌다. 그는 다시 성공成公·경공景公을 보좌하여 군대가 바르게 다스려 마침내 태부太傅가 되었다. 형법을 바로잡고, 훈전訓典을 모으자 나라에 간악한 백성이 사라졌고, 진晉나라 도적들은 모두가 진秦나라로 도망칠 정도였다.

帝堯 陶唐氏 《三才圖會》

이에 진나라 왕은 그를 위해 주왕周王에게 면복冕服을 주도록 청하였다. 주왕은 수회隨會를 경卿으로 삼아 주었으며, 이로써 그는 범范 땅을 받고 죽은 후 범무자范武子의 시호를 받았다. 무자의 아들 범문자范文子는 진晉과 초楚, 荊의 회맹을 성취시켜 형제지국兄弟之國의 관계를 맺어 서로 원수가 되지 않도록 하였다. 그는 이로써 순郇·력櫟 땅에 봉해졌다.

이로 말미암아 요임금 이후로 도당씨陶唐氏·유씨劉氏·어룡씨御龍氏· 당두씨唐杜氏·습씨隰氏·사씨士氏·계씨季氏·사공씨司空氏·수씨隨氏· 범씨范氏·순씨郇氏·역씨櫟氏·체씨彘氏·기씨冀氏·곡씨轂氏·장씨薔氏· 요씨擾氏·이씨貍氏·부씨傅氏 등이 있게 되었다.

초楚나라 영윤令尹 굴건屈建이 일찍이 범문자范文子에게 그 아버지인 범무자范武子의 덕이 어떤가라 물었다. 문자文子는 이렇게 대답하였다.

"그 분은 집안일을 다스리면서 진나라에 알려지기로 온 정성을 다해 사사로움이 없었지요. 축사祝史로 하여금 신에게 빌 때도 자신의 집안일에 그 어떤 부끄러움도 없어, 축사가 더 요구할 것이 없기 때문에 기도를 드리지 못할 정도였지요."

굴건이 돌아가서 강왕康王에게 알리자 왕은 이렇게 말하였다.

"신과 사람이 모두 원망이 없는 것은 그 분이 팔 다리처럼 잘 하였기 때문이다. 진나라 임금 다섯을 섬기면서 모두 제후의 맹주가 되게 한 인물이로다!"

그러므로 유씨劉氏로서 당唐이래 한漢 이상에 그 덕이 이 세상에 널리 알려진 이로 범회范會의 그 훌륭함 보다 더한 이가 없었다. 이 역시 자신을 수양하여 남을 편안히 한 공덕이라 할 수 있다.

무왕武王이 은殷을 멸하고 나서 요堯임금의 후손들에게 주鑄 땅을 봉해 주었다.


帝堯之後爲陶唐氏. 後有劉累, 能畜龍, 孔甲嗣姓爲御龍, 以更豕韋之後. 至周爲唐杜氏, 周衰, 有隰叔子, 違周難於晉國,

生子興爲李, 以正於朝, 朝無閒官, 故氏爲士氏; 爲司空, 以正
於國, 國無敗績, 故氏司空; 食采隨, 故氏隨氏. 士蒍之孫會,
佐文・襄, 於諸侯無惡; 爲卿, 以輔成・景, 軍無敗政; 爲成率,
居傅, 端刑法, 集訓典, 國無姦民, 晉國之盜, 逃奔於秦. 於是晉
侯爲請冕服於王, 王命隨會爲卿, 是以受范, 卒諡武子. 武子文,
成晉・荊之盟, 降兄弟之國, 使無閒隙, 是以受郇・櫟, 由此帝
堯之後, 有陶唐氏・劉氏・御龍氏・唐杜氏・隰氏・士氏・季氏・
司空氏・隨氏・范氏・郇氏・櫟氏・羭氏・冀氏・穀氏・薔氏・
擾氏・狸氏・傅氏.

楚令尹建嘗問范武子之德於文子, 文子對曰:「夫子之家事治,
言於晉國, 竭情無私, 其祝史陳信不媿, 其家事無猜, 其祝史
不祈.」建歸, 以告, 康王曰:「神人無怨, 宜夫子之股肱, 五君以
爲諸侯主也.」故劉氏自唐以下, 漢以上, 德著於世, 莫若范會
之最盛也. 斯亦有修己以安人之功矣. 武王克殷, 而封帝堯之
後於鑄也.


【孔甲】夏나라 군주. 禹의 14代.
【李】理와 같음. 刑法은 담당하는 관직.
【隨】고대 小國 이름. 지금의 山西省 介休縣.
【士蒍】子興. 이상의 이야기는 《國語》 晉語를 볼 것.
【文・襄】晉 文公(春秋五霸의 하나인 重耳)과 晉 襄公.
【成・景】晉 成公과 晉 景公.
【居傅】士會가 太傅자리에 거하게 됨을 말함.
【冕服】고대 禮服차림. 冕은 大夫이상의 衣冠.
【范】땅 이름.
【范武子】隨會. 士會. 그의 아들이 文子임. 《國語》 晉語의 韋昭 注에 "文子,
武子之子燮也"라 함.

【郇】지금의 山西省 臨猗縣.

【櫟】지금의 河南省 禹縣 경내.

【屈建】春秋 시대 楚나라 슈尹.

【文子】春秋 시대 晉나라 大夫인 趙武. 范文子와는 다른 인물.《左傳》襄公 27년 및 昭公 20년 참조.

【陳信】귀신에게 제사 지낼 때 사정을 고하는 내용.

【五君】晉나라의 다섯 군주. 文公・襄公・靈公・成公・景公을 말함.

【鑄】지금의 山東省 寧陽縣 서북쪽.

# 364
(35-19)  순임금의 후손

순舜임금의 성은 우虞이다. 또는 요姚로도 불리며 규嬀 땅에 살았다. 무왕武王이 은殷을 멸한 후, 그 후손 규만嬀滿을 진陳 땅에 봉하였는데, 이가 곧 호공胡公이다.

진애씨陳哀氏·함씨咸氏·요씨曶氏·경씨慶氏·하씨夏氏·종씨宗氏·내씨來氏·의씨儀氏·사도씨司徒氏·사성씨司城氏는 모두가 규성嬀姓이다.

〈禹王治水圖〉

帝舜姓虞, 又爲姚, 居嬀, 武王克殷, 而封嬀滿於陳, 是爲胡公.
陳衰氏·咸氏·舀氏·慶氏·夏氏·宗氏·來氏·儀氏·司徒氏·
司城氏, 皆嬀姓也.


【嬀】원래는 물 이름. 지금의 山西省 永濟縣 경내.《史記》陳世家에 "舜, ……居於
　　嬀汭, 其後因氏姓, 姓嬀氏"라 함.
【陳】지금의 河南省 淮陽縣과 安徽省 박현(亳縣) 일대.
【咸氏】汪繼培는 鍼氏의 오기로 보았음.《古今姓氏書辨證》에 "陳僖公之孫
　　鍼子, 以所食邑爲氏"라 함.

**365**
**(35-20)**

## 진씨와 전씨

진陳나라 여공厲公의 유자孺子 진완陳完이 제齊나라로 도망오자, 제나라 환공桓公이 이를 반갑게 맞아 공정工正 벼슬을 주었다. 그 자손들이 크게 민심을 얻어 드디어 임금 자리를 빼앗고 자립하였으니, 이가 곧 제齊 위왕威王이며 그로부터 오세가 지나 망하였다. 제나라 사람들은 진陳을 전田이라 발음하였다. 한漢 고조高祖는 여러 전씨田氏들을 관중關中으로 이거移居시켜 그 때 제1대 부터 8대까지의 성씨가 있다. 즉 승상丞相 전천추田千秋·사직司直 전인田仁 및 두양杜陽의 전선생田先生·탕현碭縣의 전선생田先生 등이니 모두가 진陳의 후손이다.

무제武帝 때에는 천추千秋에게 작은 수레를 하사하여 입궐토록 하였다. 그 때문에 세상에서는 그를 거승상車丞相이라 불렀던 것이다. 그러다가 왕망王莽은 스스로 자신은 본래 전안田安의 후손으로 왕족 집안이라 하여 왕씨로 바꾸었다고 하였다. 왕망이 행동에 거짓이 많음은 전상田常의 유풍을 받은 것이다.

전경중田敬仲의 지파로는 피씨皮氏·점씨占氏·저씨沮氏·여씨與氏·헌씨獻氏·자씨子氏·앙씨鞅氏·오씨梧氏·방씨坊氏·고씨高氏·망씨芒氏·금씨禽氏 등이 있다.

厲公孺子完奔齊, 桓公說之, 以爲工正. 其子孫大得民心, 遂奪君而自立, 是爲威王, 五世而亡. 齊人謂陳田矣. 漢高祖徙諸

田關中, 而有第一至第八氏, 丞相田千秋·司直田仁, 及杜陽
田先·碭田先, 皆陳後也. 武帝賜千秋乘小車入殿, 故世謂之車
丞相. 及莽自謂本田安之後, 以王家故更氏云. 莽之行詐, 實以
田常之風, 敬仲之支, 有皮氏·占氏·沮氏·與氏·獻氏·子氏·
鞅氏·梧氏·坊氏·高氏·芒氏·禽氏.


【厲公】陳 厲公. 春秋 시대 陳나라 군주. 胡公의 10世孫.
【陳完】田完. 이 내용은 《左傳》 莊公 22년. 《史記》 田完世家, 齊世家 등 참조.
　田完의 후손 田恒이 齊를 찬탈하여 戰國시대 田氏 齊를 세움. 田과 陳은 같은
　성씨로 서로 混用함.
【工正】工業을 관장하는 직책.
【司直】관직 이름. 漢 武帝 때 두었으며 승상을 도와 불법자를 검거하는 직책
　이었음.
【杜陽】杜陵의 오기. 《漢書》 儒林傳에 "漢興, 田何以齊田徙杜陵, 號杜田生"
　이라 함.
【田千秋】車丞相. 《漢書》 車千秋傳 참조.
【王莽】前漢 말기 新을 세운 인물. 《漢書》 王莽傳 참조. 원래는 田氏이며 項羽가
　田安을 濟北王에 봉하였으나 高祖가 들어서자 失國하였음. 그러나 齊나라 사람
　들은 그의 집안을 王家라 불렀고, 뒤에 王莽은 王氏로 바꿈. 《漢書》 元后傳
　참조.
【田常】田恒, 陳恒, 田成子 등으로 불림. 田完의 후손으로 齊나라에서 실권을
　잡은 후 姜氏 齊를 탈취하고 田氏 齊를 세워 戰國七雄의 하나가 됨.
【敬仲】田完의 시호. 田氏 齊는 이를 시조로 하여 《史記》에 田敬仲完世家라 함.

**366**
**(35-21)** 제을 탕의 후손

　제을帝乙의 원자元子 미자微子 개開는 주紂의 서형庶兄이다. 무왕武王이
그를 송宋 땅에 봉하였으니, 지금의 수양睢陽이 그 곳이다.

　송공씨宋孔氏·축기씨祝其氏·한헌씨韓獻氏·계로남씨季老男氏·거진경씨
巨辰經氏·사부씨事父氏·황보씨皇甫氏·화씨華氏·어씨魚氏·이동씨而董氏·
애씨艾氏·세씨歲氏·구이씨鳩夷氏·중야씨中野氏·월초씨越椒氏·완씨完氏·
회씨懷氏·부제씨不第氏·기씨冀氏·우씨牛氏·사성씨司城氏·망씨冈氏·근씨
近氏·지씨止氏·조씨朝氏·발씨敎氏·우귀씨右歸氏·삼원씨三阢氏·왕부씨
王夫氏·의씨宜氏·징씨徵氏·정씨鄭氏·목이씨目夷氏·인씨鱗氏·장씨臧氏·
휘씨虺氏·사씨沙氏·흑씨黑氏·위구씨圍龜氏·기씨旣氏·거씨據氏·전씨磚氏·
기씨己氏·성씨成氏·변씨邊氏·융씨戎氏·매씨買氏·미씨尾氏·환씨桓氏·
대씨戴氏·상씨向氏·사마씨司馬氏는 모두가 자성子姓이다.


　帝乙元子微子開, 紂之庶兄也. 武王封之於宋, 今之睢陽是也,
宋孔氏·祝其氏·韓獻氏·季老男氏·巨辰經氏·事父氏·皇
甫氏·華氏·魚氏·而董氏·艾·歲氏·鳩夷氏·中野氏·越椒
氏·完氏·懷氏·不第氏·冀氏·牛氏·司城氏·冈氏·近氏·
止氏·朝氏·敎氏·右歸氏·三阢氏·王夫氏·宜氏·徵氏·鄭氏·
目夷氏·鱗氏·臧氏·虺氏·沙氏·黑氏·圍龜氏·旣氏·據氏·

磚氏·己氏·成氏·邊氏·戎氏·買氏·尾氏·桓氏·戴氏·向氏·
司馬氏, 皆子姓也.


【帝乙】天乙. 湯임금을 가리킴.
【微子開】微子 啓. 殷의 후손으로 武王이 殷을 멸한 후 宋에 봉을 받음.《史記》
　宋微子世家 참조.
【睢陽】지금의 河南省 商丘縣 남쪽. 睢는 '수'로 읽음.
【韓】幹의 오기로 봄.《古今姓氏書辨證》에《世本》을 인용하여 "宋司徒華定后
　爲幹獻氏"라 함.
【冈氏】'网氏', 혹은 '岡氏'의 오기로 봄.

# 367
### (35-22)
공자의 계보

　민공閔公의 아들 필보하弗父何는 송보宋父를 낳고, 송보宋父는 세자世子를 낳았으며, 세자는 정고보正考父를 낳고, 정고보는 공보가孔父嘉를 낳았고, 공보가는 아들 목금보木金父를 낳았는데 목금보는 작위가 강등되어 사士가 되었으며, 그리하여 끝내 송나라에게 멸망당하고 말았다.

　그 금보는 기보祁父를 낳고 기보는 방숙防叔을 낳았는데, 방숙이 화씨華氏에 핍박받아 노魯나라로 도망쳐 방防 땅의 대부가 되었다. 그 때문에 방숙이라 불린 것이며, 이 방숙이 백하伯夏를 낳고, 백하가 숙량흘叔梁紇을 낳았는데 숙량흘이 추鄹나라 대부가 되어, 그 때문에 추숙흘鄹叔紇로도 불린다. 그가 바로 공자孔子를 낳았다.

〈孔子行教圖〉唐, 吳道子

閔公子弗父何生宋父, 宋父生世子, 世子生正考父, 正考父
生孔父嘉, 孔父嘉生子木金父, 木金父降爲士, 故曰滅於宋. 金父
生祁父, 祁父生防叔, 防叔爲華氏所偪, 出奔魯, 爲防大夫, 故曰
防叔. 叔生伯夏, 伯夏生叔梁紇, 爲鄹大夫, 故曰鄹叔紇, 生孔子.

【防】지금의 山東省 費縣 동북.
【鄹】陬로도 쓰며 지금의 山東省 曲阜 동남쪽.
【生孔子】《左傳》昭公 7년에 "孟僖子曰: 孔子, 聖人之後也. 而滅於宋"이라 하였
　　으며, 孔子의 6대 祖인 孔父嘉가 宋督에게 피살되어, 그 아들이 魯나라로 도망
　　하였음.

# 368
### (35-23)

## 왕자교와 신선술

주周 영왕靈王의 태자太子였던 진晉은 어려서부터 덕이 있었고, 총명박달聰明博達하며 온공돈민溫恭敦敏하였다. 그 때 곡수穀水와 낙수雒水가 합수하여 궁궐을 덮치려 하자 왕은 이를 막으려 하였다. 그러나 태자 진의 의견은 달랐다. 이는 천심에 순응하지 않는 것이므로 먼저 정치를 잘 닦는 것이 낫다고 충간하였다. 진晉 평공平公이 숙예叔譽를 사신으로 주나라에 보냈다. 그는 태자를 만나 말을 나누게 되었는데, 다섯 가지 문제에 세 가지나 답변을 못하고 머뭇거리다 물러서야 하였다.

그는 돌아와 평공에게 이렇게 보고하였다.

"태자 진은 나이가 겨우 열다섯이지만 제가 그를 당해낼 수 없었습니다. 임금께서는 청컨대 그를 모심이 어떨는지요?"

이 말에 평공은 다시 사광師曠을 보내어 태자를 만나 보게 하였다. 그 역시 태자 진과 의견을 나누어 본 후, 그의 덕에 감복하여 서로 깊은 친구 관계를 맺게 되었다. 태자가 사광에게 물었다.

"제가 듣기로 그대는 능히 사람의 수명을 알아낼 수 있다면서요?"

이에 사광은 이렇게 일러주었다.

"그대의 얼굴색은 적백赤白이며, 목소리는 청한淸汗하며, 화색火色이 있는 것으로 보아 오래 살 수 없을 것 같소!"

태자 역시 이 말에 수긍하여 이렇게 말하였다.

"그렇소! 내 3년 후에는 하늘의 손님이 될 것 같소. 그대는 삼가 이 사실을 발설하지 마시오. 잘못하면 그 앙화가 당신에게까지 마칠 것이니."

그로부터 3년 후 태자는 죽고 말았다.

공자孔子가 이를 듣고 "아깝도다! 우리의 훌륭한 임금 될 인물이 죽다니!"라 하였다.

세상 사람들은 그가 스스로 떠날 시기를 예견하였다고 여겨 그를 신선 왕자교王子喬라 불렀다.

그가 신선이 된 후, 그의 후손은 주周나라의 난을 피해 진晉나라로 와서 평양平陽에 정착하였으며, 그로 인해 왕씨王氏라 하였다. 그 뒤 그의 자손들은 대대로 양성養性과 신선술神仙術을 좋아하였다.


周靈王之太子晉, 幼有成德, 聰明博達, 溫恭敦敏. 穀·雒水鬪, 將毀王宮, 王欲壅之. 太子晉諫, 以爲不順天心, 不若修政. 晉平公使叔譽聘於周, 見太子, 與之言, 五稱而三窮, 逡巡而退, 歸告平公曰:「太子晉行年十五, 而譽弗能與言, 君請事之.」平公遣師曠見太子晉, 太子晉與語, 師曠服德, 深相結也. 乃問曠曰:「吾聞太師能知人年之長短.」師曠對曰:「女色赤白, 汝聲淸汗, 火色不壽.」晉曰:「然. 吾後三年將上賓於帝, 汝愼無言, 殃將及女.」其後三年而太子死. 孔子聞之曰:「惜夫! 殺吾君也.」世人以其豫自去期, 故傳稱王子喬仙. 仙之後, 其嗣避周難於晉, 家於平陽, 因氏王氏, 其後子孫世喜養性神仙之術.


【穀·雒】 물 이름. 穀水와 雒水(洛水).《國語》周語에 의하면 周 靈王 때 이 두 물이 범람하여 궁궐을 덮친 내용이 실려 있음.

【逡巡】 배회하며 머뭇거림. 疊韻連綿語.

【王子喬】 이상의 사건은《逸周書》太子晉解에 실려 있음.

【平陽】 지금의 山西省 臨汾縣 서남쪽.

# 369
## (35-24)
# 노나라의 공족

　노魯나라의 공족公族으로는 유교씨有蟜氏·후씨后氏·중씨衆氏·장씨臧氏·시씨施氏·맹씨孟氏·중손씨孫氏·복씨服氏·공산씨公山氏·남궁씨南宮氏·숙손씨叔孫氏·숙중씨叔仲氏·자아씨子我氏·자사씨子士氏·계씨季氏·공서씨公鉏氏·공무씨公巫氏·공지씨公之氏·자간씨子干氏·화씨華氏·자언씨子言氏·자구씨子駒氏·자아씨子雅氏·자양씨子陽氏·동문씨東門氏·공석씨公析氏·공석씨公石氏·숙씨叔氏·자가씨子家氏·영씨榮氏·전씨展氏·을씨乙氏 등이 있으며, 이들은 모두 노魯의 희성姬姓이다.


　魯之公族: 有蟜氏·后氏·衆氏·臧氏·施氏·孟氏·仲孫氏·服氏·公山氏·南宮氏·叔孫氏·叔仲氏·子我氏·子士氏·季氏·公鉏氏·公巫氏·公之氏·子干氏·華氏·子言氏·子駒氏·子雅氏·子陽氏·東門氏·公析氏·公石氏·叔氏·子家氏·榮氏·展氏·乙氏, 皆魯姬姓也.


【服氏】汪繼培는 '子服氏'로 보았음.
【季氏】季孫氏로도 불림.
【子干氏】彭鐸은 '子革氏'로 보았음.

# 위나라의 공족

위衛나라의 공족으로는 석씨石氏·세숙씨世叔氏·손씨孫氏·영씨甯氏· 자제씨子齊氏·사도씨司徒氏·공문씨公文氏·석구씨析龜氏·공숙씨公叔氏· 공남씨公南氏·공상씨公上氏·공맹씨公孟氏·장군씨將軍氏·자강씨子强氏· 강량씨强梁氏·권씨卷氏·회씨會氏·아씨雅氏·공씨孔氏·조양씨趙陽氏·전장 씨田章氏·고씨孤氏·왕손씨王孫氏·사구씨史龜氏·강씨羌氏·강헌씨羌憲氏· 수씨邃氏가 있었으며, 이들은 모두가 위衛의 희성姬姓이다.


衛之公族: 石氏·世叔氏·孫氏·甯氏·子齊氏·司徒氏·公 文氏·析龜氏·公叔氏·公南氏·公上氏·公孟氏·將軍氏· 子强氏·强梁氏·卷氏·會氏·雅氏·孔氏·趙陽氏·田章氏· 孤氏·王孫氏·史龜氏·羌氏·羌憲氏·邃氏, 皆衛姬姓也.


【子齊氏】汪繼培는 '齊氏'로 보았음.
【皆衛姬姓也】이상의 성씨는 그 표기의 混淆가 심함.

# 371
## (35-26)

진나라의 공족

　진晉의 공족으로는 극씨郤氏가 있으며, 다시 여呂씨로 나뉘었다. 극예郤芮는 다시 자신의 봉지封地 이름을 따서 기冀씨라고 하였으며, 그 후대에 여기呂錡가 있는데 호를 구백駒伯이라 하였다. 다시 극주郤犨는 식읍이 고苦 땅이었는데, 호를 고성숙苦成叔이라 하였으며, 극지郤至는 식읍이 온溫 땅이어서 호를 온계溫季라 하여 각각 씨氏로 삼았다.

　극씨郤氏의 분파는 주씨州氏와 기씨祁氏가 있다. 백종伯宗은 직간을 하다가 죽음을 당하였고, 그 아들 주리州犁는 초楚나라로 도망갔으며 주리의 아들 극완郤宛은 직언과 화합으로 세력이 생기자, 자상子常의 질투를 받아 죽음을 당하였다. 그러자 그의 아들 비嚭는 오吳나라로 도망하여 태재太宰가 되어 자신의 선조들의 행동을 살펴보니 직언으로 인해 화를 입었음을 알고, 아첨으로 행하다가 오나라에서 죽었다.

　무릇 극씨의 반열로는 기씨冀氏・여씨呂氏・고성씨苦成氏・온씨溫氏・백씨伯氏가 있다. 그리고 정후靖侯의 손자로 난빈欒賓이 있으며, 그 외에 부씨富氏・유씨游氏・가씨賈氏・호씨狐氏・양설씨羊舌氏・계숙씨季夙氏・적씨籍氏 및 양공襄公의 손자인 손염孫黶이 있으니, 이들은 모두 진晉의 희성姬姓이다.


　晉之公族郤氏, 又班爲呂, 郤芮又從邑氏爲冀, 後有呂錡, 號駒伯. 郤犨食采於苦, 號苦成叔; 郤至食采於溫, 號曰溫季, 各以

爲氏. 郤氏之班, 有州氏・祁氏. 伯宗以直見殺, 其子州犁奔楚,
又以郤宛直而和, 故爲子常所妬, 受誅. 其子嚭奔吳爲太宰, 懲祖
禰之行, 仍正直遇禍也, 乃爲諂諛而亡吳. 凡郤氏之班, 有冀氏・
呂氏・苦成氏・溫氏・伯氏; 靖侯之孫欒賓, 及富氏・游氏・賈氏・
狐氏・羊舌氏・季夙氏・籍氏, 及襄公之孫孫厴, 皆晉姬姓也.

【郤氏】 각씨(卻氏)로도 씀.
【郤犨】 晉나라 대부.《左傳》成公 17년 참조.
【苦】 지명. 지금의 山西省 運城縣.
【溫】 지금의 河南省 溫縣.
【伯宗】 春秋 시대 晉나라 대부.
【伯州犁】 伯州犁가 楚로 도망간 사건은《左傳》成公 15년을 참조할 것.
【郤宛】 伯州犁의 아들. 春秋 시대 楚나라의 大夫가 됨.
【子常】 令尹子常. 춘추시대 楚나라 令尹.
【子常所妬, 受誅】 이상의 사건은《左傳》昭公 27년을 볼 것.
【禰】 본음은 '녜'. 조상의 사당. 원래는 아버지가 죽어 조상의 사당에 그 신위를
  가운데에 모시는 것을 말함.
【亡吳】 이상의 사건은《左傳》定公 4년 및《史記》吳太伯世家를 볼 것.

# 372
## (35-27)
# 한씨성의 계보

　진晉 목후穆侯는 환숙桓叔을 낳고, 환숙은 한만韓萬을 낳았으며, 진나라 대부大夫가 되었다. 그리고 10세世를 지나 한무후韓武侯가 나왔고, 다시 오세를 지나 한韓 혜왕惠王, 다시 오세를 지나 나라가 망하였다. 양왕襄王의 얼손孼孫으로 한신韓信이 있었는데, 사람들은 그를 한신도韓信都라 불렀다. 고조高祖는 한신을 한왕韓王의 후손이라 여겨 뒤에 대代 땅의 왕으로 옮겨 주었으나, 흉노匈奴의 공격을 받아 스스로 투항하고 말았다.

　한漢나라에서는 시장군柴將軍을 보내어 흉노를 쳐서 참합參合이란 곳에서 한신을 참수해 버렸다. 그러자 한신의 처자는 다시 흉노 속으로 도망하였으며, 경제景帝 때에 이르러 한신의 아들 퇴당頹當과 손자 적래赤來가 투항해 오자 한나라에서는 퇴당을 궁고후弓高侯로, 적래를 양성후襄城侯로 봉해 주었다. 이어서 한언韓嫣이란 자는 무제武帝 때에 시중侍中이 되어 비할 데 없는 총애를 받았고, 안도후道侯 한열韓說·전장군前將軍 한회韓會는 모두 한나라에 현달하였던 인물들이다. 그 자손들은 각각 때에 따라 임금으로부터 양릉陽陵·무릉茂陵·두릉杜陵 등을 받았고, 한양漢陽·금성金城 등지의 여러 한씨韓氏

漢 景帝《三才圖會》

들도 모두 그의 후손들이다. 한편 한신의 자손들 중에 흉노에 남아 있던 자들도 역시 권세와 총애로 귀한 신하가 되었다. 그밖에 유후留侯 장량張良 역시 한나라 공족이며 희성姬姓이다.

진시황秦始皇이 한韓나라를 멸망시키자 장량張良의 동생이 죽음을 당하였는데, 장례도 치르지 못한 상태였다. 장량은 이에 집안의 천만금을 털어 한나라를 위해 복수하리라 하고, 진시황을 박랑사博浪沙에서 쳐버렸으나 적중하지 못하고 그의 수행 수레를 맞추고 말았다. 진나라에서는 급히 그를 수색하였으며 장량은 한씨에서 장씨張氏로 성을 바꾸고, 하비下邳로 숨어 버렸다. 그는 그곳에서 신선 황석공黃石公을 만나 병법을 전수 받고 패공沛公이 궐기하자 그에게 귀의하였다.

패공沛公은 그를 한신韓信과 더불어 한나라 땅을 공략하도록 하고, 횡양군橫陽君 한성韓城을 한왕韓王으로 삼고 장량을 한나라의 신도信都로 삼았다. 신도信都란 사도司徒라는 뜻이다. 사람들은 그 음을 정확히 몰라 신도信都를 신도申徒, 또는 승도勝屠라고 하지만 이는 모두 사도를 말할 따름이다. 뒤에 이를 전하는 자들이 신도가 어디에서 유래된 말인 줄 모른 채 억지로 그 뜻을 알아보려고 하면서, 대왕代王을 신도라 한다고 여겼다.

무릇 환숙桓叔의 후손으로는 한씨韓氏·언씨言氏·영씨嬰氏·화여씨禍餘氏·공족씨公族氏·장씨張氏 등이 있으며, 이는 모두 한나라 후손으로 희성姬姓이다.

옛날 주周 선왕宣王 때에 역시 한후韓侯라는 자가 있었으며, 그 땅은 연燕나라에 가까웠다.

그래서 《시詩》에 이렇게 노래하였다.

"크고 큰 저 한성이여                          普彼韓城
연나라 백성이 쌓았도다!"                       燕師所完

그 뒤의 한서韓西 역시 성이 한씨로 위만魏滿에 의해 멸망하여 바다 쪽으로 옮겨갔다.

晉穆侯生桓叔, 桓叔生韓萬, 傳晉大夫, 十世而爲韓武侯, 五世爲韓惠王, 五世而亡國. 襄王之孼孫信, 俗人謂之韓信都. 高祖以信爲韓王孫, 以信爲韓王, 後徙王代, 爲匈奴所攻, 自降之. 漢遣柴將軍擊之, 斬信於參合, 信妻子亡入匈奴中. 至景帝, 信子頹當及孫赤來降, 漢封頹當爲弓高侯, 赤爲襄城侯. 及韓嫣, 武帝時爲侍中, 貴幸無比. 案道侯韓說, 前將軍韓曾, 皆顯於漢, 子孫各隨時帝分陽陵・茂陵・杜陵. 及漢陽・金城諸韓, 皆其後也. 信子孫餘留匈奴中者, 亦常在權寵, 爲貴臣. 及留侯張良, 韓公族姬姓也.

秦始皇滅韓, 良弟死不葬, 良散家貲千萬, 爲韓報讐, 擊始皇於博浪沙中, 誤椎副車. 秦索賊急, 良乃變姓爲張, 匿於下邳, 遇神仙黃石公, 遺之兵法. 及沛公之起也, 良往屬焉. 沛公使與韓信略定韓地, 立橫陽君成爲韓王, 而拜良爲韓信都, 信都者, 司徒也. 俗前音不正, 曰信都, 或曰申徒, 或勝屠, 然其本共一司徒耳. 後作傳者, 不知信都何因, 彊妄生意, 以爲此乃代王爲信都也. 凡桓叔之後, 有韓氏・言氏・嬰氏・禍餘氏・公族氏・張氏, 此皆韓後姬姓也.

昔周宣王亦有韓侯, 其國也近燕, 故詩云:『普彼韓城, 燕師所完.』其後韓西亦姓韓, 爲魏滿所伐, 遷居海中.

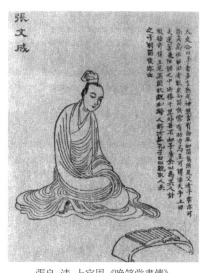

張良　清 上官周《晚笑堂畫傳》

【皆顯於漢】이상의 사건은《史記》韓信盧綰列傳을 참고할 것.

【陽陵·武陵·杜陵】모두 漢代 帝王의 능이 있었던 곳으로, 호족들이 구 근처에 모여 살았음.

【漢陽】동한 때의 漢陽郡은 지금의 甘肅省 天水市 일대였음.

【金城】지금의 蘭州市.

【留侯】張良. 漢高祖 劉邦의 功臣.《史記》留侯世家 참조.

【良往屬焉】이상《史記》留侯世家를 참조할 것.

【信都】《漢書》功臣表에는 申都로 되어 있음.

【詩】《詩經》大雅 韓奕의 구절.

【韓城】지금의 河南省 固安縣 동남.

【燕】周나라 때 燕은 두 곳이었으며, 지금의 河南省 汲縣에 있었던 나라를 '南燕' 이라 하여 黃帝의 후손들로 성씨는 姞이었다. 그리고 지금의 河南省 大興縣에 있던 나라는 '北燕'으로 召公 奭이 封을 받았으며 성씨는 姬였음.

【韓西】汪繼培는 이를 「朝鮮」의 오기로 보았으나 확실치 않음.

【魏滿】燕나라 출신으로 B.C.2세기 경 朝鮮을 침략하였던 인물. 다른 기록에는 흔히 '衛滿'으로 되어 있음.《史記》朝鮮列傳 참조.

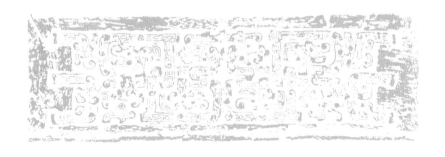

# 373
(35-28) 필공의 후손들

　필공畢公 고高는 주周나라와 같은 성으로 필畢 땅에 봉해져 그 땅 이름으로 씨를 삼았다. 주공周公이 죽고 필공 고가 그 직책을 이어 받았으며, 그 뒤 자손이 그 직책을 잃어 서민이 되고 말았다. 그 뒤 필만畢萬은 진晉 헌공獻公을 도왔고 헌공 16년에 조숙趙夙을 시켜 전차를 몰게 하였다. 그 때 필만은 우군右軍이 되어 경耿나라·위魏나라를 멸한 공로로 만萬 땅에 봉해 졌으니, 지금의 하북현河北縣이다. 위과魏顆는 다시 영호씨令狐氏로도 불렸으며 필만 후에 구세九世를 거쳐 위문후 魏文侯가 나왔고, 문후의 손자 위앵魏罃은 위魏 혜왕惠王이며 오세를 지나 망하였다.

　필양畢陽의 손자로 예양豫讓이란 자가 있어 지백智伯을 섬겼다. 지백이 그를 국사國士로 대접하자 예양 역시 그 은혜를 알고 지백에게 보답하였으며, 천하가 그 의로움을 기록하고 있다. 위씨魏氏·영호씨令狐氏·불우씨 不雨氏·섭대부씨葉大夫氏·백하씨伯夏氏·위강씨魏强氏·예씨豫氏는 모두가 필씨畢氏이며 본래가 희성姬姓이다.


　畢公高與周同姓, 封於畢, 因爲氏. 周公之薨也, 高繼職焉. 其後子孫失守, 爲庶世. 及畢萬佐晉獻公, 十六年使趙夙御戎, 畢萬爲右, 以滅耿滅魏封萬, 今之河北縣是也. 魏顆又氏令狐. 自萬後, 九世爲魏文侯. 文侯孫罃爲魏惠王, 五世而亡.

畢陽之孫豫讓, 事智伯, 智伯國士待之, 豫讓亦以見知之恩
報智伯, 天下紀其義. 魏氏·令狐氏·不雨氏·葉大夫氏·伯夏氏·
魏强氏·豫氏, 皆畢氏, 本姬姓也.

【畢公 高】周나라 초기 周公을 대신하여 東伯이 되어 동방의 제후를 거느렸던
　인물.

【庶世】《史記》魏世家에는 '庶人'으로 되어 있음.

【封萬】汪繼培는《左傳》閔公 元年과《史記》魏世家를 근거로 晉나라가 耿과
　魏를 멸한 후, 耿에는 趙夙을, 魏에는 畢萬을 봉하였는데, 이 부분이 脫文
　되었다고 하였음.

【河北縣】한나라 때 河北縣은 지금의 山東省 芮城縣 서쪽이었음.

【五世】《史記》魏世家에 의하면 惠王부터 王假까지는 7세임.

【豫讓】春秋戰國 교체기의 刺客.《戰國策》趙策 참조. '呑炭漆身'의 고사를 남김.

【智伯】知伯으로도 쓰며 晉나라 六卿 중의 하나인 荀瑤. 가장 세력이 컸으나
　韓, 魏, 趙가 연합하여 멸하였다.《戰國策》趙策, 韓策, 魏策 등 참조.

【國士】국가적인 대우의 선비. 豫讓은 知伯이 자신을 國士로 대접해 주었다는
　이유로 "士爲知己者死. 女爲說己者容"이라 하여, 知伯의 원수를 갚아 주겠다고
　집요하게 나섰던 사건임.

# 374
**(35-29)** 정씨의 후손들

주周 여왕厲王의 아들인 우友는 정鄭 땅에 봉해졌다. 그 정나라 정공숙鄭恭叔의 후손으로 위공문씨爲公文氏·헌씨軒氏·사씨駟氏·풍씨豐氏·유씨游氏·국씨國氏·연씨然氏·공씨孔氏·우씨羽氏·양씨良氏·대계씨大季氏가 있으며, 이 십족十族의 조상은 정鄭 목공穆公의 아들이며 각각 그 자字를 성으로 한 것이다.

그 외에 백유씨伯有氏·마사씨馬師氏·저사씨褚師氏는 모두가 정나라의 희성姬姓이다.

周厲王之子友封於鄭. 鄭恭叔之後, 爲公文氏. 軒氏·駟氏·豐氏·游氏·國氏·然氏·孔氏·羽氏·良氏·大季氏. 十族之祖, 穆公之子也, 各以字爲姓, 及伯有氏·馬師氏·褚師氏, 皆鄭姬姓也.

【鄭恭叔】鄭나라 共叔段.
【公文氏】公父氏가 옳다 하였음(汪繼培). 《左傳》莊公 16년에 公父定叔이 있으며 杜預 注에 共叔段의 孫이라고 함.

# 375
## (35-30) 오나라의 계보

　태백太伯은 오吳나라의 임금이 되어 의복을 단정히 하고 주周나라의 예를 다하였다. 중옹仲雍이 뒤를 잇자 단발문신斷髮文身하고 벌거벗는 것으로 꾸밈을 삼았다. 무왕武王이 은殷을 멸하자 그 후손을 오吳 땅에 분봉分封하여 북오北吳에게 큰 상을 내리게 하였다. 계찰季札은 연주延州에 살다 왔기 때문에 그를 연릉계자延陵季子라 부른다. 합려闔閭의 아우 부개왕夫槪王이 초楚나라 당계堂谿로 도망가서 그 곳 이름으로 성씨를 삼았으니, 이 모두는 희성姬姓이다.

　太伯君吳, 端垂衣裳, 以治周禮. 仲雍嗣立, 斷髮文身, 倮以爲飾. 武王克殷, 分封其後於吳, 令大賜北吳. 季札居延州來, 故氏延陵季子. 闔閭之弟夫槪王奔楚堂谿, 因以爲氏. 此皆姬姓也.

【太伯】 '泰伯'으로도 표기함. 周나라 太王(太公, 古公亶父)의 맏이로 아버지 太王이 季歷의 아들 昌(文王)에게 왕위가 이어지기를 원하는 것을 알고, 아우 虞仲과 함께 남쪽으로 내려가 吳나라의 시조가 됨. 뒤에 周나라 왕실을 太伯의 막내인 季歷을 거쳐 文王(昌)과 武王(發)에게로 이어짐. 《史記》 周本紀 및 《論語》 泰伯篇 참조.

吳나라 시조 〈泰伯〉《三才圖會》

【端垂】《左傳》哀公 7년에는 '端委'로 되어 있음. 고대의 예복. 玄端之衣와 委貌
之冠을 가리킴.

【仲雍】太伯의 아우인 虞仲. 文身斷髮하여 吳나라 풍속을 따름.

【北吳】武王(發)이 殷을 멸한 후 仲雍의 曾孫인 周章과 周章의 아우를 河北에
봉하고 北吳라 함.

【季札】延陵季子. 吳나라 왕 壽夢의 아들로 延陵 땅에 봉해졌으며 어진 인물로
알려짐.《史記》吳太伯世家 및《吳越春秋》,《說苑》등 참조.

【闔閭】闔廬로도 쓰며 春秋 시대 吳나라 군주.《史記》吳太伯世家 참조.

풍씨의 계보

　정鄭나라 대부大夫에 풍간자馮簡子가 있고, 그 뒤 한韓나라에는 풍정馮亭이 있었는데, 상당上黨의 군수를 하였으나 조趙나라에서 결혼의 문제로 화를 입었고, 그로 말미암아 장평지란長平之亂이 일어났다. 또 진秦나라에는 장군 풍겁馮劫이 있었으며 이사李斯와 함께 주살 당하였다.

　한漢나라가 들어서서는 풍당馮唐이 있으며 문제文帝와 장수의 문제를 논한 적이 있는 인물이다. 그 뒤 풍봉세馮奉世가 있는데 상당上黨출신으로 장군의 직위까지 올랐고, 그 딸은 바로 원제元帝의 비인 소의昭儀황후이다. 그 때문에 그들은 서울에 와서 살게 되었다. 그의 손자로서 풍연馮衍이 있는데 자는 경통敬通이며 학문을 좋아하고 의를 숭상하여 여러 선비들이 모두 "덕행이 옹옹雍雍한 풍경통이여"라 칭찬하였다. 이 풍경통은 저서 수십 편이 있고 효장황제孝章皇帝는 특히 그의 문장을 아끼고 좋아하였다.


　鄭大夫有馮簡子. 後韓有馮亭, 爲上黨守, 嫁禍於趙, 以致長平之變. 秦有將軍馮劫, 與李斯俱誅. 漢興, 有馮唐, 與文帝論將帥. 後有馮奉世, 上黨人也, 位至將軍, 女爲元帝昭儀, 因家於京師. 其孫衍, 字敬通, 篤學重義, 諸儒號之曰「德行雍雍馮敬通」, 著書數十篇, 孝章皇帝愛重其文.

【與李斯俱誅】 이상의 사건은《史記》趙世家를 볼 것.

【上黨】 지명. 지금의 山西省 長治市 근처.

【長平】 지금의 山西省 高平縣 근처.

【李斯】 秦나라 말기의 法家 사상가. 통일 후 문자, 도량형, 각종 제도를 통일함. 《史記》李斯列傳 및 秦始皇本紀를 참고할 것.

【馮唐】《史記》張釋之馮唐列傳 참조.

【昭儀】 漢나라 때 妃嬪의 칭호. 皇后의 아래이며 妃嬪 중 최고 지위.《漢書》馮奉世傳 참조.

【馮衍】《後漢書》馮衍傳 참조. 그는 馮奉世의 曾孫이라 하였으며, "衍, 字仲文, 長好儒學, 鄕里爲之語曰: 道德彬彬馮仲文"이라 함. 본문에 字가 敬通이라 한 것은 자세히 알 수 없음.

【雍雍】 훌륭함을 표현한 말.

## 순씨와 보씨

　　진晉나라 대부大夫 순식郇息은 진 헌공獻公을 섬겼고, 그의 후손이
중군中軍을 통솔하여 그 때문에 성씨를 중항中行이라 하였다. 그의 식읍
은 지智 땅이었다. 그 후손에 지과智果가 지백智伯에게 간언을 하였지만
들어주지 않자, 이에 그 족속 중에 태사太史로부터 따로 보씨輔氏로
갈려 나갔다.


　　晉大夫郇息事獻公, 後世將中軍, 故氏中行, 食采於智, 智果
諫智伯而不見聽, 乃別族於太史爲輔氏.


【郇息】 '荀息'으로도 씀. 《廣韻》에 "荀姓本姓郇, 後去邑爲荀"이라 함.
【中行】 원래는 春秋 시대 晉나라 軍制. 上, 中, 下 三軍과 左, 中, 右 三軍을
　　합해 六軍이라 하였으며, 荀林父가 中行將軍을 지낸 후 中行으로 姓을 삼음.
　　《左傳》 僖公 28년에 "晉侯作三行以御狄, 荀林父將中行"이라 함.
【別族於太史爲輔氏】 이상의 사건은 《國語》 晉語를 볼 것.

# 378
## (35-33) 적씨와 동씨

진晉나라 대부 손백염孫伯黶은 실제로 나라의 전적典籍을 맡아 관리하여, 그로 인해 성씨를 적씨籍氏로 하였다. 주周나라 대부 신辛에게는 두 아들이 있어 나라의 전적에 대해 잘 알았다. 그 때문에 성씨를 동씨董氏라 하였다.

晉大夫孫伯黶, 實司典籍, 故姓籍氏. 辛有二子董之, 故氏董氏.

【辛有】인명. 그의 두 아들이 周나라 문서를 관리하다가 각각 籍氏와 董氏로 분성(分姓)됨.
【董氏】董은 '내용을 잘 이해하다'의 뜻.

# 379
(35-34)
## 장씨의 계보

《시詩》에 주周 선왕宣王을 칭송하면서 비로소 이렇게 기록되었다.

"장중은 효성과 우애가 뛰어나도다!"                張仲孝友

그리고 춘추春秋 시대에 이르러 송宋나라에 장백멸張白蔑이란 자가
있었다.

진晉나라에는 다만 장후張侯·장로張老라는 이가 있으며 모두가 대가
大家였다. 장맹담張孟談은 조양자趙襄子를 도와 지백智伯을 멸하였으나,
그 공상功賞을 피해 부산肎山에 숨어 농사짓고 살았다. 뒤에 위魏나라에
장의張儀·장축張丑이 있었으며, 한漢나라에 이르러서는 장씨 성이 점점
많아졌다. 즉 상산왕常山王 장이張耳는 양梁 땅 출신이며, 승상丞相 장창
張蒼은 양무陽武 땅 사람이다.

그리고 동양후東陽侯 장상여張相如가 있었고 어사대부御史大夫 장탕張湯
이 있었는데, 장탕은 율령을 증정增定하여 간악한 무리들을 방지하여
백성을 편히 살도록 하였으며, 또한 어진 선비를 추천하기를 좋아하여
큰 복을 받았다. 그의 아들 장안세張安世는 거기장군車騎將軍이 되어
부평후富平侯까지 올랐으며 돈인검약敦仁儉約하여 직무를 완수하면서도
음덕을 베풀기를 좋아하였다. 이 까닭으로 자손이 창성하여 대대로
인물이 나와, 다시 무시후武始侯도 나왔다. 왕망王莽의 난을 만났으나

나라의 영화를 누린 자가 끊이지 않았다. 이처럼 장씨 집안에 네 명의 국공國公이 나왔으며, 대대로 충효忠孝와 행의行義로 이름을 떨쳤다.

전한前漢 때에는 승상丞相 장우張禹가 있었으며, 어사대부御史大夫 장충張忠이 있었고, 후한後漢 때는 다시 태위太尉 장보張酺가 있었는데 여남汝南 출신이며, 태부太傅 장우張禹는 조趙나라 출신이다. 사읍司邑과 여리閭里, 어느 마을에나 장씨 성을 가진 자가 없는 곳이 없다. 하동河東의 해읍解邑에는 장성張城과 서장성西張城이 있으니, 이들이 진晉나라 장씨들의 조상에서 나온 것이 아니겠는가?


《詩》頌宣王, 始有『張仲孝友』, 至春秋時, 宋有張白蔑矣. 惟晉張侯・張老, 實爲大家. 張孟談相趙襄子以滅智伯, 遂逃功賞, 耕於肎山, 後魏有張儀・張丑. 至漢, 張姓滋多. 常山王張耳, 梁人, 丞相張蒼, 陽武人也. 東陽侯張相如, 御史大夫張湯, 增定律令, 以妨姦惡, 有利於民, 又好薦賢達士, 故受福祐. 子安世爲車騎將軍, 封富平侯, 敦仁儉約, 矜遂權而好陰德, 是以子孫昌熾, 世有賢胤, 更封武始, 遭王莽亂, 享國不絶, 家凡四公, 世著忠孝行義. 前有丞相張禹, 御史大夫張忠; 後有太尉張酺, 汝南人, 太傅張禹, 趙國人. 司邑閭里, 無不有張者. 河東解邑有張城, 有西張城, 豈晉張之祖所出邪?


【詩】《詩經》小雅 六月의 구절.
【張仲】周나라의 신하로 尹吉甫의 친구. 周 宣王이 尹吉甫에게 獫狁(흉노)를 치고 돌아오게 하자 승리 후 잔치에서 張仲이 참가하여 그 덕을 기린 시.

【張白葪】汪繼培는 '白'을 개(匄)의 오자, '葪'은 衍文이라 하였음.《左傳》昭公
 21년 참조.

【肎山】 '肎'은 '負'로 판독하여 彭鐸은 이를 '負山, 負丘'로 보았다.《戰國策》
 趙策에는 「負親之丘」로 되어 있다. 원음이 '원'이지만 여기서는 이에 따라 '부'로
 읽었다.

【故受福祐】 이상의 사건은《漢書》張湯傳을 볼 것.

【張安世】 이상은《漢書》張湯傳의 附傳으로 실려 있는 安世傳을 볼 것.

【張純】 이상은《後漢書》張純傳을 볼 것.

【司邑】 司隸校尉 관할의 郡縣. 司隸校尉는 三輔, 三河, 弘農七郡을 관할하여
 長安에서 洛陽에 이르는 넓은 지역임. 지금의 직속관할지구.

【解邑】 지금의 山西省 남부 永濟縣 일대.

【張城】 東張城.《漢書》曹參傳을 볼 것.

# 380
(35-35) 상고 시대의 성씨

　언성偃姓으로는 서용舒庸・서구舒鳩・서룡舒龍・서공舒共・지룡止龍・역
酈・음淫・참參・회會・육六・원院・비薁・고高・국國이 있고, 경성慶姓으
로는 번樊・윤尹・낙駱씨가 있으며, 만성曼姓으로는 등鄧・우優가 있으며,
귀성歸姓으로는 호胡・유有・하何씨가 있고, 짐성葳姓으로는 골滑・제齊씨
가 있고, 기성掎姓으로는 서棲・소疏씨가 있으며, 어성御姓으로는 서署・
번番・탕湯이 있고, 외성嵬姓으로는 요饒・양攘・찰刹씨가 있고, 외성隗姓
으로는 적적赤狄씨가 있고, 항성姮姓으로 백적白狄씨가 있는데 이들은
모두 상고 시대의 성씨들이다.


　偃姓舒庸・舒鳩・舒龍・舒共・止龍・酈・淫・參・會・六・
院・薁・高國, 慶姓樊・尹・駱, 曼姓鄧・優, 歸姓胡・有・何, 葳
姓滑・齊, 掎姓棲・疏, 御姓署・番・湯, 嵬姓饒・攘・刹, 隗姓
赤狄, 姮姓白狄, 此皆大吉之姓.


【舒公】《世本》에는 龔으로 되어 있음.
【薁】'英'자의 오기로 봄.《史記》陳杞世家에 "皐陶之後, 或封英, 六"이라 함.
　英은 지금의 湖北省 英山. '六'은 安徽省 '六安'을 가리킴. 그러나 王紹蘭은
　'裴'자가 아닌가 하였음. 부록 〈王紹蘭潛夫論箋序〉를 볼 것.

【姞】姬의 오기.《穀梁傳》昭公 12년 范寧 注에 "鮮虞, 姬姓白狄也"이라 함.
【大吉】孫志祖는 '太古'의 오기로 보았음. 이상의 성씨는 이체자, 변형자가
　상당히 많음.

# 381
### (35-36)
# 이름난 성씨들

　제齊나라에 포숙鮑叔이 있어 대대로 경대부卿大夫를 지냈고 진나라에는 포계鮑癸가 있었으며, 한대에 이르러 포선鮑宣이 있어 대대로 충직하여 한나라의 명신들로 알려져 있다.

　한漢나라 역생酈生은 사신이 되었었고, 그 아우 역상酈商은 장군을 지냈으니, 지금 고양高陽의 여러 역씨들은 모두가 이름난 성씨이다.

　옛날 중산보仲山甫는 역시 성이 번樊이었고 시호는 목중穆仲으로, 남양南陽에 봉을 받았다. 남양南陽은 지금의 하내군河內郡으로 그 뒤에 번경자樊傾子란 이가 있었다.

　만성曼姓은 등鄧땅에 봉해졌으며, 그 땅 이름으로 성씨를 삼았고, 남양의 등현鄧縣 상채上蔡 북쪽에 고등성古鄧城이 있으며 신채新蔡의 북쪽에는 고등성古鄧城이 있다. 춘추 때에 초楚 문왕文王이 이 등나라를 멸망시켰으며, 한나라에 이르러 등통鄧通·등광鄧廣이란 자가 있었고, 후한後漢에 이르러서는 신야新野 출신의 등우鄧禹가 있어 후한 창업에 공이 있어 고밀후高密侯에 봉해졌다.

　손녀인 등태후鄧太后는 천성이 인자하고 엄명하여 자신의 집안이 권력을 잡지 못하게 칙령을 내려, 서울 장안이 깨끗하였다. 그래서 마치 귀척貴戚이 없는 듯이 하였으며, 부지런하고 백성 아끼기를 밤낮으로 게을리 하지 않았다. 이 까닭으로 강병羌兵의 반란과 홍수·기근을 만나도 능히 나라가 회복되어 풍년이 들고 평안하였다. 태후가 죽자 여러 간신배들이 다투어 참소를 가하여 결국 등씨 집안이 파멸하자 천하가 이를 안타까워하였다.

노로魯 소공昭公의 어머니는 성이 귀씨歸氏였고, 한나라에는 외효隗囂·계맹季孟이 있었으며 항씨姮氏의 후대에는 견융씨犬戎氏가 있었으니, 그 선대는 본래 황제黃帝에게서 나온 것이다.


齊有鮑叔, 世爲卿大夫. 晉有鮑癸. 漢有鮑宣, 累世忠直, 漢名臣. 漢酈生爲使者, 弟商爲將軍, 今高陽諸酈爲著姓.

昔仲山甫亦姓樊, 諡穆仲, 封於南陽. 南陽者, 在今河內. 後有樊傾子. 曼姓封於鄧, 後因氏焉. 南陽鄧縣上蔡北, 有古鄧城, 新蔡北有古鄧城. 春秋時, 楚文王滅鄧. 至漢有鄧通·鄧廣. 後漢新野鄧禹, 以佐命元功封高密侯. 孫太后□性慈仁嚴明, 約勅諸家莫得權, 京師清淨, 若無貴戚, 勤思憂民, 晝夜不怠. 是以遭羌兵叛, 大水饑饉, 而能復之, 整平豐穰. 太后崩後, 羣姦相參, 競加譖潤, 破壞鄧氏, 天下痛之. 魯昭公母家姓歸氏. 漢有隗囂季孟. 短卽犬戎氏, 其先本出黃帝.


【漢名臣】 이상에서 鮑叔과 鮑癸는 《左傳》, 《史記》를, 鮑鮮은 《漢書》를 참고할 것.

【高陽】 지금의 河南省 杞縣 서쪽.

【酈氏】 역이기(酈食其)의 사신 활동은 《史記》 酈食其傳 및 《新序》, 《韓詩外傳》을 참고할 것.

【仲山甫】 周 宣王 때의 卿. 樊侯에 봉해짐.

【河內郡】 지금의 河南省 黃河 양안 일대.

【南陽·鄧縣·上蔡·新蔡】모두 河南省 남부 지역.

【鄧通】前出. 漢나라 때 유명한 佞臣.《史記》佞幸列傳 및《西京雜紀》참조.

【鄧廣】汪繼培는「鄧廣漢」의 오류로 보았음.

【鄧太后】鄧禹의 손녀 鄧綏가 和帝의 태후가 됨. 이하《後漢書》和熹皇后紀를 볼 것.

【恒氏】姬氏의 오기로 봄.

은씨의 후손들

서씨徐氏・소씨蕭氏・삭씨索氏・장작씨長勺氏・도씨陶氏・번씨繁氏・기씨
騎氏・기씨飢氏・번씨樊氏・도씨荼氏 등은 모두가 은씨殷氏의 구성舊姓이며,
한漢나라가 일어서자 소하蕭何가 있어 찬후酇侯에 봉해졌는데 본래 패沛
땅 사람으로 지금의 장릉長陵의 소蕭씨들은 그의 후손이다. 전장군前將軍
소망지蕭望之는 동해東海・두릉杜陵 사람으로 소씨들은 그의 후손이다.
어사대부御史大夫로서 번연수繁延壽는 남군南郡 양양襄陽 출신으로 두릉
杜陵과 신풍新豊의 번씨繁氏들은 그의 후손이다.


及徐氏・蕭氏・索氏・長勺氏・陶氏・繁氏・騎氏・飢氏・
樊氏・荼氏, 皆殷氏舊姓也. 漢興, 相國蕭何封酇侯, 本沛人,
今長陵蕭其後也. 前將軍蕭望之, 東海・杜陵蕭其後也. 御史
大夫有繁延壽, 南郡襄陽人也. 杜陵・新豊, 繁其後也.


【長陵】漢 高祖 劉邦의 陵墓. 뒤의 그 지역을 縣으로 격상시켰으며, 지금의
  陝西省 咸陽市 동북쪽에 있음.
【沛】지금의 江蘇省 沛縣. 漢高祖 劉邦의 고향.
【東海】郡이름. 지금의 山東省 郯縣 경내.

【杜陵】원 이름은 杜原이었으나 宣帝의 陵墓가 들어서면서 杜陵이 됨. 지금은
陝西省 西安市 동북쪽. 그러나 "東海·杜陵"에 대하여 漢書 蕭望之傳에는 "蕭望之,
東海蘭陵人, 徙杜陵"이라 하였음.
【漢南】지금의 湖北省 江陵.
【襄陽】지금의 襄陽市.
【漢縣】지금의 陝西省 臨潼縣 동북쪽.

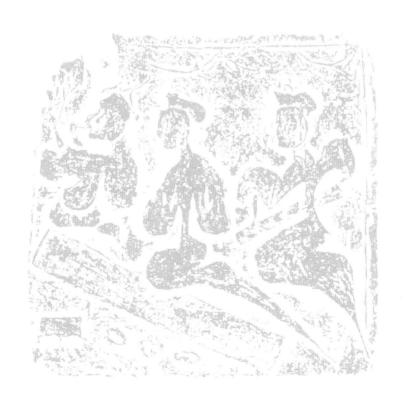

# 383
(35-38) 주공과 소공의 서자들

주씨周氏·소씨邵氏·필씨畢氏·영씨榮氏·선씨單氏·윤씨尹氏·유씨鎦氏·
부씨富氏·공씨鞏氏·장씨莨氏는 모두가 주周나라 왕실의 세공경가世公
卿家이다.

주씨周氏와 소씨召氏는 주공周公·소공召公의 서자들의 성씨로서 두
공公의 식읍을 이어 받아 왕이나 관리 역할을 하였으므로, 대대로
주공·소공의 칭호가 끝없이 이어졌던 것이다.

윤씨는 본래 관명官名이었으니, 이를테면 송宋나라의 태사太師라는
관직이나 초楚나라의 영윤令尹·좌윤左尹 등이다. 윤길보尹吉甫 같은 이는
선왕宣王을 도와 큰 공적을 남긴 인물이다.

《시詩》에 이렇게 노래하였다.

"윤씨는 태사로서                     尹氏太師
  주나라의 초석일세!"                  維周之底

선목공單穆公·양공襄公·경공頃公·정공靖公은 대대로 명덕明德이 있고
성인 버금가는 재능이 있었다. 그 때문에 숙향叔嚮이 칭찬하면서 뒤에
반드시 번창할 것이라 하였던 것이다.

周氏·邵氏·畢氏·榮氏·單氏·尹氏·鎦氏·富氏·鞏氏·
蔑氏, 此皆周室之世, 公卿家也. 周·召者, 周公·召公之庶子,
食二公之采, 以爲王吏, 故世有周公·召公不絶也. 尹者, 本官名也,
若宋有太師, 楚有令尹·左尹矣. 尹吉甫相宣王者大功績.

《詩》云: 『尹氏太師, 維周之底』也, 單穆公·襄公·頃公·靖公,
世有明德, 次聖之才, 故叔嚮美之, 以後必繁昌.

【鎦氏】汪繼培는 劉氏와 같은 표기로 보았다.
【太師】汪繼培는《左傳》에 宋나라에 太宰라는 벼슬은 있었지만 太師는 없었
  다고 하였음.
【相宣王者大功績】여기에서의 '者'는 '著'의 오기임.
【詩】《詩經》小雅 節南山의 구절. '底'는 '柢'. 근본. 뿌리.
【次聖】彭鐸은 이를 「齊聖」으로 보았음. 王引之는 "齊者, 知慮之敏也"라 함.
【叔嚮】叔向(前出)
【次聖之才】이상의 내용은《國語》周語를 볼 것.

# 384 (35-39) 성씨의 오류와 분합

　고성苦城은 성城이름으로 염지鹽池의 동북쪽에 있다. 뒷사람들이 이를 혹 고성枯城이라고도 쓰며, 제齊나라 사람들은 그 음만 듣고 고성庫城이라고 썼고, 돈황燉煌 사람들은 그 글자만 보고 거성車城이라 읽었다. 그런가 하면 한양漢陽 사람들은 고枯·고苦 등의 글자를 싫어하여 다시금 고성씨古成氏라 불렀다.

　당계堂谿도 역시 계곡 이름으로 여남汝南의 서평西平에 있다. 우禹임금은 자字가 자계子啓였는데 계개啓開로 바뀌었다. 그런데 옛 사람들이 당계堂谿의 계谿를 계啓로 잘못 썼고, 그 뒷사람들은 이 계啓를 개開로 고쳤다.

　옛날 칠조개漆雕開·공야장公冶長에 대해 옛 사람들은 조雕를 쉽게 쓰느라 줄여서 주周라 썼고, 야冶는 잘못하여 고蠱라 썼다. 그 뒤에는 다시 고古로 잘못 알려져, 그 때문에 고씨古氏·성씨成氏·당씨堂氏·개씨開氏·공씨公氏·야씨冶氏·칠씨漆氏·주씨周氏로 분화되었다. 이들은 처음에는 같은 조상이나 끝에 와서 달라진 경우이다.

　무릇 성의 이합변분離合變分은 진실로 이런 경우가 허다하며, 앞의 예는 그 중 한 상황일 뿐으로 모두 다 열거할 수는 없다.


　苦城, 城名也, 在鹽池東北. 後人書之或爲枯, 齊人聞其音, 則書之曰「庫成」, 燉煌見其字, 呼之曰「車城」, 其在漢陽者, 不喜

「枯・苦」之字, 則更書之曰「古成氏」, 堂谿, 谿谷名也, 在汝南西平. 禹字子啓者, 啓開之子也. 前人書堂谿誤作「啓」, 後人變之, 則又作「開」.

古漆雕開・公冶長, 前人書「雕」從易, 渻作「周」, 書「冶」復誤作「蠱」, 後人又傳作「古」, 或復分爲古氏・成氏・堂氏・開氏・公氏・冶氏・漆氏・周氏, 此數氏者, 皆本同末異, 凡姓之離合變分, 固多此類, 可以一況, 難勝載也.


【苦城】지금의 山西省 夏縣.
【燉煌】지금의 甘肅省 敦煌市.
【西平】汪繼培는 '吳房'의 오기로 보았음.《漢書》地理志의 汝南郡 吳房에 "孟康曰: 本房子國, 楚靈王遷房於楚, 吳王闔閭弟夫槩奔楚, 楚封於此, 爲堂谿氏, 以封吳, 故曰吳房, 今吳房城堂谿亭是"라 함.
【汝南】지금의 河南省 上蔡縣.
【誤作「啓」】汪繼培는 이 뒤에 문자가 탈오되었다고 보았음. 漢나라 景帝의 이름이 劉啓이므로 이를 避諱하여 啓를 開로 고침.《漢書》景帝紀 注에 "荀悅曰: 諱啓之字曰開"라 하였고,《左傳》閔公 元年 疏에 "韓景帝諱啓, 啓・開, 因是而亂"이라 함.
【漆雕開・公冶長】모두《論語》및《史記》仲尼弟子列傳을 볼 것.
【傳】轉과 같음. 轉訛의 뜻.

# 385 (35-40) 성씨 근원에 대한 결론

《주역周易》에 "군자는 만물의 족류族類에 근거하여 사물을 변별한다"
라 하였고, 또 "옛 사람들의 언론과 행동을 많이 익혀 그 덕을 쌓아야
한다"라 하였으며, 다시 "배운 것은 모아들이고 의심나는 것은 물어
변별해야 한다"라 하였다.

그래서 대대로 내려오는 기록과 여러 경서를 채집하고 지리와 언어·
표기에 의거하고, 성현의 후손들과 족류의 조상의 분화를 살펴서
씨성氏姓의 근원을 설명하기 위해 이 두 편에 의탁하여 이후의 현자賢者
가 지금으로써 이를 참고할 수 있도록 한다.

《易》曰:『君子以類族辯物』,『多識前言往行以蓄其德』,『學以
聚之, 問以辯之.』故略觀世記, 采經書, 依國士及有明文, 以贊賢
聖之後, 班族類之祖, 言氏姓之出, 序此假意二篇, 以貽後賢今之
焉也.

【易曰】앞부분은《周易》同人卦의 象辭. 孔穎達 正義에 "族, 聚也. 言君子法此同
人以類而聚也, 辨物, 謂分辨事物, 各同其黨, 使自相同, 不間雜也"라 하였다.
그리고 뒷부분은《周易》大畜卦의 象辭이다. 正義에 "君子則此大畜, 物旣大畜,
德亦大畜, 故多記識前代之言, 往賢之行, 使多聞多見, 以畜積己德"이라 함.

끝 부분은 《周易》乾卦 文言傳의 구절로써 正義에 "君子學以聚之者, ……且學習
以畜其德, 問以辯之者, 學有未了, 更詳問其事, 以辯決於疑也"라 함.
【今之焉也】"參之焉也"의 오류로 보임. '뒷사람의 참고가 되도록 하다'의 뜻.

# 36. 서록叙錄

  본 편은 왕부王符 자신의 《잠부론》에 대한 편목별篇目別 해설이며,
자서自序에 해당한다. 특히 고대 저술의 체재가 대체로 이러한 해설
부분이 없거나 있다 해도, 총론적으로 묶어 앞이나 뒤에 싣는 것이
일반적인 형태이다. 그러나 이 책에서처럼 맨 뒤편에 그 주제나
자술 의도를 낱낱이 밝힌 점은 매우 특이한 형식이라 할 수 있다.

〈牛耕〉畵像石(부분) 1952 江蘇 睢寧縣 東漢墓 출토

# 386
## (36-1)  서문의 머리말

    무릇 당세에 태어나 능히 큰 공을 이루는 것을 귀히 여기되, 가장 으뜸은 덕을 세우는 일이며, 그 다음은 좋은 말을 남기는 것이다. 그러나 나는 용렬하고 재주가 없다. 선견지명先見之明의 기량이 있었더라면 능히 관직에 나갔으련만, 일찍이 마구간지기 정도의 그러한 낮은 일에도 복무해 보지 못하였으니, 그런 것으로 공훈을 세울 수도 없었다. 이에 마음 속에 느낀 바 있어 붓을 들어 몇몇 문자를 썼으니, 이런 기록은 어리석은 심정을 묶어 겨우 잊지나 말도록 하였으면 하는 것일 뿐이다. 꼴 베고 나무하는 이가 비록 미천하고 비루한 신분이지만, 옛 성인은 역시 그들에게 자문을 구하였다. 이에 나는 선현先賢의 말을 처음으로 36편으로 서술하여 옛 사람들의 가르침을 이은 좌구명左丘明의 오경五經처럼 남겨볼까 한다.


    夫生於當世, 貴能成大功, 太上有立德, 其次有立言. 闒茸而不才, 先器能當官, 未嘗服斯役, 無所效其勛. 中心時有感, 援筆紀數文, 字以綴愚情, 財令不忽忘. 芻蕘雖微陋, 先聖亦咨詢. 草創敍先賢三十六篇, 以繼前訓, 左丘明五經.

【太上有立德】《左傳》襄公 24년에 "大上有立德, 其次有立功, 其次有立言"이라 하였음. 孔穎達 正義에 "大上, 其次, 以人之才知淺深爲上次也. 大上, 謂人之最上者. 上聖之人也; 其次, 次聖者, 謂大賢之人也; 其次, 又次大賢者也"라 함.

【闒茸】 용렬하고 비천함.

【斯役】 厮役. 천한 일.《新書》官人에 "王者官人有六等, ……六曰厮役"이라 함. 厮役은 마구간지기의 낮은 직책을 말함. 여기서는 왕부가 아무런 벼슬도 하지 않았음을 겸양으로 표현한 것이다.

【財】 '纔(才)'와 같음. '겨우'의 뜻.

【芻蕘】《詩經》大雅 板의 내용. "先民有言, 詢於芻蕘"라 함.

【五經】 易·詩·書·禮·春秋를 말함.

# 387
## (36-2) 찬학편

옛 성현이 남긴 업으로 교훈敎訓보다 큰 것이 없다. 그들은 박학다식博學多識하면서도 의심나면 생각하고 물었으며, 지혜는 밝혀 성취시키고 덕과 의는 바로 세웠다. 부자夫子는 학문을 좋아하면서 남을 깨우침에 게으름을 몰랐던 것이다.

그 때문에 〈찬학讚學〉편을 지어 제 1편으로 삼았다.


先聖遺業, 莫大敎訓, 博學多識, 疑則思問. 智明所成, 德義所建. 夫子好學, 誨人不倦. 故敍〈讚學〉第一.


【思問】의심이 나면 물음.《論語》季氏篇 참조.
【夫子】선생님. 여기서는 孔子를 가리킴.
【誨人不倦】《論語》述而篇에 "學而不厭, 誨人不倦"이라 함.

# 388 (36-3) 무본편

무릇 선비의 학문이란 본을 귀히 여기고 말을 천히 여겨야 한다. 대인大人은 화려한 꾸밈이 없고 군자는 실질에 힘쓰는 법이다. 예禮란 것이 비록 소개와 중개가 있으나 반드시 그에 맞는 예물이 있어야 한다. 그러나 시속時俗은 말류末流로 내닫고 있으니 그 학술이 훼손될까 두렵다.

그 때문에 〈무본務本〉편을 지어 제 2편으로 삼았다.


凡士之學, 貴本賤末. 大人不華, 君子務實. 禮雖媒紹, 必載
於贄. 時俗趨末, 懼毁術. 故敍〈務本〉第二.


【媒紹】소개. 禮는 交往의 매개 역할을 한다는 뜻.
【載】시작의 뜻.
【贄】고대 처음 相見禮에 서로 주고받는 예물.《孟子》에 "出疆必載質"이라 하였
으며, '贄'는 '質'과 같음.

# 알리편

　사람은 누구나 지혜와 덕이 있지만 이익 때문에 혼미해지는 고통을 겪는다. 행동을 그르쳐 영화를 구하고, 화분을 머리에 이고 하늘을 바라보며, 어짊을 행하면 부귀에서 멀어지고, 부귀를 행하면 인에 어긋나고 만다. 장차 덕행을 닦아 반드시 그 원칙에 조심해야 하는 것이다.

　그러므로 〈알리過利〉편을 지어 제 3편으로 삼았다.


　人皆智德, 苦爲利昏. 行汗求榮, 戴盆望天. 爲仁不富, 爲富不仁. 將修德行, 必愼其原. 故敍〈過利〉第三.


【利昏】이익 때문에 혼미해짐.
【戴盆望天】머리에 화분, 대야 등을 이고 하늘을 보려 함. 漢書 司馬遷傳에 "僕以爲戴盆, 何以望天?"이라 하였다.
【爲富不仁】《孟子》滕文公(上)의 내용. 행동은 거짓되면서 영화를 구하는 것은 잘못된 것이라는 뜻.

# 390
(36-5) 논영편

　세상 사람들은 남의 논지는 알아보지도 아니한 채 그가 선비라면 즉시 그렇다 여기고, 남의 지행志行은 물어 보지도 아니한 채 그의 관작이 무엇이냐에 따라 기준을 삼는다. 의롭지 못한 부귀는 중니仲尼도 부끄러워한 바이다. 풍속을 상하게 함이 능지陵遲하니 성현의 말씀에 멀어져 가기만 하고 있다.

　그 때문에 〈논영論榮〉편을 지어 제 4편으로 삼았다.


　世不識論, 以士卒化, 弗問志行, 官爵是紀. 不義富貴, 仲尼所恥. 傷俗陵遲, 遂遠聖述. 故敍〈論榮〉第四.


【卒化】王紹蘭은 '族位'의 잘못으로 보았음. 그러나 '즉시 그렇다고 인정하다'의 뜻으로 볼 수 있음.
【不義富貴】《論語》述而篇에 "不義而富且貴, 於我如浮雲"이라 함.
【陵遲】원래는 서서히 변함을 뜻함. 한 길 담장은 넘을 수 없으나, 천천히 높아지는 산은 오를 수 있다는 뜻. 《韓詩外傳》참조. 그러나 여기서는 '陵夷'로 보아 '어그러뜨림'의 뜻으로 쓰임.

# 391
## (36-6)

# 현난편

성현이 괴로워하는 바를 생각해 보고 질투하는 자의 환난을 살펴
보면, 모두가 그들이 자기보다 나은 것을 질투하는 데에서 생겨난다.
그래서 원한이 깊어지며 더러는 그 때문에 싸움이 나고, 또는 거짓으로
일을 꾸며 헐뜯는다. 임금이 이를 살피지 못하고 도리어 참언을 믿는
것이 통탄스러울 뿐이다.

이에 〈현난賢難〉편을 지어 제 5편으로 삼았다.

惟賢所苦, 察妒所患, 皆嫉過己, 以爲深怨. 或因纇釁, 或空
造端. 痛君不察, 而信讒言. 故敍〈賢難〉第五.

【纇釁】작은 병폐나 틈. '뢰흔'으로 읽음. 원본에는 류미(類釁)로 되어 있었으나
이는 纇釁의 오기임. 淮南子 氾論訓에 "夏后氏之璜, 不能無考; 明月之珠, 不能
無纇"라 하였고, 高誘 注에 "考, 瑕釁也. 纇, 磐若絲之結纇也"라 하였다.
【造端】일은 만듦. 없는 속에서 만들어 냄.

# 392
(36-7) 명암편

임금이 영명英明하여 이루어지는 일과 임금이 암혼暗昏하여 일어
나는 일, 그리고 간언을 거절하였을 때 생기는 실패, 그로 인해 조성되는
화란禍亂에 대한 것을 살펴보았다. 정권을 쥐고 있는 자는 모두가 임금을
제 마음대로 독차지하려 하고, 어진 선비의 길을 막고 은폐시켜 그
주권을 제멋대로 하고 있다.
그래서 〈명암明暗〉편을 지어 제 6편으로 삼았다.


原明所起, 述暗所生, 距諫所敗, 禍亂所成. 當塗之人, 咸欲
專君, 壅蔽賢士, 以擅主權. 故敍〈明暗〉第六.


【原】源과 같음. 事物의 本源.
【述】彭鐸은 「迹」의 오기로 보았으며, '그 종적을 찾다'의 뜻으로 여김.
【專君】군주의 총애를 독차지하려는 생각. 혹은 임금을 마음대로 조정하려는
　　의도.

# 393
(36-8) 고적편


　위로 옛 선왕을 살펴보건대, 태평성대를 이룬 까닭과 고적출척考績
黜陟에 대한 것이 모두 오경五經에 드러나 있다. 상벌의 사실이 허명虛名
으로는 하지 않았으며, 명확하게 그 덕과 소문을 살펴 왕정王庭에서
이를 판결해야 하는 것이다.
　그래서 〈고적考績〉편을 지어 제 7편으로 삼았다.


　上覽先王, 所以致太平, 考績黜陟, 著在五經. 罰賞之實, 不以
虛名. 明豫德音, 焉問揚庭. 故敍〈考績〉第七.


【黜陟】 파면과 승급.
【揚庭】《周易》夬卦에 있는 말. 왕의 궁정에서 드러내어 판결함을 뜻함. "揚于
　王庭"의 뜻.

## 사현편

　임금이 선비를 선발하면서, 누구나 어질고 능력 있는 이를 구하려 하건만 이를 맡은 여러 관리들은 공천貢薦에 다투어 하재下材만 갖다 바치고 있다. 증오스러워 견딜 수가 없다. 어찌 관리가 능히 정치를 할 수 있겠는가? 약을 팔면서 가짜를 주면 병을 고치기 어려운 것과 같다.

　그래서 〈사현思賢〉편을 써서 제 8편으로 삼았다.


　人君選士, 咸求賢能. 羣司貢薦, 競進下材. 憎是掊克, 何官能治? 買藥得鴈, 難以爲醫. 故敍〈思賢〉第八.


【憎是掊克】《詩經》大雅 蕩의 구절. '그 못된 짓을 증오하다'의 뜻.
【鴈】雁. 이는 贋의 古字. 僞造. 가짜의 뜻.《廣韻》에 "鴈, 僞物"이라 하였고, 《韓非子》說林下에 "齊伐魯, 索讒鼎. 魯以其鴈往. 齊人曰: '鴈也.' 魯人曰: '眞也.'"라 하였음.

# 395
## (36-10)
# 본정편

세상의 근본은 하늘과 사람이다. 이들이 서로 연결되고 원인이 되어 화평의 기틀을 마련하는 것이며, 이의 실행은 임금에게 있다. 법을 만들어 어진 이를 뽑으면 나라는 곧 내 몸과 같이 된다. 그러나 간악한 무리가 직위를 훔치고 있으니, 장차 누가 이를 감독하고 살필 수 있겠는가?

그래서 〈본정本政〉편을 지어 제 9편으로 삼았다.


原本天人, 參連相因, 致和平機, 述在於君, 奉法選賢, 國自我身. 姦門竊位, 將誰督察? 故敍〈本政〉第九.


【參連相因】天·地·人 세 가지가 서로 연결되어 원인을 제공함. 《春秋繁露》王道三通에 "古之造文者, 三畫而連其中謂之王. 三畫者, 天地與人也; 而連其中者, 通其道也. 取天地與人之中以爲貫而參通之, 非王者孰能當?"이라 함.

【察】彭鐸은 이를 '存'으로 읽어 雙聲 관계로 '人'을 뜻하며, 이는 因, 君, 身과 함께 본 문장의 韻을 이룬다고 하였음. 《廣韻》에 "存, 察也"라 함.

# 396
## (36-11) 잠탄편

　고금을 통틀어 여러 서전書傳의 기록을 살펴보건대, 임금은 누구나 치평治平을 바라지만 신하들은 오히려 혼란을 즐긴다. 충신과 영인佞人이 뒤섞여 있어 각각 자기 당파를 앞서 나가게 하고 있으니, 이를 명확히 판별하지 못하고 도리어 간악한 무리의 논리만을 믿고 있다.

　그래서 〈잠탄潛歎〉편을 지어 제 10편으로 삼았다.


　覽觀古今, 爰曁書傳, 君皆欲治, 臣恒樂亂. 忠佞溷淆, 各以類進, 常苦不明, 而信姦論. 故敍〈潛歎〉第十.


【曁】及과 같음.
【溷淆】混淆와 같음. 雙聲連綿語로 '혼탁하게 뒤섞임'을 뜻함.

# 397
(36-12)

## 충귀편

　무릇 작위란 덕에 의해 흥해야 하고, 덕은 충성에 의해 귀함을 받아야한다. 이것이 사직이 믿을 바요, 안위도 그에 매어 있다. 정직과 충성,인자와 혜화惠和로 임금을 마치 하늘처럼 받들고 백성을 자식처럼 받들어야 한다. 그렇게 하지 않으면 그 직위도 보전할 수 없고 명예도지켜낼 수가 없다.

　그래서 〈충귀忠貴〉편을 써 제 11편으로 삼았다.


　夫位以德興, 德貴忠立, 社稷所賴, 安危是繫. 非夫讜直貞亮,仁慈惠和, 事君如天, 視民如子, 則莫保爵位, 而全令名. 故敍〈忠貴〉第十一.


【讜直貞亮】讜은 正直. 亮은 諒과 같음.
【令名】자신의 위치나 명분. 법령과 직위, 또는 令明한 명분.

# 398
### (36-13)
## 부치편

선왕이 재물을 관리함에 있어서 백성이 그릇된 것을 탐하는 것을 금해야 한다라 하였다. 〈홍범洪範〉에는 백성을 근심하였고, 《시경詩經》에는 나라가 말류의 재물에 힘쓰는 것을 풍자하였다. 사치와 거짓을 일삼는 자가 많아 농업을 본으로 해야 하는 도리가 쇠퇴하고 말았다. 이를 제도로써 조절해야 하는 일을 어찌 논의하지도 않고 있는가?

그래서 〈부치浮侈〉편을 써서 제 12편으로 삼았다.


先王理財, 禁民爲非. 洪範憂民, 《詩》刺末資. 浮僞者衆, 本農必衰. 節以制度, 如何弗議? 故敍〈浮侈〉第十二.


【禁民爲非】《周易》繫辭傳(下)에 "理財正辭, 禁民爲非曰義"라 함.
【洪範】원래 《尙書》의 편명. 한편 《漢書》食貨志에는 "洪範曰: 八政, 一曰食, 二曰貨, 二者生民之本"이라 함.
【末資】'蔑資'와 같음. 《詩經》大雅 板에 "喪亂蔑資"라 함.

## 399
(36-14)　신미편

　　작은 과실이 쌓여 행동을 상하게 하고, 안전만 꿈꾸다가 명예를 그르친다. 아침저녁으로 제멋대로 욕심을 부리면서도 개전改悛과 용서가 없으며, 도리어 간언하는 자를 겁내고 미워할 뿐이다. 훌륭한 일을 들어도 따르지 아니하니 적은 안일은 치욕을 부를 것이요, 끝내 흉함을 만나리라.

　　그래서 〈신미愼微〉편을 써서 제 13편으로 삼았다.

　　積微傷行, 懷安敗名, 明莫恣欲, 而無悛容. 足以慆諫, 聞善不從. 微安召辱, 終必有凶. 故敍〈愼微〉第十三.

【明莫恣欲】 汪繼培는 '明'을 '朝'로 보았음. 이에 明莫(朝莫)을 朝暮, 즉 '아침 저녁'으로 해석함.
【悛】 잘못을 고침. 改悛의 정을 보임. '전'으로 읽음.

# 400 <sub></sub> 실공편

**400**
(36-15) 실공편

 현명한 군주는 양신良臣을 구하겠다고, 어진 이·지혜로운 이를 정선精選하려 애쓰고 있다. 그러나 모든 관료들은 도리어 당을 짓고 있건만 그 진위眞僞를 고핵考覈하지도 못하고 있다. 구차스럽게 그 헛된 명예를 숭상하여 서로 헐뜯고 자랑하고 있다. 그러니 그런 자들이 관직에 있은 들 아무런 공이나 효과가 없다.

 이 까닭으로 〈실공實貢〉편을 지어 제 14편으로 삼았다.


 明主思良, 勞精賢知. 百寮阿黨, 不覈眞僞, 苟崇虛譽, 以相誑曜, 居官任職, 則無功效. 故敍〈實貢〉第十四.


【阿黨】私黨. 아첨의 무리. 사사로이 당을 지어 횡포를 부림.
【覈】考覈. 살펴 탄핵하는 등 잘 따져봄.

# 401
## (36-16) 반록편

성인은 어진 이를 봉양함으로써 그것이 만민에게까지 미치게 한다. 선왕의 제도에 의하면 관리는 백성이 대신 경작하여 먹여 주는 것으로 풍족하였다. 그러나 지금 관직은 늘리고 봉록은 깎아 버려 필정씨必程氏처럼 기울고 말 것이다. 먼저 관리의 봉록을 높여 주어야 이에 태평을 이룰 수 있는 것이다.

그 때문에 〈반록班祿〉편을 지어 제 15편으로 삼았다.


聖人養賢, 以及萬民. 先王之制, 皆足代耕. 增爵損祿, 必程以傾. 先益吏俸, 乃可致平. 故敍〈班祿〉第十五.


【必程】 畢程氏로도 쓰며, 殷나라 때의 제후. 그는 작록을 제멋대로 증감하는 법을 만들어 신하를 농락하다가 죽음을 당함. 《逸周書》 史記解 참조.

# 402
## (36-17)
술사편

임금은 우려하고 신하는 노고로운 것이 고금의 통의通義이다. 임금이
천하의 태평을 꿈꾸면 아랫사람은 그 은혜를 다해야 한다. 훌륭한
선비들은 모두가 너무 잦은 사면을 괴로워한다. 간악한 무리가 자꾸
번성함은, 사람이 많아서가 아니라 사면이 잦기 때문이라 여기고 있다.
그래서 〈술사述赦〉편을 지어 제 16편으로 삼았다.


君憂臣勞, 古今通義. 上思致平, 下宜竭惠. 貞良信士, 咸痛
數赦. 姦宄繁興, 但以赦故. 乃敍〈述赦〉第十六.


【君憂臣勞】《國語》越語(下)에 "范蠡曰: 爲人臣者, 君憂臣勞, 君辱臣死"라 함.
임금은 정신적으로 노고롭고, 신하는 육체적으로 고달픔을 말함.
【通義】普遍妥當한 도리.

# 403
## (36-18) 삼식편

　선왕은 세상을 어거함에 위엄과 덕행을 함께 썼다. 상을 주어 후侯로 세우기도 하고 벌을 내려 악함을 막았던 것이다. 상이 중하고 법이 엄해야 신하가 자신의 직무에 공경을 다하게 된다. 장차 태평을 바란다면 반드시 이러한 법을 준수해야 할 것이다.

　이에 〈삼식三式〉편을 지어 제 17편으로 삼았다.


　先王御世, 兼秉威德, 賞有建侯, 罰有刑渥. 賞重禁嚴, 臣乃敬職. 將修太平, 必循此法. 故敍〈三式〉第十七.


【建侯】 제후로 봉함. 封侯와 같은 뜻.
【刑渥】 重刑. 무거운 형벌.

# 404
## (36-19) 애일편

백성이란 나라의 기틀이며 식량은 백성의 생명이다. 그런데 농부가 날마다 관사官事에 바빠 농사에 힘쓸 겨를이 없다면 곡식이 무엇으로 말미암아 자라겠는가? 공경公卿과 사윤師尹들이 끝까지 백성을 노고롭게 하며, 별 것 아니라는 듯이 백성의 농사 시간을 빼앗으니 진실로 분하고 안타깝도다!

이에 〈애일愛日〉편을 써서 제 18편으로 삼았다.


民爲國基, 穀爲民命. 日力不暇, 穀何由盛? 公卿師尹, 卒勞百姓, 輕奪民時, 誠可憤諍! 故敍〈愛日〉第十八.


【日力】 하루의 노동 효력. 여기서는 나라의 부역으로 인해 농사지을 노동력을 빼앗김을 말함.
【卒勞百姓】 끝까지 백성을 노고롭게 함. 卒은 終.《詩經》小雅 節南山의 구절.

# 단송편

관리들의 다스림을 살펴보건대 거의 싸움과 소송에 걸려 있다. 그 화근의 원인은 사기詐欺 때문에 생기는 일이다. 장차 그 말류末流를 끊고 그 근원을 막아야 백성이 속임을 당하는 일이 없게 될 것이며, 세상도 평안을 누릴 수 있다.

그 때문에 〈단송斷訟〉편을 지어 제 19편으로 삼았다.

觀吏所治, 鬪訟居多. 原禍所起, 詐欺所爲. 將絶其末, 必塞其原. 民無欺詒, 世乃平安. 故敍〈斷訟〉第十九.

【欺詒】詒는 給(태)와 같음. '속이다'의 뜻이며, '태'로 읽음.

# 406
(36-21) 쇠제편

　오제五帝·삼왕三王도 그 덕으로 보면 우열의 차이가 있다. 비록 고대의
황제를 넘어서고자 한다 해도 먼저 천하의 태평을 이루고 나서야 가능하
다. 세상은 대체로 한 세대가 흐른 후에야 비로소 인을 베풀 수 있는
것이니, 이는 중니仲尼가 말한 경언經言이다. 그런데 지금 쇠락의 시기를
만나 간악한 무리가 길을 막고 있으니 어찌 형법을 쓰지 않을 수 있겠는가?
　그래서 〈쇠제衰制〉편을 써서 제 20편으로 삼았다.


　五帝三王, 優劣有情. 雖欲超皇, 當先致平. 必世後仁, 仲尼
之經. 遭衰姦牧, 得不用刑? 故敍〈衰制〉第二十.


【超皇】 고대 三皇의 덕을 초월함.《白虎通》號篇에 "德合天地者稱帝, 仁義合者
　稱王, 別優劣也"라 함.
【必世後仁】《論語》子路篇에 "如有王者, 必世而後仁"이라 함.
【姦牧】 간악한 관리.

# 407
(36-22) 권장편

성왕聖王은 나라를 위해 힘쓰면서 숙련된 장수를 뽑아, 그에게 부월斧鉞을 주어 권위와 귀함을 가탁시켜 주는 것이다. 그런데 실제로 그릇된 짓만 하고 있으며, 변세變勢를 알지 못하고 상벌 또한 기준이 없으니, 어찌 실패하지 않을 수 있겠는가?

그래서 〈권장勸將〉편을 써서 제 21편으로 삼았다.


聖王憂勤, 選練將帥, 授以鈇鉞, 假以權貴. 誠多蔽暗, 不識變勢, 賞罰不明, 安得不敗? 故敍〈勸將〉第二十一.


【鈇鉞】 '斧鉞'과 같음. 刑具. 그러나 '여기서는 권위를 상징하는 물건'이라는 뜻으로 쓰임.

# 408
### (36-23) 구변편

　만이蠻夷가 중원을 괴롭히는 것은 예나 이제나 골칫거리이다. 요堯·순舜도 백성의 이런 고통을 걱정하여 고요皐陶로 하여금 반역자를 없애게 하였고, 선왕宣王이 중흥中興하여 남중南仲을 시켜 변방을 정벌하였다. 지금 백성이 날마다 죽어가고 있으니 어찌 변방을 토벌하지 않을 수 있겠는가?

　이에 〈구변救邊〉편을 지어 제 22편으로 삼았다.


　蠻夷猾夏, 古今所患. 堯舜憂民, 皐陶御叛, 宣王中興, 南仲征邊. 今民日死, 如何弗蕃? 故敍〈救邊〉第二十二.


【蠻夷猾夏】《尙書》舜典의 구절. 夏는 中原.
【中興】周 宣王이 周室을 中興시켰음을 말함. 《毛詩序》에 "烝民, 尹吉甫美宣王也. 任賢使能, 周室中興焉"이라 함.
【南仲】周 宣王 때의 大臣. 徐國을 정벌함. 《詩經》大雅 常武를 볼 것.

# 409
## (36-24)  변의편

　무릇 백성의 정서란 임금과 아주 어그러져 있다. 멀리 보는 근심은
하지 못하고 각각 자신의 일에 한 가지씩 매달려 구차스럽게 그것을
껴안고 사사로운 의견을 펴면서, 그것이 곧 나라가 해 주어야 할 계획인
줄 여기고 있다. 그러니 그들의 말을 잘 찾아 듣고 그 의론에 변별이
있어야 한다.
　따라서 〈변의邊議〉편을 지어 제 23편으로 삼았다.


　凡民之情, 與君殊戾, 不能遠慮, 各取一制, 苟挾私議, 以爲
國計. 宜尋其言, 以詰所謂. 故敍〈邊議〉第二十三.


【戾】'어그러짐. 지독하다'의 뜻.
【一制】목전의 일. 한 가지 일에만 얽매어 어쩌지 못함을 뜻함.
【詰】힐난. 문책.

# 410
**(36-25)** 실변편

변방은 궁궐에서 멀고 그곳 태수는 권한을 독점하고 있는데도, 조정에서는 이를 잘 살피지 못하고 있다. 도리어 간신 무리의 말을 믿고 군현郡縣을 폐지하고 백성을 몰아 내지內地로 옮기고 있다. 지금 다시 그 언덕이 황폐해지고 말았으니 오랑캐들이 더 큰 욕심을 내고 말 것이다.

그 때문에 〈실변實邊〉편을 지어 제 24편으로 삼았다.


邊旣遠門, 太守擅權. 臺閣不察, 信其姦言, 令壞郡縣, 毆民內遷. 今又丘荒, 慮必生心. 故敍〈實邊〉第二十四.


【門】‘闕’의 오기로 보았다.
【臺閣】尙書. 尙書省의 官府.
【丘荒】丘墟. 변방 지역이 황폐해짐을 뜻함.
【慮必】虜戎의 오기이다(彭鐸). 글씨가 비슷하여 混淆된 것임.

# 411
(36-26) 복렬편

하늘이 신비한 물건을 만들었고 성인은 이를 법으로 여겼다. 시구 蓍龜와 복서卜筮는 결정 못하는 의심을 해결한다. 속인은 그 능력이 낮고 근원에 대해 천박하므로 그 오묘한 진리를 다 헤아리지 못한다. 스스로 크게 어질지 못하면 어찌 이를 믿겠는가?

그러므로 〈복렬卜列〉편을 써 제 25편으로 삼았다.


天生神物, 聖人則之. 蓍龜卜筮, 以定嫌疑. 俗工淺源, 莫盡其才. 自大非賢, 何足信哉? 故敍〈卜列〉第二十五.


【聖人則之】《周易》繫辭傳(上)의 구절. 孔穎達 正義에 "謂天生蓍龜, 聖人法則之, 以爲卜筮也"라 함.
【蓍龜卜筮, 以定嫌疑】《禮記》曲禮에 "卜筮者, 先聖王之所以使民決嫌疑, 定猶與也"라 함.

# 412
## (36-27) 무열편

《역易》에는 사무史巫라는 것이 있고, 《시詩》에는 공축工祝이라는 것이
있다. 성인이 먼저 이루어 놓으면 백성이 힘껏 그 뒤를 따르는 것이다.
억조의 백성이 자신의 일에 열심히 하면 신이 이에 복을 주는 법이다.
공자孔子는 제사를 지내면서도 복을 구하기보다는 복록의 결정은 자신
의 덕행에 달려 있음을 밝히려 하였다.
이에 〈무열巫列〉편을 지어 제 26편으로 삼았다.


《易》有史巫, 詩有工祝. 聖人先成, 民後致力. 兆黎勸樂, 神乃
授福. 孔子不祈, 以明在德. 故敍〈巫列〉第二十六.


【史巫】《周易》巽卦 九二爻를 볼 것. 고대 卜筮를 관장하던 관리가 있었음을
뜻함.
【工祝】《詩經》小雅 楚茨. 工祝은 祝官. 점을 쳐서 신에게 비는 일을 맡은 관리.
【神乃授福】《左傳》桓公 6년에 "民和而神降之福"이라 하였다. 《左傳》桓公 6년에
"聖王先成民, 而後致力於神"이라 함.

# 413
## (36-28) 상렬편

　오행五行과 팔괘八卦는 음양陰陽이 생기는 바이며 품기稟氣의 박후薄厚에 따라 그 형체가 달리 나타난다. 하늘은 그 상징을 보여 주고 인간은 이를 받들어 이루나니, 그 행동을 잘 닦지 아니하면 복록이 찾아 주지 않는다.
　그러므로 〈상렬相列〉편을 지어 제 27편으로 삼았다.


　五行八卦, 陰陽所生, 稟氣薄厚, 以著其形. 天題厥象, 人實奉成. 弗修其行, 福祿不臻. 故敍〈相列〉第二十七.


【稟氣】 하늘로부터 받은 음양·오행의 氣. 《論衡》 無形篇에 "人稟氣於天, 氣成而形立"이라 함.

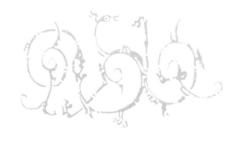

# 414
## (36-29) 몽렬편

《시詩》에 길몽吉夢을 칭한 것이 있고, 각 책의 기록에도 역시 많이 전하고 있다. 그 행사들을 관찰하건대 점험占驗이란 거짓이 아니며, 복이란 선한 일을 따라 찾아오고 화는 덕이 실행되지 않아 병들었을 때 찾아온다. 길흉의 응험은 그 행동에 따라 반드시 나타나는 것이다.

그러므로 〈몽렬夢列〉편을 써서 제 28편으로 삼았다.

《詩》稱吉夢, 書傳亦多, 觀察行事, 占驗不虛. 福從善來, 禍由德痛, 吉凶之應, 與行相須. 故敍〈夢列〉第二十八.

【詩稱吉夢】《詩經》小雅 斯干을 볼 것.
【痛】病을 뜻함.《爾雅》釋詁에 "痛, 病也"라 함. '부'로 읽음.

석난편

난難이나 횡발橫發을 논하여 도가 통하지 못하게 하고 있다. 후진들은 이에 의혹을 가지고 그것이 어디로부터 생겨나는지 모르고 있다. 지난 날 경자庚子 같은 이는 오히려 스스로를 질책해서 "내 어찌 분별을 잘 하는 사람이리요? 그 진실을 밝히려 할 뿐이다"라 하였다.

그래서 〈석난釋難〉편을 써서 제 29편으로 삼았다.

〈孟子〉像(기원전 372~전 298)

論難橫發, 令道不通. 後進疑惑, 不知所從. 自昔庚子, 而有責云:「予豈好辯? 將以明眞.」故敍〈釋難〉第二十九.


【橫發】맞서는 이론, 풀기 어려운 문제나 명제.

【庚子】'釋難'篇에 내세운 가설적인 이름.

【予豈好辯? 將以明眞】《孟子》滕文公(下)에「予豈好辯也哉? 吾不得已也」라 함.

# 416
## (36-31) 교제편

친구 사이에 그 의가 여섯 가지 벼리가 있으니, 위의威儀로 감싸
주고 왕도王道로 토론 거리를 삼으며, 서로의 약속을 오래도록 지켜
귀천이 달라도 변함이 없어야 하는 것이다. 지금 사람들은 이런 것에서
떠난 지 오래이며 서로 받들어 지킬 수가 없다.

이에 〈교제交際〉편을 써서 제 30편으로 삼았다.


朋友之際, 義存六紀, 攝以威儀, 講習王道, 善其久要, 貴賤
不改. 今民遷久, 莫之能奉. 故敍〈交際〉第三十.


【六紀】여섯 가지 紀綱. 나이 차이나 혈연관계 등에 따라 각각 달리해야 하는
　　기준.《白虎通》三綱六紀에 "六紀者, 謂諸父·兄弟·族人·諸舅·師長·朋友也"
　　라 함.
【攝】執持. 維持.《詩經》旣醉에 "朋友攸攝, 攝以威儀"라 함.
【講習】《周易》悅卦 象에 "君子以朋友講習"이라 함.

# 417
## (36-32) 명충편

임금에게는 명예가 있고 신하에게도 그에 맞는 명분이 있다. 두 사람이 같은 마음이면 원하는 바가 이루어진다. 보배스러운 권한과 신령스러운 통치술은 아랫사람에게 그 사정을 보여 주지 말아야 한다. 치세가 한 번 안정되면 끝내 그것을 허물어뜨릴 수 없다.

그러므로 〈명충明忠〉편을 써서 제 31편으로 삼았다.


君有美稱, 臣有令名, 二人同心, 所願乃成. 實權神術, 勿示下情, 治勢一定, 終莫能傾. 故敍〈明忠〉第三十一.


【勿示下情】《韓非子》主道에「君無見其所欲, 君見其所欲, 臣將自雕琢. 君無見其意, 君見其意, 臣將自表異」라 함.

# 418
## (36-33) 본훈편

사람과 하늘이 서로 그 뜻이 통하고 기氣와 감感은 서로 징험을 보인다. 이단의 변화는 성인이 이를 움직이는 것이니, 이는 마치 배나 수레를 조종하는 것과 같다. 백성에게 이러한 정미한 신비를 알려 주면 누가 능히 좋은 뜻을 가지려 들지 않겠는가?

이에 〈본훈本訓〉편을 지어 제 32편으로 삼았다.


人天情通, 氣感相和, 善惡相徵, 異端變化. 聖人運之, 若御舟車, 作民精神, 莫能含嘉. 故敍〈本訓〉第三十二.


【人天情通】《淮南子》泰族訓에 "聖人者, 懷天心聲, 然能動化天下者. 故精誠感於內, 形氣動於天, 則景星見, 黃龍下, 祥風至, 醴泉出, 嘉穀生, 河不滿溢, 海不溶波. 逆天暴物, 則日月薄蝕, 五星失行, 四時干乖, 晝冥宵光, 山崩川涸, 冬雷夏霜. 天之與人, 有以相通也"라 함.
【異端】다른 끝. 의견을 달리하는 경우.《論語》爲政篇에 "子曰: 攻乎異端, 斯害也已"라 함.

# 419
## (36-34)

### 덕화편

　　명왕明王의 통치에는 스스로 이를 교화시켜 몸소 보여 주는 것 만한 것이 없다. 도덕을 근본으로 하고 인의를 보좌로 하여 생각과 마음에 순리대로 다스리며 백성을 책임지게 하되 널리 힘쓰게 하면 사해가 다스려 질 것이니, 어찌 성쇠의 소장消長이 있겠는가?

　　이에 〈덕화德化〉편을 지어 제 33편으로 삼았다.


　　明王統治, 莫大身化, 道德爲本, 仁義爲佐. 思心順政, 責民務廣, 四海治焉, 何有消長? 故敍〈德化〉第三十三.


【身化】임금이 스스로 몸소 실천함으로써 敎化가 이루어지도록 함.

【仁義有佐】《說苑》談叢篇에 "萬物得其本者生, 百事得其道者成. 道之所在, 天下歸之; 德之所在, 天下貴之; 仁之所在, 天下愛之; 義之所在, 天下畏之"라 함.

# 420
## (36-35)
## 오덕지편

위로 태고 시절을 보건대 오행의 운행이 《시서詩書》의 기록에 자문을 구하고, 옛 사람의 가르침을 상고해야 한다. 기氣와 법도가 다 끝난다 해도 후대에 다시 대치되곤 한다. 비록 반드시 옳다고는 하지 못하더라도 가히 옛 전문傳問에 의거할 수는 있다.

그러므로 〈오덕지五德志〉편을 지어 제 34편으로 삼았다.


上觀大古, 五行之運, 咨之詩書, 考之前訓. 氣終度盡, 後代復進. 雖未必正, 可依傳問. 故敍〈五德志〉第三十四.


【大古】太古와 같음. 상고시대.
【前訓】옛사람의 遺訓.《國語》周語에 "必問於遺訓, 而咨於故實"이라 하였고, 《後漢書》胡廣傳에 "必議之於前訓, 咨之於故老"라 함.
【傳問】汪繼培는 '傳聞'이어야 한다고 보았음.《公羊傳》哀公 14년에 "所傳聞異辭"라 하였고,《白虎通》禮樂篇에 "聖人之道, 猶有文質, 所以擬其說, 述所聞者, 亦各傳其所受而已"라 함.

# 421
(36-36) 지씨성편

　군자는 박학다식博學多識하여 옛 사람의 말과 행동을 기록하여 그 유별과 족속에 따라 사물의 변화를 살핀다. 옛날에 이미 성姓이 있었으니, 널리 그 같은 □□□□□□□□□□□를 알아보아야 한다.
　그러므로 〈지씨성志氏姓〉편을 지어 제 35편으로 삼았다.


　君子多識, 前言往行, 類族變物, 古有斯姓. 博見同□□□□
□□□□□□□□□, 故敍〈志氏姓〉第三十五.


【變物】《周易》繫辭傳의 의미로 보아 '辨物'이 옳음.
【□□】빈칸 13곳은 내용을 알 수 없음.

# 부 록

상: 商鞅 〈廢井田開阡陌圖〉(畵像磚) 하: 〈獎勵耕織圖〉(畵像磚)

# Ⅰ. 傳贊類

王府字節信, 安定臨涇人也. 少好學, 有志操, 與馬融·竇章·長衡, 崔瑗等友善. 安定俗鄙庶孽, 而府無外家, 爲鄉人所賤. 自和·安之後, 世務游宦, 當塗者更相薦引, 而府獨耿介不同於俗, 以此遂不得升進. 志意蘊憤, 乃隱居著書三十餘篇, 以譏當時失得, 不欲章顯其名, 故號曰潛夫論. 其指訐時短, 討譎物情, 足以觀見當時風政, 著其五篇云爾.

〈貴忠篇〉曰:

夫帝王之所尊更者天也, 皇天之所愛育者人也. 今人臣受君之重位, 牧天之所愛, 焉可以不安而利之, 養而濟之哉? 是以君子任職則思利人, 達上則思進賢, 故居上而下不怨, 在前以後不恨也. 書稱『天工人其代之』. 王者法天而建官, 故明主不敢以私授, 忠臣不敢以虛受. 竊人之財猶謂之盜, 況偸天官以私己乎! 以罪犯人, 必加誅罰, 況乃犯天, 得無咎乎? 夫五(世)代之臣, 以道事君, 澤及草木, 仁被率土, 是以福祚流衍, 本支百世. 季世之臣, 以諂媚主, 不思順天, 專杖殺伐. 白起·蒙恬, 秦以爲功, 天以爲賊; 息夫·董賢, 主以爲忠, 天以爲盜. 易曰:『德簿而位尊, 智小而謀大, 鮮不及矣』. 是故德不稱, 其禍必酷; 能不稱, 其殃必大. 夫竊位之人, 天奪其鑒. 雖有明察之資, 仁義之志, 一旦富貴, 則背親捐舊, 喪其本心, 疎骨肉而親便辟, 薄知友而厚犬馬, 寧見朽貫千萬, 而不忍貸人一錢, 情知積粟腐倉, 而不忍貸人一斗, 骨肉怨望於家, 細人謗讟於道. 前人以敗, 後爭襲之, 誠可傷也.

歷觀前政貴人之用心也, 與嬰兒子其何異哉? 嬰兒有常病, 貴臣有常禍, 父母有常失, 人君有常過. 嬰兒常病, 傷於飽也; 貴臣常禍, 傷於寵也. 哺乳多則生癇病. 富貴盛而致驕疾. 愛子而賊之, 驕臣而滅之者, 非一也. 極其罰者, 乃有仆死深牢, 衘刀都市, 豈非無功於天, 有害於人者乎? 夫鳥以山爲埤而增巢其上, 魚以泉爲淺而穿穴其中, 卒所以得者餌也. 貴戚願其宅吉而制爲令名. 欲其門堅而造作鐵樞, 卒其所以敗者, 非若禁忌少而門樞朽也, 常苦崇財貨而行驕僭耳.

不上順天之心, 下育人物, 而欲任其私智, 竊弄君威, 反戾天地, 欺誣神明. 居累卵之危, 而圖太山之安; 爲朝露之行, 而思傳世之功, 豈不惑哉! 豈不惑哉!

〈浮侈篇〉曰:

王者以四海爲家, 兆人爲子. 一夫不耕, 天下受其飢; 一婦不織, 天下受其寒. 今擧俗舍本農, 趨商賈, 牛馬車輿, 塡塞道路, 游手爲巧, 充盈都邑, 務本者少, 浮食者衆. 『商邑翼翼, 四方是極.』今察洛陽, 資末業者什於農夫, 虛僞遊手什於末業. 是則一夫耕, 百人食之, 一婦桑, 百人衣之, 以一奉百, 孰能供之! 天下百郡千縣, 市邑萬數, 類皆如此. 本末不足相供, 則民安得不飢寒? 飢寒並至, 則民安能無姦軌? 姦軌繁多, 則吏安能無嚴酷? 嚴酷數加, 則下安能無愁怨? 愁怨者多, 則咎徵並臻. 下民無聊, 而上天降災, 則國危矣.

夫貧生於富, 弱生於彊, 亂生於化, 危生於安. 是故明王之養民, 憂之勞之, 教之誨之, 愼微防萌, 以斷其邪. 故易美節以制度, 不傷財, 不害民. 〈七月〉之詩, 大小敎之, 終而復始. 由此觀之, 人固不可恣也.

今人奢衣服 侈飲食, 事口舌而習調欺. 或以譀姦合任爲業, 或以游博持掩爲事. 丁夫不扶犁鋤, 而懷丸挾彈, 攜手上山激遊, 或好取土作丸賣之, 外不足禦寇盜, 內不足禁鼠雀. 或作泥車瓦狗諸戲弄之具, 以巧詐小兒, 此皆無益也.

詩刺『不續其麻, 市也婆婆』. 又婦人不修中饋, 休其蠶織, 而起學巫祝, 鼓舞事神, 以欺誣細民; 熒惑百姓妻女. 羸弱疾病之家, 懷憂憒憒, 易爲恐懼. 至使奔走便時, 去離正宅, 崎嶇路側, 風寒所傷, 姦人所利, 盜賊所中. 或增禍重祟, 至於死亡, 而不知巫所欺誤, 反恨事神之晩, 此妖妄之甚者也.

或刻畫好玞繪, 以書祝辭; 或虛飾巧言, 希致福祚; 或糜折金綵, 令廣分寸; 或斷截衆縷, 繞帶手腕; 或裁切綺縠, 縫紩成幡. 皆單費百縑, 用功千倍, 破牢爲僞, 以易就難, 坐食嘉穀, 消損白日. 夫山林不能給野火, 江海不能實漏卮, 皆所宜禁也.

昔孝文皇帝，躬衣弋綈，革舃韋帶．而今京師貴戚，衣服飮食，車輿廬第，奢過王制；固亦甚矣．且其徒御僕妾，皆服文組綵牒，錦繡綺紈，葛子升越，筩中女布．犀象珠玉，虎魄瑇瑁，石山隱飾，金銀錯鏤，窮極麗靡，轉相誇咤．其嫁娶者，車軿數里，緹帷竟道，騎奴侍童，夾轂並引．富者競欲相過，富者恥其不逮，一饗之所費，破終身之業．古者必有命然後乃得衣繪絲而乘車馬，今雖不能復古，宜令細民略用孝文之制．

古之葬者，厚衣之以薪，葬之中野不封不樹，喪期無數．後世聖人易之以棺槨，桐木爲棺，葛采爲緘，下不及泉，上不泄臭．中世以後轉用楸梓槐柏杶樗之屬，各因方土，裁用膠漆，使其堅足恃，其用足任，如此而已．今者京師貴戚，必欲江南檽梓豫章之木．邊遠下土，亦競相放効，夫檽梓豫章，所出殊遠，伐之高山，引之窮谷，入海乘淮，逆河泝洛，工匠彫刻，連累日月，會衆而後動，多牛而後致，重且千斤，功將萬夫，而東至樂浪，西達敦煌，費力傷農於萬里之地．古者墓而不墳，中世墳而不崇．仲泥喪母，冢高四尺，遇雨而崩，弟子請修之，夫子泣曰：『古不修墓』．及鯉也死，有棺無槨．文帝葬芷陽，明帝葬洛南，皆不臧珠寶，不起山陵，墓雖卑而德最高．今京師貴戚，郡縣豪家，生不極養，死乃崇喪．或至金縷玉匣，檽梓楩柟，多埋珍寶偶人車馬，造起大冢，廣種松柏，廬舍祠堂，務崇華侈．安鄗畢之陵，南城之冢，周公非不忠，曾子非不孝，以爲褒君愛父，不在於聚財，揚名顯親，無取於車馬．昔晉靈公多賦以雕牆，春秋以爲(非)不君；華元・樂擧厚葬文公，君子以爲不臣，況於羣司士庶，乃可僭侈主上，過天道乎？

〈實貢篇〉曰：

國以賢興，以諂衰；君以忠安，以佞危．此古今之常論，而時所共知也．然衰國危君，繼蹤不絶者，豈時無忠信正直之士哉，誠苦其道不得行耳．夫十步之閒，必有茂草；十室之邑，必有忠信．是故亂殷有三仁，小衛多君子．今以大漢之廣土．士民之繁庶，朝廷之淸明，上下之脩正，而官無善吏，位無良臣．此豈時之無賢，諒由取之乖實．夫志道者少與，逐俗者多疇，是以朋黨用私，背實趨華．其貢士者，不復依其質幹，準其才行，但虛造聲譽，妄生羽毛．

略計所擧, 歲且二百. 覽察其狀, 則德侔顔·冉, 詳覈闕能, 則鮮及中人, 皆總務升官, 自相推達. 夫士者貴其用也, 不必求備. 故四友雖美, 能不相兼; 三仁齊致, 不事一節. 高祖佐命, 出自亡秦; 光武得士亦資暴莽. 況太平之時, 而云無士乎!

夫明君之詔也若聲, 忠臣之和也如響. 長短大小, 淸濁疾徐, 必相應也. 且攻玉以石, 洗金以鹽, 濯錦以魚, 浣布以灰. 夫物固有以賤理貴, 以醜化好者矣. 知者弃短取長, 以致其功. 今使貢士必覈以實, 其有小疵, 勿彊依飾, 出處黙語, 各因其方, 則蕭·曹·周·韓之倫, 何足不致, 吳·鄧·梁·竇之屬, 企踵可待. 孔子曰: 『未之思也, 夫何遠之有?』

〈愛日篇〉曰:

國之所以爲國者, 以有民也. 民之所以爲民者, 以有穀也. 穀之所以豐殖者, 以有民功也. 功之所以能建者, 以日力也. 化國之日舒以長, 故其民閑暇而力有餘; 亂國之日促以短, 故其民困務而力不足. 舒長者, 非謂羲和安行, 乃君明民靜而力有餘也. 促短者, 非謂分度損減, 乃上闇下亂. 力不足也. 孔子稱『旣庶則富之. 旣富乃敎之』. 是故禮義生於富足, 盜竊起於貧窮; 富足生於寬暇, 貧窮起於無日. 聖人深知力者民之本, 國之基也, 故務省徭役, 使之愛日. 是以堯勅羲和, 欽若昊天, 敬授民時. 明帝時, 公車以反支日不受章奏, 帝聞而怪曰: 『民廢農桑, 遠來詣闕, 而復拘以禁忌, 豈爲政之意乎!』於是遂蠲其制. (令)今冤民仰希申訴, 而令長以神自畜, 百姓廢農桑而趨府廷者, 相續道路, 非朝餔不得通, 非意氣不得見. 或連日累月, 更相瞻視; 或轉請鄰里, 饋糧應對. 歲功旣虧, 天下豈無受其飢者乎?

孔子曰: 『聽訟吾猶人也.』從此言之, 中才以上, 足議曲直, 鄕亭部吏, 亦有任決斷者, 而類多枉曲, 蓋有故焉. 夫理直則恃正而不撓, 事曲則諂意以行賕. 不撓高無恩於吏. 行賕故見私於法. 若事有反覆, 吏應坐之, 吏以應坐之故, 不得不枉之於庭. 以羸民之少黨, 而與豪吏對訟, 其執得無屈乎? 縣承吏言, 故與之同. 若事有反覆, 縣亦應坐之, 縣以應坐之故, 而排之於郡. 而一民之輕, 而與日縣爲訟, 其理豈得申乎? 事有反覆, 郡亦坐之, 郡以共坐之故, 而排之於州. 以一民之輕, 與一郡爲訟, 其事豈獲勝乎? 旣不肯理, 故乃遠詣公府.

公府復能察, 而當延以日月. 貧弱者無以曠旬, 彊富者可盈千日. 理訟若此, 何枉之能理乎? 正士悔怨結而不見信, 猾吏崇姦, 軌而不被坐, 此小民所以易侵苦, 而天下所以多困窮也.

且除上天感痛致灾, 但以人功見事言之. 自三府州郡, 至于鄉縣典司之吏, 辭訟之民, 官事相連, 更相檢對者, 日可有十萬人. 一人有事, 二人經營, 是爲日三十萬人廢其業也. 以中農率之, 則視歲三百萬人受其飢者也. 然則盜賊何從而銷, 太平何由而作乎? 詩云:『莫肯念亂, 誰無父母?』百姓不足, 君誰與足? 可無思哉! 可無思哉!

〈述赦篇〉曰:

凡療病者, 必知脈之虛實, 氣之所結, 然後爲之方, 故疾可愈而壽可長也. 爲國者, 必先知民之所苦, 禍之所起, 然後之禁, 故姦可塞而國可安也. 今日賊良民之甚者, 莫大於數赦贖. 赦贖數, 則惡人昌而善人傷矣. 何以明之哉? 夫謹勅之人, 身不蹈非, 又有爲吏正直, 不避彊禦, 而姦猾之黨橫加誣言者, 皆知赦之不久故也. 善人君子, 被侵怨而能至闕庭自明者, 萬無數人; 數人之中得省問者, 百不過一; 其對尚書而空遣去者, 復什六七矣. 其輕薄姦軌, 旣陷罪法, 怨毒之家冀其辜戮, 以解畜憤, 而反一槩悉蒙赦釋, 令惡人高會而誇咤, 老盜腹臟而過門, 孝子見讎而不得討, 遭盜者覩物而不敢取, 痛莫甚焉!

夫養粮莠者傷禾稼, 惠姦軌者賊良民. 書曰:『文王作罰, 形玄無赦.』先王之制刑法也, 非好傷人肌膚, 斷人壽命也; 貴威姦懲惡, 除人害也. 故經稱『天命有德, 五服五章哉, 天討有罪, 五刑五用哉!』時刺『彼宜有罪, 汝反脫之』. 古者唯始受命之君, 承大亂之極, 寇賊姦軌, 難爲法禁, 故不得不有一赦, 與之更新, 頤育萬民, 以成大化. 非以養姦活罪, 放縱天賊也. 夫性惡之民, 民之豺狼, 雖得放宥之澤, 終無改悔之心. 旦脫重梏, 夕還圄圄, 嚴明令尹, 不能使其斷絕. 何也? 凡敢爲大姦者, 才必有過於眾, 而能自媚於上者也. 多散誕得之財, 奉以諂諛之辭, 以轉相驅, 非有第五公之廉直, 孰不爲顧哉? 論者多曰:『久不赦則姦軌熾而吏不制, 宜數肆眚以解散之.』此未昭政亂之本源, 不察禍福之所生也.

後度遼將軍皇甫規解官歸安定, 鄉人有以貨得雁門太守者, 亦去職還家, 書刺謁規. 規臥不迎, 既入而問:「卿前在郡食按美乎?」有頃, 又白王符在門. 規素聞符名, 乃驚遽而起, 衣不及帶, 屣履出迎, 援符手而還, 與同坐, 極歡. 時人爲之語曰:『徒見二千石, 不如一縫掖.』言書生道義之爲貴也. 符竟不仕, 終於家.


## (2) 〈後漢三賢贊〉 ························· 唐, 韓愈

王符節信, 安定臨涇. 好學有志, 爲鄉人所輕. 憤世著論, 潛夫是名. 述赦之篇, 以赦爲賊良民之甚, 其旨甚明. 皇甫度遼, 聞至乃驚. 衣不及帶, 屣履出迎. 豈若雁門, 問雁呼卿? 不仕終家, 吁嗟先生!


## (3) 〈明經文學列傳〉 ···················· 淸, 唐晏

이는 《兩漢三國學案》(淸, 唐晏著, 吳東民點校. 中華書局 1986. 北京) 권 11의 내용을 전재한 것이다.


王符字節信, 安定臨涇人也. 少好學, 有志操, 與馬融・竇章・張衡・崔瑗等友善. 安定俗鄙庶孼, 而符無外家, 爲鄉人所賤. 自和・安之後, 世務游宦, 當塗者更相薦引, 而符獨耿介不同於俗, 以此遂不得升進. 志意蘊憤, 乃隱居著書三十餘篇, 以譏當時失得, 不欲章顯其名, 故號曰《潛夫論》. 後度遼將軍皇甫規解官歸, 鄉人有以貨得雁門太守者, 去職謁規. 規臥不迎, 問曰:『卿前在雁門食雁美乎?』有頃, 符至, 規不及帶, 屣履出迎, 同坐極歡. 符竟符仕, 終於家.
　引經.
　書稱『天工人其代之』. 王者法天而建官, 故名明主不敢以私授, 患臣不敢以虛受.
　易曰:『德薄而位尊, 智小而謀大, 鮮不及矣.』是故德不稱, 其禍必酷; 能不稱, 其殃必大.

是故明主之養民, 愛之勞之, 教之誨之, 愼微防萌, 以斷其邪. 故易美節以制度, 不傷財, 不害民. 〈七月〉之詩, 大小教之, 終而復始. 由此觀之, 人固不可恣也.

古者墓而不墳, 中世墳而不崇. 仲尼喪母, 冢古四尺, 遇雨而崩, 弟子請修之, 夫子泣曰: 『古不修墓.』及鯉也死, 有棺無槨.

孔子稱『既庶則富之, 既富乃教之.』是故禮義生於富足, 盜竊起於貧窮; 不足生於寬暇, 貧窮起於無日. 聖人深知力者民之本, 國之基也, 故務省徭役, 使之愛日. 是而堯勑羲和, 欽若昊天, 敬授民時.

孔子曰: 『聽訟吾猶人也.』從此言之, 中才以上, 足議曲直, 鄉亨部吏, 亦有人決斷者. 而類多枉曲, 蓋有故焉.

但以人功見事言之. 自三府州郡, 至於鄉縣典司之吏, 辭訟之民, 官事相連, 更相檢對者, 日可有十萬人. 一人有事, 二人經營. 是爲日三十萬人廢其業也. 以中農率之, 則是歲三百萬人受其飢者也. 然則盜賊何從而鎖, 太平何由而作乎? 詩云: 『莫肯念亂, 誰無父母?』百姓不足, 君誰與足? 可無思哉! 可無思哉!

夫養稂莠者傷禾稼, 惠姦軌者賊良民, 書曰: 『文王作罰, 刑茲無赦.』先王之制刑法也, 非好傷人肌膚, 斷人壽命也; 貴威姦懲惡, 除人害也. 故經稱: 『天命有德, 五服五章哉; 天討有罪, 五刑五用哉.』詩刺『彼宜有罪, 汝反脫之.』

## Ⅱ. 《兩漢三國學案》<sub>(王符 관련내용)</sub> ·············· 淸, 唐晏

이는 《兩漢三國學案》<sub>(淸, 唐晏著, 吳東民點校. 中華書局 1986. 北京)</sub>의 왕부 경학(《易》,《書》,《詩》) 내용을 전재한 것이다.


### (1) 《周易》(卷二)

王符字節信, 安定臨涇人(見明經文學傳).

潛夫論曰:

易曰:「聖人養賢, 以及萬民.」國以民爲本, 君以臣爲基, 然後高可崇也.

易曰:「鼎折足, 覆公餗, 其刑渥, 凶.」此言三公不勝任, 則有渥刑也.

〈噬嗑〉之卦下動上明, 其象曰:「先王以明罰勅法.」夫積怠之俗, 賞不隆則善不勸, 罰不重則惡不懲. 故凡欲變風改俗者, 其行賞罰也, 必使足驚心破膽, 民乃易視.

孔子曰:「天之所助者, 順也. 人之所助者, 信也. 履信思乎順, 又以尙賢. 是以自天祐之, 吉無不利.」此最却凶災而致福善之本也.

經曰:「近取諸身, 遠取諸物.」「聖人有以見天下之至賾, 而擬諸其形容, 象其物宜.」此亦賢人之所察, 紀往以知來, 而著爲憲則者也.


### (2) 《尙書》(卷四)

王符(見明經文學傳).

潛夫論:

夫堯・舜之治, 闢四門, 明四目, 達四聰, 是以天下輻輳而聖無不昭, 故共・鯀徒弗能塞也, 靖言庸回弗能惑也.

書曰:「三載考績, 黜陟幽明.」蓋所以昭賢愚而勸能否也.

書稱「天工人其代之」, 王者法天而建官, 自公卿以下至于小司, 莫非天官也.

天子在於奉天威命, 共行賞罰, 故經稱「天命有德, 五服五章, 天討有罪,

五刑五用」.

尙書康誥:「王曰:『於戲! 封, 敬明乃罰, 人有小罪匪眚, 乃惟終自作不典, 式爾, 有厥罪小, 乃不可不殺.』」言恐人有罪雖小, 然非以過差爲之也, 乃欲終身行之, 雖小, 不可不殺也. 何則? 是本頑凶思惡而爲之者也.「乃有大罪匪終, 乃有眚哉, 適爾, 旣道極厥, 時乃不可殺.」言殺人雖有大罪, 非欲以終身爲惡, 乃過誤爾, 是不可殺也. 若此者, 雖曰赦之可也. 金作贖刑, 赦作宥罪, 皆謂良人吉士, 時有過誤, 不幸陷離者爾. 嘗觀上記, 人君身修正, 賞罰明者, 國治而民安, 民安樂者, 天悅喜而增歷數, 故書曰:「王以小民受天永命.」

武丁卽位, 默以不言, 思道三年, 而夢獲賢人以爲師, 乃使以夢像求之四方側陋, 得傅說, 方以胥靡築于傅巖, 升以爲大公, 而使朝外規諫. 恐其有憚怠也, 則勅曰:「若金, 用汝作礪. 若濟巨川, 用汝作舟楫. 若時大旱, 用汝作霖雨. 啓乃心, 沃朕心. 若藥不瞑眩, 厥疾不瘳. 若跣不視地, 厥足用傷. 爾交修余, 無余棄.」

## (3) 《詩》(卷五)

王符(見明經文學傳).

潛夫論說詩:

詩云:『王事靡鹽, 不遑將父.』言在古閒暇得行孝, 今迫及促, 不得養也.

詩云:『國旣卒斬, 何用不監!』傷三公居人尊位, 食人重祿, 而曾不肯察民之盡瘁也.

詩曰:『題彼鶺鴒, 載飛載鳴. 我日斯邁, 而月斯征. 夙興夜寐, 無忝爾所生.』是以君子終日乾乾, 進德修業者, 非爲博也, 蓋乃思述祖考之令問, 而以顯父母也.

詩曰:『知我如此, 不如無生.』先合而後忤, 有初而無終, 不若本無生意, 彊自誓也.

詩曰:『敦彼行葦, 牛羊勿踐履. 方苞方體, 惟葉握握.』又曰:『鳶飛戾天, 魚躍于淵. 愷悌君子, 胡不作人?』公劉厚德, 恩及草木, 牛羊六畜且猶感德.

周宣王時輔相大臣以德佐治, 亦獲有國. 故尹吉輔作封頌二篇. 其詩曰: 『亹亹申伯, 王纘之事. 于邑于謝, 南國是式.』

詩曰: 『四牡彭彭, 八鸞鏘鏘. 王命仲山甫, 城彼東方.』此言仲山甫文德致昇平, 而王封以樂士, 賜以盛服也.

恩有所結, 終身無解; 心有所矜, 踐而益篤. 詩云: 『淑人君子, 其儀一兮.』

周宣王亦有韓侯, 其國也近燕. 詩云: 『溥彼韓城, 燕師所完.』

詩云: 『君子如怒, 亂庶遄沮. 君子如祉, 亂庶遄已.』是故君子之有喜怒也, 善亂也, 故有以誅止殺, 以刑禦殘.

詩云: 『降福穰穰, 降福簡簡, 威儀板板. 旣醉旣飽, 福祿來反.』此言人德義茂美, 歆享醉飽, 乃反報之以福也.

# Ⅲ. 序跋類

## (1) 〈乾隆甲戌鎮原重刊潛夫論序〉 ……… 清, 李方秦

余自蚤歲受讀昌黎文集, 卽識後漢三賢名, 迨讀范史, 始得詳其里居世次, 及其著述文章, 而潛夫先生者, 又吾鄉邑臨涇人, 其景慕尤甚焉.

臨涇在今鎮原縣, 縣治之北百數十步, 有潛夫山, 山上有亭曰思潛亭, 山後有墓曰潛夫墓. 余以躬養之暇, 蓋嘗至其地, 登其亭, 訪其事, 悠然想見其爲人, 未嘗不流連志之. 夫先生一布衣耳, 而又丁漢室之衰, 非有豐功偉烈, 足以耀當時而垂後世也. 而度遼一迎, 榮流當代; 昌黎一贊, 名炳儒林, 夫豈無所修爲, 而令人愛慕一至此歟?

甲戌夏, 原人將刻其全論若干篇, 折序於余. 余職列詞館, 凡有關國家政治之大, 人物風俗之美者, 分宜修明而表章之, 矧以斯論之鐫, 一事而三善備焉, 敢以讓陋, 而自諉不能歟?

我皇上崇儒重道, 微顯闡幽, 使千百年久晦遺書, 燦然復明於世, 則文治之洽也. 宰是邑者, 能以勸農課士之暇, 首舉其鄉之先達者以爲多士法, 則邑令之明也. 邑士人能不吝其所有, 急所先務, 使先賢著作不至消蝕殆盡, 則儒風之盛也. 嗟乎! 覩斯刻者, 其必不以余三善之言爲少謬矣. 又寧至望古遙集, 疑范史五篇爲未備, 昌黎一贊爲虛文也哉! 乾隆甲戌賜進士出身翰林院庶吉士北地李方秦序.

## (2) 〈重刊潛夫論序〉 …………………………… 清, 周秦元

易曰: 『潛之爲言也, 隱而未見, 行而未成, 是以君子費用也.』 然觀樂行憂危, 則知龍德而隱, 必其器識百倍於流俗, 雖終其身不求聞達, 而本立德以文言, 自可與立功者並垂於不朽. 潛夫王先生, 安定臨涇人也. 其本傳載於後漢書, 其論三十餘篇, 僅傳其五, 而其全編則見漢魏叢書. 余向讀其論, 見其劓切

詳明, 無所不備, 未嘗不掩卷太息, 而想見夫潛之所以爲潛也.

壬申冬, 余筮任鎭原, 閱邑乘, 知鎭原卽古之臨涇, 署之北爲潛夫山, 山之原有潛夫墓, 余以時陟其山, 拜其墓, 見其祠宇就傾, 略爲補葺. 竊以先生之學, 其在漢也, 詎不足以博富貴? 乃遯世無悶, 遺佚長終, 古人所以深嘆於寂寞也.

歲甲戌, 諸生出其全編, 謀授梓人, 余閱之, 知其爲叢書本也. 其中陰陶・帝虎, 所在過多, 余孤陋寡聞, 與文學劉君孟祥, 各以所知, 訂其一二, 其餘一仍舊編, 付之剞劂, 凡三閱月而工竣. 諸生快讀其書, 其亦有聞風興起, 好學立志者乎! 祝其魯堂周秦元.


### (3) 〈刻潛夫論跋〉 ·························· 清, 張鎭・方恆

吾鄉潛夫先生, 後漢懿士也. 本傳稱其著論三十餘篇, 而邑乘僅載其五, 思欲購其全集, 而山陬僻壤, 家鮮藏書, 每興文獻無徵之感. 丙寅冬, 應試平郡, 偶得之於市肆殘編中. 因思秉懿之好, 人有同心, 鎭邑之人, 無不欲讀先生之書, 非重刊何以廣同好? 但集中字多舛訛, 弗克校讎, 未敢冒昧從事. 今邑侯祝周父師, 廣川孟祥劉先生詳加參訂, 多所更正. 於是邑之紳士踴躍醵資, 遠徵梓人而剞劂之. 始事於甲戌三月, 至閏四月而告竣. 自是鎭邑之人無不獲讀先生之書矣, 快孰大焉! 同里後學張鎭・方恆跋. (此刻無足取, 版亦久燬, 節錄序跋三篇, 聯存甘肅鄉土文獻耳. 鐸識)


### (4) 〈王紹蘭潛夫論箋序〉 ·························· 清, 王紹蘭

《潛夫論》三十五篇, 行世本譌奪錯簡, 棼如散絲. 范史所載僅五篇, 又經蔚宗刪改. 《元和姓纂》・《太平御覽》・《路史》諸書每有徵人, 淮別滋多. 唐宋以來, 久無善本, 求是去非, 蓋其難也.

昔者吾友汪主事因可, 績學超奇, 通心而敏, 薈萃舊刻, 網羅佚聞, 宏邑雅言, 審定文讀, 草創於嘉慶己巳・庚午間. 時紹蘭讀禮家居, 晨夕化我, 耳剽緒言顏詳. 辛未服闋, 握手河梁, 方諄諄以鹽鐵論託其校勘, 答言繡就是書, 續行

屬草, 鄭重而別, 江關闊闊, 忽忽者七八年. 紹蘭奉職無狀, 罷官歸, 而因可墓有宿草. 鍵戶省愆, 故人長往, 庭蒿門省, 不服聞空谷足音矣.

一日, 陳子東爲告以因可書久成, 已爲代謀剞劂, 因际之書而屬之敍. 受而讀之, 竊悲因可豐於學, 嗇於年, 又喜其能以書自延其年, 東爲愛因可, 莫能助其年, 而能行其書以延其年, 誠可貴也. 它日徧讀之, 歎其解謬達恉, 傳信闕疑, 博訪通人, 致精極覈, 且能規節信之過而理董之, 自稱曰箋, 宗鄭申毛之義, 意在斯乎!

惟采及芻言, 是謂狐裘羔褻. 卽如斷訟篇「誅率」, 公羊隱五年:「衛師人盛」, 傳:「君將不言率師, 書其重者也.」何休注云:「分別之者, 責元率.」當時未舉以相告. 又如志氏姓篇「葉」疑是「裴」, 尙有風俗通「裴氏, 伯益之後」, 見後漢書桓帝紀注, 亦未引證, 則紹蘭之疏略可知. 今索居多暇, 溫尋舊文, 又得如干條, 要皆諓說讕言, 無裨百一, 九原不作, 質正莫由. 紹蘭竊自惟質鈍學荒, 罕問揚雄奇字之亭, 莫窺蔡邕異書之帳, 又無西州漆簡之授, 徒諷南閣篆文之遺, 深慕禮堂寫定之勤, 殊媿任城墨守之陋, 是以瑟縮經年, 不能下筆, 東爲敦迫不已, 重其嗜古籍, 竺故交, 逎略書原委, 附錄鄙說於後, 勉副盛心焉. 嘉慶己卯秋七月王紹蘭序.

浮侈篇:「於彈外不可以禦寇, 內不足以禁鼠.」「於」當爲「其」,《太平御覽》兵部引作「其彈外不可禦盜, 內不足禁鼷鼠.」「校飾車馬, 多畜奴婢.」《鹽鐵論》散不足篇:「今富者連車列騎, 驂貳輜軿. 中者微輿短轂, 煩尾掌蹄. 夫一馬伏櫪, 當中家六口之食, 亡丁男一人之事.」又云:「今庶人富者, 銀黃華瑤, 結綬韜杠. 中者錯鑣塗采, 珥靳飛軨.」又云:「今縣官多畜奴婢, 坐稟衣食, 私作産業爲姦利. 百姓無斗筲之儲, 官奴累百金; 黎民昏晨不釋事, 奴婢垂拱敖游也.」此車馬奴婢浮侈之證.


## (5) 〈王繼培潛夫論箋自序〉 清, 王繼培

王符《潛夫論》行於今者, 有明程榮本・何鏜本. 何本出於程, 不爲異同. 別有舊本, 與《白虎通德論》・《風俗通義》合刻. 風俗通義卷首題云〈大德新刊〉,

三書出於同時, 蓋元刻也. 元刻文字視程本爲勝, 邊議・巫列・相列・夢列・釋難諸篇, 簡編脫亂, 不如程本, 其務本・遏利・愼微・交際・明忠・本訓・德化・志氏姓諸篇, 名本脫並同. 以意屬讀, 得其端緒, 因復是正文字, 疏通事辭, 依采經書, 爲之箋注. 謹案王氏精習經術, 而達於當世之務. 其言用人行政諸大端, 皆按切時勢, 令今可行, 不爲卓絶詭激之論. 其學折中孔子, 而復涉獵於申・商刑名, 韓子雜說, 未爲醇儒. 然符以邊隅一縫掖, 閔俗陵替, 發憤增歎, 未能涉大庭與論議, 以感動人主, 又不得典司治民, 以效其能, 獨蓄大道, 托之空言, 斯賈生所爲太息, 次公以之略觀者已.

是本以元刻爲據, 其以別本及他書所引改補者, 曰「舊作某, 據某本某書改」, 「舊脫某, 據某本某書補」. 其以己意改補者, 止曰「舊作某」, 「舊脫某」. 采獲衆說, 各稱名以別之. 嘉慶十有九年歲在甲戌三月 汪繼培序.


## (6)〈黃丕烈士禮居藏明刻本潛夫論跋〉 ………… 清, 黃丕烈

《潛夫論》以此本爲最古, 明人藏弆率用此. 余舊藏本爲沈與文, 吳岫所藏. 馮己蒼所藏, 卽從此出. 中有缺葉, 出馮抄之後所補, 故取馮抄校之, 已多歧異. 頃從坊間購此, 首尾完好, 適五柳主人應他人之求, 遂留此輟彼. 丙寅蕘圃識.
(此書今藏北京圖書館, 跋亦見士禮居藏書題跋記. 鐸識.)


## (7)〈費士璣跋〉 ………………………………… 清, 費士璣

予讀《潛夫論》數周, 所讀係程榮刻本, 中間譌謬不少, 輒以意簽於上方, 惜無善本可證. 今假蕘翁所藏此本校之, 得十之二三:「稷契」作「稷卨」,「卨」卽「契」字也, 程本誤作「稷禹」;「砥夭」者,「砥矢」也,「夭」古「矢」字, 卽詩「周道如砥, 其直如矢」, 程刻改作「砥勵」. 又按此本並無缺葉, 板心八十九者, 卽八十七也, 係誤刻; 其九十頁雖缺, 仍不缺, 文理皆貫, 特誤空一葉葉數耳. 道光二年十二月十二日震澤費士璣記.

(8) 〈潛夫論箋校正出版說明〉·················· 中華書局編輯部

王符, 字節信, 安定臨涇(今甘肅鎭原)人, 東漢後期進步思想家. 其生平事跡不可詳考. 據後漢書本傳等有關材料推斷, 王符大約生於和·安之際, 卒於桓·靈之際, 其活動年代在黃巾起義之前. 當時東漢社會的各種矛盾已經日趨嚴重, 朝政的腐敗黑暗, 貴族官僚與豪族地主的貪婪和殘暴, 加上連年的自然災害, 造成了社會動盪民不聊生的局面. 王符由於「耿介不同於俗」, 終身不仕, 於是隱居著書, 譏評時政.

其所著《潛夫論》十卷三十六篇, 大多是討論治國安民之術的政論文章, 少數涉及哲學問題. 他對東漢後期社會政治的批判是廣泛的尖銳的. 他歷數當時經濟·政治·社會風俗等方面本末倒置·名實相違的黑暗情形, 指出, 此「皆衰世之務」, 並引用許多歷史教訓來警告統治者. 他把社會禍亂的源歸之於統治者的成昏暗不明, 把治理亂世的希望寄託在明君和賢臣的身上, 他嚮往賢材治國, 希望明君尊賢任能, 信忠納諫, 這樣就能天下太平. 針對當時「富者乘其財力, 貴者阻其勢要」, 豪族權貴朋黨爲奸虛造空美的情况, 他鮮明地提出「君子未必當貴, 小人未必貧賤」的命題, 並要求統治者「論士必定於志行, 毁譽必參於效驗」, 建議採取考功·明選等實際措施來改革吏治, 强烈反映了庶族地主的參政要求. 他的政論中最突出的是同情人民重視人民的思想. 他曾反復强調「國以民爲基, 貴以賤爲本」, 即使談到天命, 他也是說: 「天以民爲心, 民之所欲, 天必從之.」這種思想是對先秦時期「民本」思想的繼承. 在經濟政策上, 他要求崇本抑末, 重視和發展農桑, 愛惜民力. 他還談到要重視邊遠地區的防禦和建設等.

王符的自然觀是二元論的. 他認爲: 「道者, 氣之根也; 氣者, 道之使也. 必有其根, 其氣乃生; 必有其使, 變化乃成.」道與氣旣是不同的, 又是二位一體的, 前者是後者的根本, 後者是前者的使用. 在這樣的前提下, 討論到事物的運動變化時, 他常常只講到氣, 認爲: 「何非氣然?」「莫不氣之所爲也.」王符的哲學思想就是這樣在唯物與唯心之間徘徊不定, 不過, 就其思想體系的總的傾向來看, 他更着重於唯物主義. 在談到卜筮·巫祝·看相·占夢等迷信活動時, 他雖然承認天命, 同時也認爲「在於己者, 固可爲也, 在於天者,不可知也」，因而重視個人修身慎行的能動作用．在認識論方面，王符一方面認爲知識來源於先聖所制的經典，另一方面又強調學，強調主觀可以在積習中改造．他雖曾把學習過程說成是「聖人以其心來造經典，後人以經典往合聖心」，同時又斷言：「雖有至聖，不生而知，雖有至材，不生而能.」並說：上聖「猶待學問……而況於凡人乎？」其勉勵爲學的用意是十分明顯的．王符認爲「五代不同禮，三家不同教，非其苟相反也，蓋世推移而俗化異也」，因此，政策法制要「各隨時宜」．這一觀點是樸素的辯證的．可是，他又從「德化」的角度把歷史看做是倒退的，社會風俗是一代不如一代．他美化古聖先賢時的治世，以此作爲批判現實社會的武器．他還從世界觀的高度強調了「和」，強調了「興道而致和」．他在論述「天以民爲心」的同時，也論述了「民以君爲統」．在他看來，國君如能「和德氣以化民心，正表儀以率羣下」，那將是最理想的政治局面．在東漢後期社會矛盾日趨激化的情況下，王符的這種主張反映了他企圖勸統治者做些改良以緩和階級矛盾，穩定統治秩序的願望．

《潛夫論》舊刻以湖海數叢書的清汪繼培箋註本爲善，舊稱「引證詳覈，深得旨趣」．西北師院彭鐸同志，據以標點分章，並在文字訓詁方面做了些補充闡釋的工作，附註於汪箋之後，以供進一步研究參考．

# Ⅳ. 著錄類

## (1) 《隋書經籍志》

隋書經籍志子部: 《潛夫論》十卷. 後漢處士王符撰

## (2) 《舊唐書經籍志》

舊唐書經籍志子錄儒家類: 《潛夫論》十卷. 王符撰.

## (3) 《唐書藝文志》

唐書藝文志子錄儒家類: 王符《潛夫論》十卷.

## (4) 《宋史藝文志》

宋史藝文志子類儒家類: 王符《潛夫論》十卷.

## (5) 《崇文總目》

崇文總目儒家類: 《潛夫論》十卷. 王符撰.

## (6) 《郡齋讀書志》

郡齋讀書志部儒家類: 《潛夫論》十卷.
　右後漢王符撰. 在和·安之世, 耿介不同於俗, 遂不得進, 隱居著書二十餘篇,
以譏當時失得, 不欲彰顯其名, 故號曰「潛夫」. 范蔚宗取其忠貴, 浮侈·實貢·

述赦五篇, 以爲足以觀見當時風俗, 頗潤益其文. 後漢愈亦贊其述赦旨意甚明云.

## (7) ≪中興館書目≫

中興館書目儒家: 王符≪潛夫論≫十卷.

## (8) ≪直齋書錄解題≫

直齋書錄解題雜家類: ≪潛夫論≫十卷. 漢安定王符節信撰.

## (9) ≪四庫全書總目提要≫

四庫全書總目提要子部儒家類: ≪潛夫論≫十卷.

漢王符撰, 符字節信, 安定臨涇人. 後漢書本傳稱:「和·安之後, 世務游宦, 當塗者更相薦引, 而符獨耿介不同於俗, 以此遂不得升進, 志意蘊憤, 乃隱居著書二十餘篇, 以譏當時得失, 不欲章顯其名, 故號曰≪潛夫論≫.」

今本凡三十五篇, 合敍錄爲三十六篇, 蓋猶舊本. 卷首讚學一篇, 論勵志勤修之旨, 卷末五德志篇, 述帝王之世次, 志氏姓篇, 考譜牒之源流, 其中卜列·相列·夢列三篇, 亦皆雜論方技, 不盡指陳時政. 范氏所云, 擧其著書大旨爾.

符生卒年月不可考. 本傳之末, 載度療將軍皇甫規解官歸里, 符往謁見事. 規解官歸里, 據本傳在延熹五年, 則符之著書在桓帝時, 故所說多切漢末弊政. 惟桓帝時, 皇甫規·段熲·張奐諸人屢與羌戰, 而其救邊·邊議三篇乃以避寇爲憾, 殆以安帝永初五年嘗徙安定, 北地郡, 順帝永建四年始還舊地, 至永和六年又內徙, 符安定人, 故就其一鄉言之耶? 然其謂「失涼州則三輔爲邊, 三輔內入則宏農爲邊, 宏農內入則洛陽爲邊, 推此以相況, 雖盡東海猶有邊」, 則灼然明論, 足爲輕棄邊地之炯鑒也.

范氏錄其忠貴·浮侈·實貢·愛日·述赦五篇入本傳，而字句與今本多不同，晁公武讀書志謂其有所損益，理或然歟？

范氏以符與王充，仲長統同傳，韓愈因作〈後漢三賢贊〉. 今以三家之書相較，符書洞悉政體似《昌言》，而明切過之，辨別是非似《論衡》，而醇正過之，前史列之儒家，斯爲不愧. 惟賢難篇中，稱鄧通吮癰爲忠於文帝，又稱其欲昭景帝之孝反以結怨，則紕繆最甚，是其發憤著書，立言矯激之過，亦不必曲爲之諱矣.


## (10) 《四庫全書簡明目錄》

四庫全書簡明目錄子部儒家類：《潛夫論》十卷.

漢王符撰. 凡三十五篇，又敘錄一篇. 符遭逢亂世，以耿介忤俗，發憤著書. 然明達治體，所敷陳多切中得失，非迂儒矯激務爲高論之比也.


## (11) 《鄭堂讀書記》

鄭堂讀書記子部儒家類：《潛夫論》十卷. 漢魏叢書本.

漢王符撰. 符字節信，安定臨涇人. 四庫全書著錄，《隋志》，《新·舊唐志》，《崇文目》，《讀書志》，《通考》，《宋志》俱載之. 晁氏稱其「在和·安之世，耿介不同於俗，遂不得進，隱居著書三十六篇，以譏當時得失，不欲彰顯其名，故號曰〈潛夫〉」. 范蔚宗取其忠貴·浮侈·實貢·愛日·述赦五篇，以爲足以觀見當時風俗，頗潤益其文. 後漢愈亦贊其述赦旨意甚明云.」今案末卷敘錄，自讚學以迄志氏姓，本三十五篇，稱三十六篇者，連敘錄在內也. 以其本傳考之，節信之著書，當在桓帝之世. 雖以耿介忤時，發憤著書，然明達治體，所敷陳多切中漢末弊政，非迂儒矯激務爲高論此也. 所以蔚宗作傳，并錄入忠貴以下五篇，與王充·仲長統傳合爲一卷，而統論之，亦取其皆以著書名世耳. 其實是書兼有《論衡》·《昌言》之長，故唐宋人著錄皆列之儒家云.

## ⑿ 《鄭堂讀書記補逸》

鄭堂讀書記補逸子部儒家類：《潛夫論箋》十卷. 湖海樓叢書本.

國朝汪繼培箋. 仕履見史部正史類. 蘇潭績學淵博, 考證極精, 嘗箋釋《鹽鐵》‧《潛夫》二論, 陳東爲春稱其「鉤稽乙注, 眇極繭絲」. 惜年末中壽而沒. 其《鹽鐵論箋》末有成書, 此編亦僅初稿, 末經釐訂, 然引證詳覈, 深得旨趣. 又所據者, 爲元時《白虎通德論》, 《風俗通義》及此書合刊本, 參校程榮‧何鏜諸本, 及他書所引, 或改補, 或存疑, 俱詳註於下, 眞善本也. 其前自序, 作於嘉慶甲戌, 至己卯秋, 東爲得其遺書, 屬王晚聞紹蘭審定而付之梓. 晚聞爲序, 幷以編中所末及者, 條列白餘條, 繫所作序後, 以爲之補焉.

(汪繼培, 淸蕭山汪輝祖子, 字因可, 號蘇潭, 嘉慶乙丑進士, 官史部主事. 所校列子亦精, 並在湖海樓叢書中. 王紹蘭, 字畹馨, 號南陔, 又王宗炎, 字以除, 號晚聞居士, 皆蕭山人. 此以晚聞爲紹蘭號, 誤. 鐸識.)

## V. 《潛夫論》逸文

《潛夫論》의 逸文은 다른 기록에 거의 보이지 않는다. 다만 王仁俊의 《經籍佚文》에서 意林(3)에 실린 다음의 문장이 《潛夫論》의 일문이 아닌가 여겼다.

○ 「仁義不能月昇, 財帛而欲日增, 余所惡也.」

# VI. 진秦 양한兩漢 세계표世系表

## 秦朝世系圖
### (B.C. 221~B.C. 207)

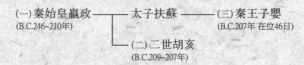

(一)秦始皇嬴政 ——— 太子扶蘇 ——— (三)秦王子嬰
(B.C.246~210年)             (B.C.207年 在位46日)
         (二)二世胡亥
         (B.C.209~207年)

## 西漢世系圖
### (B.C. 202~A.D. 8)

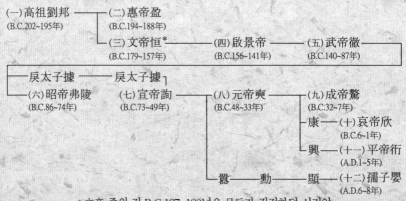

(一)高祖劉邦 ——— (二)惠帝盈
(B.C.202~195年)    (B.C.194~188年)
        (三)文帝恒* ——— (四)啟景帝 ——— (五)武帝徹
        (B.C.179~157年)   (B.C.156~141年)   (B.C.140~87年)

—— 戾太子據 ——— 戾太子據
—— (六)昭帝弗陵   (七)宣帝詢 ——— (八)元帝奭 ——— (九)成帝驁
   (B.C.86~74年)    (B.C.73~49年)    (B.C.48~33年)   (B.C.32~7年)
                  康 ——— (十)哀帝欣
                       (B.C.6~1年)
                  興 ——— (十一)平帝衍
                       (A.D.1~5年)
              囂 ——— 勳 ——— 顯 ——— (十二)孺子嬰
                         (A.D.6~8年)

\* 文帝 즉위 전 B.C.187~180년은 呂后가 집정하던 시기임.

## 東漢世系圖
### (A.D. 25~220)

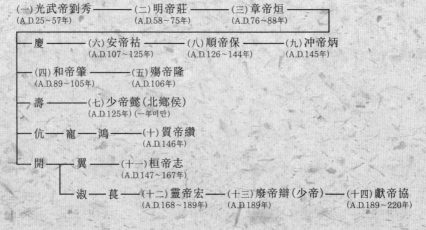

(一)光武帝劉秀 ——— (二)明帝莊 ——— (三)章帝烜
(A.D.25~57年)     (A.D.58~75年)    (A.D.76~88年)

—— 慶 ——— (六)安帝祜 ——— (八)順帝保 ——— (九)冲帝炳
      (A.D.107~125年)   (A.D.126~144年)   (A.D.145年)
—— (四)和帝肇 ——— (五)殤帝隆
   (A.D.89~105年)   (A.D.106年)
—— 壽 ——— (七)少帝懿(北鄕侯)
     (A.D.125年) (一年미만)
—— 伉 ——— 寵 ——— 鴻 ——— (十)質帝纘
           (A.D.146年)
—— 開 ——— 翼 ——— (十一)桓帝志
         (A.D.147~167年)
    淑 ——— 萇 ——— (十二)靈帝宏 ——— (十三)廢帝辯(少帝) ——— (十四)獻帝協
            (A.D.168~189年)    (A.D.189年)      (A.D.189~220年)

## 임동석(苗浦 林東錫)

慶北 榮州 上苗에서 출생. 忠北 丹陽 德尙골에서 성장. 丹陽初中 졸업. 京東高 서울
敎大 國際大 建國大 대학원 졸업. 雨田 辛鎬烈 선생에게 漢學 배움. 臺灣 國立臺灣師
範大學 國文硏究所(大學院) 博士班 졸업. 中華民國 國家文學博士(1983). 建國大學校
敎授. 文科大學長 역임. 成均館大 延世大 高麗大 外國語大 서울대 등 大學院 강의.
韓國中國言語學會 中國語文學硏究會 韓國中語中文學會 會長 역임. 저서에《朝鮮譯
學考》(中文)《中國學術槪論》《中韓對比語文論》. 편역서에《수레를 밀기 위해 내린
사람들》《栗谷先生詩文選》. 역서에《漢語音韻學講義》《廣開土王碑硏究》《東北民族
源流》《龍鳳文化源流》《論語心得》〈漢語雙聲疊韻硏究〉등 학술 논문 50여 편.

임동석중국사상100

# 잠부론潛夫論

王符 著 / 林東錫 譯註
1판 1쇄 발행/2009년 12월 12일
2쇄 발행/2013년  9월  1일
발행인 고정일
발행처 동서문화사
창업 1956. 12. 12. 등록 16-3799
서울강남구신사동563-10 ☎546-0331~6 (FAX)545-0331
www.dongsuhbook.com
잘못 만들어진 책은 바꾸어 드립니다.

\*

\*

사업자등록번호 211-87-75330
ISBN 978-89-497-0590-3  04080
ISBN 978-89-497-0542-2  (세트)